하이엔드는
상품을
팔지 않는다

일러두기 ———

- 예술작품 혹은 그에 준하는 디자인 오브제, 리미티드 에디션은 〈 〉로, 주요 전시는 《 》, 책과 잡지는 『 』 기타 시, 소설, 영화, 드라마, 연극, 공연, 노래 등은 「 」로 구분했습니다.
- 독자의 이해를 돕기 위해 해외 지명, 인명, 제품명, 브랜드명에는 영어를 병기했으며, 영문 표기는 동일 명칭의 경우 최초 등장 시에만 표기하고 이후에는 한글로만 표기하였습니다.
- 외래어의 한글 표기는 국립국어원 원칙을 따랐지만, 보편적으로 쓰이는 명칭을 우선시했습니다.
  ex) 야요이 구사마(표기법) → 야요이 쿠사마 / 대니얼 아샴(표기법) → 다니엘 아샴
- 미주, 더 알아보기, 사진 저작권 내용은 본문 뒷면에 표기했습니다.

고객의 마음을 사로잡는 건축·아트 컬래버레이션의 비밀

하이엔드는 상품을 팔지 않는다

이은화 지음

바이북스
ByBooks

'나'라는 브랜드의 가치를 창조하라

성장에는 용기가 필요하다. 성장하기 위해서는 적어도 안전의 경계에서 벗어날 필요가 있다. 어떤 분야든 그렇다. 『하이엔드는 상품을 팔지 않는다』는 하이엔드 브랜드와 아티스트들의 혁신적인 도전과 성장에 관한 이야기다.

　　오늘날 글로벌 시장을 이끄는 기업들도 처음부터 성공의 길을 걸었던 것은 아니다. 그들 역시 작은 기반에서 시작했고, 수많은 도전과 난관을 극복하며 성장의 길을 열었다. 이러한 배경에는 남다른 열정과 끊임없는 노력이 있었으며, 이는 건축가와 예술가들이 자신만의 언어를 찾아가는 여정과도 닮아 있다.

　　이 책에서는 세계적인 기업과 브랜드, 건축가, 예술가, 영화감독, 디자이너 등 다양한 분야의 거장들을 조명한다. 그리고 그들이 만나 창조한, 혁신적이고 예술적인 프로젝트의 탄생 과정과 그 이면에 담긴 철학과 본질에 대한 탐구를 그리고 있다. 협업을 통해 성공적인 결과물을 얻기 위해서는 무엇보다 심도 있는 탐구가 선행돼야 한다. 자신과 상대를 깊이 이해하는 과정을 통해 고유한 가치를 발견하고 긴밀한 협력을 바탕으로 기업, 브랜드, 예술가가 함께 시너지를 발휘하며 더 성장하고 발전해 나가는 것이다.

예술에 대한 시각을 바꾸어놓은 전시
내 예술적 성장의 계기는 오래전 밀라노 유학 시절, 베네치아 여행에서 만난 마크 로스코Mark Rothko 전시였다. 천장이 높고 고요한 전시 공간을 천천히 둘러보던 중, 벽 한가운데 자리한 강렬한 인상의 작품과 마주하게 되었다. 그 순간 가슴이

'쿵' 하고 뭔가가 내 마음을 스쳐 갔다. 그리고 뭔지 모를 감정의 소용돌이에 휩싸이면서 눈물이 흐르기 시작했다. 갑자기 눈물이 쏟아져 나 스스로도 당황할 정도였다. 그렇게 예상치 못한 눈물과 함께한 마크 로스코 작품과의 첫 만남은 예술에 대한 나의 시각을 한순간에 바꾸어놓았다. 그때부터 나는 작가의 삶과 철학, 작품의 본질을 탐구하며, 내 감정의 근원을 깊이 들여다보기 시작했다.

"나는 그림을 통해 비극, 황홀경, 운명 등 인간의 기본 감정을 표현하는 것에만 관심이 있다. 많은 사람이 내 그림 앞에서 마음을 놓아버리고 운다는 사실은, 내가 인간의 기본 감정을 제대로 전달하고 있음을 보여준다. 내 그림 앞에서 흐느끼는 사람들은 내가 그림을 그릴 때 느낀 것과 동일한 종교적 체험을 하는 것이다. 만일 당신이 색채 간의 관계에만 감동했다면 요점을 놓치고 있다."라고 마크 로스코는 말한 바 있다. 1950년대 뉴욕파 화가들을 대표하여 추상 표현주의를 이끌었던 그는 자신의 작품이 정신적인 치유이자 초월적 매체임을 강조했다. 마크 로스코의 작품에 대한 깊은 이해를 통해 비로소 그의 그림 앞에서 나처럼 많은 사람이 울었다는 사실을 알게 되었다. 그래서일까, 그 이후로도 마크 로스코의 그림 앞에 서면 그동안 미처 인식하지 못했던 다양한 감정들과 대면하게 된다.

공간은 최고의 마케팅 전략이다

건축과 공간도 마찬가지다. 가슴을 울리는 건축은 거대한 예술 조형물이자 한 편의 영화와도 같다. 적어도 내 인생에 있어 건축과 공간은 그런 의미를 담고 있다. 그 공간에 존재할 사람들의 삶과 행동을 상상하고 반영하기 때문이다. 한 편의 영화를 연출하듯, 공간에서 펼쳐지는 다양한 장면들을 디자인하고 구현하는 즐거움으로 건축, 공간 디자인 그리고 아트에 이르기까지 25여 년간 이 세계에 몸담고 있다.

'바깥이 안보다 좋다Better Out Than In'는 세계적인 이슈를 몰고 다니는 뱅크시 Banksy가 2013년 10월 뉴욕시에서 진행한 프로젝트 이름이다. 그는 자신의 웹사이트를 통해 한달 동안 뉴욕에서 거리 전시회를 진행할 것이라고 발표했다. 10월 1일부터 시작된 이벤트는 매일매일 거리의 숨겨진 곳이나 수많은 사람이 오가는 장소에서 진행되면서 엄청난 화제가 되었다. 10월 12일, 뱅크시는 센트럴파크 근처 5번가에서 단돈 60달러에 자신의 작품을 판매하는 퍼포먼스를 펼쳤다. 판매자 또한 연기를 위해 섭외한 사람이었다. 초라한 노점에 전시된 뱅크시의 작품들은 행인들의 시선을 끌지 못했고, 50퍼센트 할인까지 했음에도 7시간 동안 겨우 8점을 판매했다. 그때 작품을 구매한 사람들은 그야말로 엄청난 행운을 만난 셈이었다. 만일 그의 작품이 초라한 노점이 아닌 유명한 미술관에 전시되었다면 사람들의 반응은 어땠을까? 이처럼 뱅크시는 예술의 가치와 소비에 대한 사회적 통념을 풍자하고, 대중에게 예술의 본질에 대한 새로운 시각을 제시하고자 했다.

공간은 그 목적에 따라 대상의 가치를 달라 보이게도 할 수 있으며 사람들의 행동에도 영향을 미칠 수 있다. 그만큼 공간의 힘은 강력하다. 이제는 상품을 판매하는 공간이 팝업 스토어나 플래그십 스토어를 넘어서 미술관, 호텔, 레지던스, 레스토랑 등 라이프스타일 전체를 포괄하는 공간 개념으로 영역을 확장하고 있다. 기업과 브랜드가 그들을 대표하는 공간을 통해 브랜드 가치와 혁신적인 경험을 고객에게 명확하게 전달할 수 있다면 이는 마케팅의 강력한 무기가 될 수 있는 것이다.

고객의 마음을 사로잡는 전략

이 책은 패션, 자동차, 호텔 분야에서 전 세계의 흐름을 이끄는 하이엔드 브랜드들과 건축, 공간, 디자인, 영화 등 다양한 장르가 교차하는 컬래버레이션의 접점에 주목하며, 그로 인해 창출되는 시너지와 혁신적인 성과를 조명한다. 나는 2001년 밀라노 유학 시절부터 최근까지 유럽, 한국, 중국을 오가며 다양한 공간 디자인 프로젝트를 경험했고 하이엔드 브랜드는 물론 건축, 예술 분야의 전문가들과 깊이 있는 교류를 지속해 왔다. 책에 소개되는 프로젝트 사례 대부분은 직접 방문하고 경험한 내용을 바탕으로 서술했으며 루이 비통Louis Vuitton, 알레산드로 멘디니Alessandro Mendini, 자하 하디드 아키텍츠Zaha Hadid Architects 등 관련 전문가들과의 개인적인 인연도 담고 있다.

하이엔드 패션 브랜드는 트렌드를 선도하며 예술을 접목한 상징적인 공간을 통해 대중과 예술이 만나는 접점을 만들어냈고, 자동차 브랜드는 기술과 예술의 융합을 통해 혁신적이고 아이코닉한 디자인을 구현하며 그 가치를 라이프스타일 영역까지 확장시켜 이를 삶의 일부로 경험하게 했다. 하이엔드 호텔 브랜드는 공간 자체를 예술로 변모시키며, 감성적 경험을 소비하는 새로운 방식을 제시하고 있다.

하이엔드 공간이 예술가와의 협업을 통해 얻는 장점과 시장 효과는 단순한 매출 성장을 넘어 기업과 브랜드의 장기적인 이미지를 구축하고 소비자와 정서적 · 문화적으로 깊은 유대감을 형성하는 데 많은 도움이 된다. 이는 궁극적으로 기업과 브랜드의 가치를 높여 시장에서의 위치를 더욱 공고히 하는 데 기여하고 있다.

성공하는 하이엔드는 무엇이 다를까? 그 비밀은 고객의 마음을 사로잡는 전략에 있다. 이 책에서는 패션, 자동차, 호텔이라는 서로 다른 세 분야가 창출하는 브랜드 가치와 전략을 통해, 하이엔드 브랜드들이 어떻게 지속적인 성장과 성공을 이루는지 탐구하고자 한다. 시대를 초월하는 브랜드와 예술이 탄생하는 본질적인 전략은 시장의 흐름을 따르는 것이 아니라, 트렌드를 선도하는 철학과 비전을 구축하는 데 있다. 이러한 변화 속에서 아트 컬래버레이션의 핵심적인 역할과, 그 과정에서 창출되는 '메타 밸류'의 무한한 가능성이 독자들에게 깊은 영감이 되길 기대하며, 자신만의 세계를 더욱 확장해 나갈 수 있는 계기가 되길 바란다.

성공하는 하이엔드는 무엇이 다른가

비즈니스의 한계를 극복하는 컬래버레이션의 세계

하이엔드는 최고급, 프리미엄, 최상급을 의미하는 용어로 일반적으로 품질, 희소성, 독창성이 뛰어난 상품과 서비스를 지칭한다. 이러한 제품과 서비스는 고품질의 재료, 혁신적인 설계와 디자인, 첨단 기술 등을 기반으로 하며, 특별한 컬래버레이션을 통해 한정판으로 출시되거나 커스터마이징되어 고객에게 독특하고 차별화된 경험과 가치를 제공한다. 하이엔드는 명품을 포함하는 더 넓은 영역으로도 볼 수 있으며, 고유한 철학과 기업 정신을 필요로 한다. 그 의미에는 브랜딩, 상품, 서비스, 마케팅을 통합적인 관점에서 바라보며, 대체 불가능한 독창적인 가치를 구축하는 개념이 내포되어 있다.

최근 국내 미술품 경매 기업인 서울 옥션에서 국내 최초 하이엔드 주택 분양권 경매가 있었다. 세계적인 건축 거장 리처드 마이어Richard Meier가 설계한 더 펠리스 73 분양권이 경매에 올라갔고, 219억 원에 낙찰된 사례가 있다. 이제 주택도 예술작품의 수준에 도달한 것이다. 포르쉐는 2017년 마이애미에 처음으로 브랜드 아이덴티티를 담은 디자인 타워 레지던스를 완공한 데 이어, 2024년에는 방콕에 두 번째 프로젝트를 선보였고 2028년 완공 예정이다. 애스턴 마틴 또한 2023년 두바이에 하이엔드 레지던스를 오픈했고 부가티, 벤틀리, 람보르기니도 2026년부터 2028년에 걸쳐 레지던스를 완공할 예정이다. 루이 비통, 샤넬, 프라다 등의 패션 브랜드는 판매 공간을 넘어 미술관, 호텔, 레스토랑, 소셜 클럽 등 복합 문화 공간으로 그 영역을 넓히고 있다.

미술관은 건축 자체로 예술작품이 되어 도시의 풍경을 바꾸고, 주택은 예술작품처럼 경매를 통해 구매하는 시대가 되었다. 이제 건축의 거장 프랭크 게리가 디자인한 루이 비통 핸드백을 들고 다니며, 데미언 허스트의 세계적인 작품을 미술관이 아닌 호텔 스위트룸에서 감상하고, 부가티가 설계한 아이코닉한 레지던스에서 주거 생활을 누릴 수 있게 된 것이다.

우리는 평균, 기준, 통상적인 것들에 대한 개념이 무너지는 '평균 실종'의 시대에 살고 있다. 소비 시장 또한 대체 불가능한 탁월함, 차별화, 다양성을 요구하는 방향으로 바뀌면서, 평균을 뛰어넘는 남다른 치열함으로 무장하고 있다. 커스터마이징 전략이 대세가 되고, 소비자를 위한 다양한 기능과 목적을 지닌 독보적인 상품을 개발해 새로운 수요를 창출하고 있다. 이런 시대에 하이엔드 브랜드가 한순간의 인기에 그치지 않고, 오랫동안 사랑받기 위해서는 성공적인 역사에만 머무르지 말고, 끊임없이 혁신하고 성장하는 과정이 필요하다. 이제 하이엔드는 상품만을 판매하지 않는다. 새로운 차원의 독보적인 고유의 가치를 장착하고 소비자와 만나고 있다.

나는 경험한다, 고로 존재한다. '아트슈머'의 등장

'하이브리드'라는 단어가 낯설지 않은 시대가 도래했다. 다양한 이종 분야가 융합하여 새로운 차원의 경험과 가치를 창출하는 컬래버레이션은 이제 사업 경쟁력을 높이는 필수 요소가 되었다. 특히 아트 컬래버레이션은 기능적 소비 트렌드에서 감성과 경험적 소비 트렌드로의 진화를 거치며, 아트 마케팅과 감성 마케팅으로 더욱 발전하고 있다.

아트 컬래버레이션이 활발히 이루어지고 있는 까닭은 무엇일까? 그것은 아트슈머의 니즈와도 관련 있다. 아트슈머Artsumer는 아트Art와 소비자Consumer의 합성어로, 예술작품과 관련된 상품을 적극적으로 소비하며, 이를 통해 문화적인 만족감을 충족시키고자 하는 소비자를 말한다. 아트슈머들은 브랜드 자체의 네임 밸류나 가성비보다는 자신이 추구하는 경험과 가치를 만족시키는 제품에 대해 높은 구매력을 보이며, 단순히 예술을 감상하는 것을 넘어서 예술 작품을 소유하거나 예술적 요소가 반영된 상품을 선호한다.

2023년 예술경영지원센터가 발표한 글로벌 현대미술 시장 동향[1]에 따르면, 20여 년 동안 경매 매출은 약 22배나 증가했고, 경매에 참여한 현대미술가도

5,400명에서 현재 약 3만 8,000여 명으로 대폭 늘어났으며, 거래량도 10배 이상 급증했다. 현대미술 경매 매출액 기준으로 볼 때, 상위 15위권 내의 아시아 국가 중 한국, 중국, 일본이 포함되었는데 중국은 2위, 일본은 5위, 한국은 7위였다. 또한 2024년 아트 마켓 보고서[2]에 따르면 2023년 글로벌 미술시장 규모는 팬데믹 이전 644억 달러에서 650억 달러로 상승했다.

이처럼 전 세계적으로 예술에 대한 관심과 구매 수요가 꾸준히 상승하는 가운데, 문화 예술 관련 전시를 관람하는 태도 역시 변화하고 있다. 관람객들이 작품을 감상하고 영감을 받는 데서 그치지 않고 전시 작품을 촬영하고 이를 SNS에 공유하는 것까지가 예술 감상의 일부가 되었다.

SNS가 사회 활동의 중요한 축이 되면서 기업의 특별 전시, 팝업 스토어, 소셜 클럽 등을 비롯해 전통적인 미술 전시에도 이러한 트렌드가 반영되고 있다. 특히 차별화된 아트 컬래버레이션은 언론과 미디어의 주목을 받으며 소셜 미디어에서 화제로 이어지기 쉬우므로, 고도의 감성 마케팅 전략으로 각광받고 있다.

하이엔드의 뉴 패러다임, '메타 밸류'의 탄생

2008년 미국의 마케팅 학술지는 '소비자 제품의 인식과 평가에 미치는 시각 예술의 영향'이라는 논문[3]을 통해 예술과 기업이 특별한 협업을 이루면 소비자 선호도가 높아지고, 제품과 브랜드의 품격이 높아진다는 '예술 전이효과Art infusion effect'를 증명한 바 있다. 예술작품이 지닌 고유한 배경, 감동, 가치가 제품에 전이되기 때문에 제품과 브랜드에 대한 긍정적인 이미지가 만들어진다는 것이다. 다양한 협업으로 소비자들의 관심과 충성도를 유지할 수 있고, 예술작품을 통해 브랜드가 추구하는 메시지를 더욱 효과적으로 전달하여 브랜드 포지셔닝을 강화할 수 있다.

최근 소비 트렌드를 보면 대중화된 상품보다는 구하기 힘든 상품, 즉 희소성이 있는 상품에 대한 선호가 커지고 있으며, 소비자들은 이러한 상품을 위해 더 많은 시간과 비용을 투자하는 경향을 보이고 있다. 이에 기업들은 다양한 예술적 협업을 통해 제품에 희소가치를 부여하고, 특별한 공간적 경험을 제공함으로써 브랜드 인식을 강화하여 소비자들의 구매를 이끌어내는 차별화된 전략을 펼치고 있다.

아트 컬래버레이션 4.0은 제품에 예술적 요소를 접목하는 차원을 넘어 공간과 라이프스타일 전반을 아우르며, 예술과 상업적 가치를 융합하는 '메타 밸류'라는 새로운 패러다임을 제시한다. 이는 하이엔드 브랜드의 가치와 예술적 비전이 시너지 효과를 이루며 확장되는 과정으로, 각자의 창의성과 강점이 결합되어 혁신적이고 독창적인 결과물로 발전하는 것을 의미한다.

이러한 결과물은 소비자에게 몰입형 경험을 제공함으로써 상업 공간을 예술과 문화 체험의 장으로 변화시킨다. 이로 인해 소비자와 브랜드 간의 유대감이 더욱 강화되며, 브랜드에 대한 긍정적 인식과 가치가 더욱 높아질 수 있다.

하이엔드 분야의 아트 컬래버레이션 4.0은 건축, 미술, 전시, 공연, 영화, 음식, 엔터테인먼트 등 종합적인 라이프스타일 장르로 확장되며, 이러한 협업은 디지털 기술, 가상현실VR, 증강 현실AR, 인공지능AI 등 새로운 기술과의 융복합을 통해 더욱 흥미로운 프로젝트를 만들어내고 있다.

결국, 혁신적인 컬래버레이션은 브랜드의 영향력을 다양한 고객층으로 확장하는 기회를 제공하며 이는 기업과 브랜드, 아티스트, 소비자 모두에게 새로운 가능성과 긍정적인 시너지를 이끌어낸다. 그 방법과 범위는 무궁무진 하며, 이종 산업 간의 협업일수록 더 혁신적인 가치와 비즈니스 기회를 창출할 수 있다.

차례

패션,
예술과 건축을 입다

Part 2

슈퍼카,
아트 레지던스로 변신하다

Part 3

호텔,
미술관이 되다

패션,
예술과 건축을 입다

패션은 때로 말보다 강력한 의미를 전달한다. 오늘날 패션은 스타일을 넘어서 개인의 정체성을 표현하는 강력한 수단이자, 시대적 메시지를 전달하는 전략적 언어로 작용하고 있다.

2025년 1월 20일, 도널드 트럼프 미국 대통령의 두 번째 취임식에서 영부인 멜라니아 트럼프는 다시 한번 세계적인 주목을 받았다. 그녀는 2017년 첫 취임식에서 하늘색 코트와 장갑을 착용하며, 1961년 재클린 케네디의 스타일을 오마주한 고전적인 '영부인 룩'을 선보였다. 특히 미국 디자이너 랄프 로렌의 의상을 선택함으로써 '아메리카 퍼스트'를 내세운 트럼프 행정부의 메시지와 연결되는 패션 스타일을 보여주었다. 당시 그녀의 스타일은 미국적인 가치와 정체성을 상징적으로 시각화한 사례로 회자되었다.

2025년, 다시 대통령 취임식의 무대에 선 멜라니아는 이전과는 다른 스타일의 패션을 선보였다. 이번에는 미국 디자이너 애덤 리페스Adam Lippes의 짙은 감색 실크 울 코트와 펜슬 스커트, 그리고 에릭 자비츠Eric Javits의 모자를 매치했다. 이러한 선택은 현대적이고 독립적인 이미지를 강조하며, 미국 패션 산업의 다양성과 신진 디자이너를 지지한다는 의미를 담고 있다. 특히 넓은 챙 모자는 대중과 언론의 시선에 흔들리지 않는 강인한 이미지를 구축하려는 의도로 해석할 수 있다. 이러한 스타일의 변화는 그녀의 패션이 담고 있는 의미를 더욱 부각시켰다.

이처럼 패션은 사회적 메시지를 전달하는 역할을 하며, 개성이 더욱 강조되는 시대 속에서 자신을 표현하는 강력한 수단이 되고 있다. 브랜드를 드러내는 시대를 지나, 이제는 자신만의 스타일과 취향을 조합해 '나'를 표현하는 방향으로 변화하고 있다. 즉, 패션은 자기 표현, 문화, 기술 그리고 지속가능성이 결합된 총체적인 언어라고 할 수 있다.

이제 브랜드들도 제품 판매에만 집중하기보다는 철학과 가치관을 소비자와 공유하는 방식으로 변하고 있다. 친환경 소재, 업사이클링, 윤리적 생산 방식 등도 중요한 요소가 되었다. 소비자들은 스타일이 '멋진' 옷을 넘어, '어떤 가치를 담고 있는가'를 기준으로 브랜드를 선택하는 경향이 강해지고 있는 것이다.

| 패션 리테일 공간의 예술적 진화 |

패션 리테일 공간 역시 기존의 판매 공간을 넘어 브랜드 아이덴티티와 예술적 가치를 표현하는 전시 공간으로 진화하고 있다. 하이엔드 브랜드들은 역사와 문화적 헤리티지를 핵심 아이덴티티로 장착하고, 아트 파운데이션, 프로모션, 스폰서십, 전시, 광고, 캠페인 등 다양한 채널을 통해 지속적인 컬래버레이션을 전개하고 있다. 또한 브랜드의 디자인 철학과 예술적 정체성을 경험하고, 이를 통해 소비자와 깊은 정서적 교감을 형성하는 플랫폼으로서 리테일 공간을 제시하고 있다.

특히 브랜드 고유의 헤리티지를 혁신적인 예술과 접목하여 고객과 활발히 소통하고 있는 루이 비통, 샤넬, 프라다의 변화와 성장은 주목할 만하다. 이러한 변화는 브랜드의 정체성과 가치를 재정립하고 업그레이드하는 데 기여했으며, 이를 가능하게 한 핵심 요소 중 하나는 세계적인 건축가, 예술가들과의 협업이었다.

브랜드의 가치 상승에 기여한 프랭크 게리Frank Gehry, 렘 쿨하스Rem Kool-haas, 피터 마리노Peter Marino와 같은 건축 거장들은 패션 브랜드의 판매 공간을 예술적 가치가 내재된 공간으로 변모시켰다. 여기에 야요이 쿠사마Yayoi Kusama, 웨스 앤더슨Wes Anderson, 장 미셸 오토니엘Jean Michel Othoniel 등 세계적인 예술가들의 뛰어난 작품과 철학이 브랜드와 완벽한 조화를 이루며 강력한 시너지를 창출해 왔다. 건축의 언어에 예술의 자유를 더하여, 새로운 차원의 공간으로 끌어올린 것이다.

패션 공간은 이제 단순히 상품을 판매하는 곳이 아니라, 혁신적 예술과 건축의 언어를 통해 브랜드의 가치를 메타 밸류로 승화시키는 장으로 변모하고 있다. 패션 트렌드의 시계는 그 어떤 산업보다 빠르게 흐르고 있으며 그만큼 더 치열하다. 하이엔드 브랜드의 순위도 항상 굳건한 것처럼 보이지만, 끊임없는 변화와 혁신 속에서 그 자리를 지켜내고 있다. 루이 비통, 샤넬, 프라다 역시 처음부터 정상에 있었던 것은 아니다. 그들도 처음에는 작은 기반에서 시작해 수많은 위기를 거쳤고, 차별화된 전략을 통해 정상의 자리에 올랐다. 그렇다면 이 하이엔드 브랜드들은 어떻게 성공을 이뤘고, 그 위치를 지키기 위해 어떤 전략을 펼치고 있을까? 우리는 이제 그 성공 뒤에 숨겨진 전략과 철학을 깊이 있게 들여다보려 한다.

패션 공간은 이제 단순히 상품을 판매하는 곳이 아니라,
혁신적 예술과 건축의 언어를 통해 브랜드의 가치를
메타 밸류로 승화시키는 장으로 변모하고 있다.

1. 끊임없는 혁신과 무한한 창조의 여정

2023년 서울 잠수교에서 루이 비통 최초 프리폴Pre-fall 패션쇼가 열렸다. 서울의 풍부한 역사와 문화적 역동성을 기리기 위해 열린 이 런웨이는 드라마 「오징어 게임」을 연출한 황동혁 감독과의 협업을 통해 무대 연출과 디자인을 완성하여 한강의 아름다움을 보여줬다. 잠수교는 서울의 남북을 잇는 곳이자, 비가 많이 오면 모습을 감췄다가 비가 그치면 다시 드러나는 독특하고 신비로운 장소다.

김덕수 사물놀이패의 힘찬 가락으로 시작한 패션쇼는 세찬 바람을 뚫고 미래 전사처럼 등장한 모델 정호연과 산울림의 음악 「아니 벌써」와 어우러지며 열기를 더했다. 런웨이는 푸른색 조명과 낙하 분수의 극적인 연출과 함께 한국 가요, 국악, 현대음악이 더해지면서 감성적인 분위기로 채워졌다. 잠수교가 주는 장소적 의미와 무대 연출의 에너지, 그리고 새로운 세계로 연결하는 듯한 초현실적인 분위기는 루이 비통의 혁신적인 브랜드 철학을 한층 더 깊이 있게 보여주었다.

루이 비통은 그룹 내에 건축과 홈 컬렉션 본부를 두고 전 세계를 무대로 브랜드의 건축, 공간, 가구, 오브제와 관련된 혁신적인 프로젝트들을 진행하고 있다. 그리고 그것을 매뉴얼화 하기보다는 각 프로젝트의 지역과 환경을 고려하여 매번 새로운 컨셉을 정하고, 거기에 적합한 협업 파트너를 선정해서 프로젝트를 이끌어간다.

2024년 11월 뉴욕 57번가에 오픈한 팝업 스토어는 이러한 전략의 대표적인 사례로 외관은 거대한 타조와 기린 조형물, 카니발 조명, 모노그램 패턴으로 연출돼 있다. 이 디자인은 1900년 파리 만국박람회에서 조르주 비통Georges Vuitton이 회전목마 앞에서 트렁크와 여행 아이템을 선보였던 역사적인 장면을 현대적으로 재해석한 것이다. 전체 공간은 다섯 층에 걸쳐 리테일, 문화, 미식의 경험을 아우르는 복합적인 형태로 구성돼 있다. 특히 미국에서 처음 선보인 도서관 카

하이엔드는 상품을 팔지 않는다

루이 비통 프리폴 패션쇼, 서울 잠수교, 2023

페 '르 카페 루이 비통Le Café Louis Vuitton'은 프랑스 미쉐린 셰프 아르노 동켈Arnaud Donckele과 파티시에 막심 프레데릭Maxime Frédéric의 미식 철학을 바탕으로 구성된 공간으로, 루이 비통이 리테일의 경계를 넘어 예술, 문화, 라이프스타일까지 아우르는 새로운 하이엔드 경험을 제시하고 있음을 보여준다.

　　내가 루이 비통 건축 팀과 인연을 맺은 건 2001년 밀라노 도무스 아카데미 대학원 유학 시절 베스트 프렌드인 나탈리 프레몽Nathalie Frémon 덕분이었다. 플러스디자인그룹 대표로 일하며 플러스 매거진 편집위원이자 대학 강사로 활동하던 시절, 2003년 7월 베를린 전시를 시작으로 파리 루이 비통 건축 팀과의 인터뷰, 9월 도쿄 롯폰기 프로젝트 인터뷰 및 오프닝 파티 등 루이 비통과 다양한 협업을 이어갔다. 이러한 내용과 함께 서울, 뉴욕, 홍콩, 도쿄 등 다양한 지역의 루이 비통 건축 작품들을 담은 매거진 특집 편을 출간하기도 했다. 이후 루이 비통 디렉터인 에릭 칼슨Eric Carlson과 나탈리 프레몽은 내가 강의했던 대학교를 직접

뉴욕 57번가 루이 비통 팝업 스토어, 2024

찾아 열정적인 특강도 진행했다. 20여 년이 지난 지금, 나탈리 프레몽은 루이 비통 글로벌 건축 및 홈 컬렉션 부문의 부사장이 되었고, 그때의 인연이 이어져 가끔 파리와 서울을 오가며 다양한 프로젝트에 대해 이야기를 나누고 있다.

루이 비통은 건축과 공간 디자인에 예술을 융합해 하이엔드 브랜드의 프리미엄 이미지를 강화하고 있으며, 이 분야에서 가장 혁신적이고 성공적인 행보를 이어온 브랜드다. 세계적인 건축가 프랭크 게리Frank Gehry와 협업한 2014년 루이 비통 파운데이션, 2019년 서울의 플래그십 스토어, 2023년 카퓌신 핸드백 등이 그 대표적 사례이며, 2012년, 2023년 두 차례에 걸쳐 진행된 야요이 쿠사마와의 대규모 컬래버레이션 역시 브랜드와 아티스트의 창의적인 시너지를 보여주는 상징적인 사례로 주목할 만하다. 이러한 프로젝트들을 통해 루이 비통과 예술의 만남이 서로에게 어떤 가치와 의미를 창출했으며, 그 시너지가 만들어낸 새로운 차원의 스토리텔링에 대해 살펴보고자 한다.

예술의 여정은 계속된다.
루이 비통

'Life is Journey'라는 슬로건은 루이 비통이 '여행'에서 시작한 브랜드라는 역사적 배경을 말해준다. 1854년 프랑스 파리에서 여행 가방 전문 매장으로 시작한 루이 비통은 170여 년의 역사를 이어오고 있다. 창업자인 루이 비통은 프랑스 동부의 작은 마을 안쉐Annecy에서 태어났다. 어린 시절 홀로 파리로 상경한 그는 당시 최고의 트렁크 제작자로 손꼽히는 무슈 마레샬Monsieur Maréchal을 찾아가 일을 배우기 시작했다. 그의 성실함과 뛰어난 능력은 빛을 발하여 외제니 드 몽티조Eugénie de Montijo 황후의 신뢰를 얻게 되었고, 그녀는 루이 비통의 첫 번째 매장을 열도록 후원해 주었다. 이후 수많은 연구 끝에 1858년에는 그레이 트리아농 캔버스Grey Trianon Canvas가 탄생하는데, 외제니 황후가 즐겨 찾던 베르사유 궁전의 트리아농 별궁에서 그 이름이 유래됐다고 전해진다.

우리에게 가장 많이 알려진 가방의 패턴은 1888년 출시된 다미에 캔버스와 1896년 출시된 모노그램 캔버스로, 이 디자인은 1858년에 출시되어 큰 인기를 끈 그레이 트리아농 캔버스의 모조품과 구별하기 위해 만들어진 패턴이다. 그러고 보면 모조품과의 전쟁은 꽤 오래전부터 시작된 모양이다. 이후 루이 비통은 새로운 전환기를 맞는데, 1987년에 모에 헤네시Moet & Hennessy와 합병하면서 베르나르 아르노Bernard Arnault가 이끄는 럭셔리 기업인 LVMH 그룹이 되었고, 현재 가장 많은 하이엔드 패션 브랜드를 산하에 둔 회사로 성장했다.

아트 컬래버레이션의 역사

루이 비통의 역대 크리에이티브 디렉터들은 다양한 아트 컬래버레이션을 통해 성공적인 변혁을 주도해 왔다. 그들이 예술을 바라보는 관점에 따라 협업 방식에는 다소 차이가 있지만, 전통적인 브랜드에 새로운 바람을 불어넣었다는 점에서 공통된 특징을 지닌다. 마크 제이콥스Marc Jacobs는 1997년부터 2013년까지 루이 비통을 가장 트렌디한 브랜드로 이끈 주역으로 스테판 스프라우스Stephen Sprouse, 무라카미 다카시Murakami Takashi, 리처드 프린스Richard Prince, 야요이 쿠사마, 제프 쿤스Jeff Koons 등의 작가들과 협업을 추진해 센세이션을 일으켰다. 스테판 스프라우스는 루이 비통의 상징적인 모노그램 패턴 대신 그래피티 형식으로 가방 위에 낙서하듯 글씨를 새겨 넣은 신선하고 파격적인 디자인을 선보였다. 무라카미 다카시는 그의 애니메이션 캐릭터를 과감하게 도입하고, 기존의 클래식 패턴에 다채로운 색상을 입혀 팝아트적인 경쾌한 매력을 담아냈다.

킴 존스Kim Jones는 2011년부터 2018년까지 남성복 디자이너로 일하면서 자유롭고 힙한 감성의 스트리트 브랜드 슈프림Supreme과 성공적인 협업을 이루었다. 한정판 제품들은 높은 가격에도 불구하고 빠르게 솔드 아웃됐으며, 이후에도 2~3배에서 많게는 30배 넘는 가격으로 리셀되기도 하였다. 전통적인 이미지와 스트리트 컨셉의 파격적인 컬래버레이션은 슈프림의 유니크한 이미지와 어

킴 존스의 루이 비통 슈프림 컬렉션, 2017 (좌)
르네 마그리트를 오마주한 버질 아블로의 루이 비통 2020 F/W 맨즈 컬렉션 (우)

우러져 루이 비통을 더 젊고 신선한 이미지의 브랜드로 발전시켰고, 그들의 시너지를 통해 고객층을 넓혀가기 시작했다.

킴 존스가 디올로 옮기면서 2019년부터 남성복 디렉터를 맡게 된 버질 아블로Virgil Abloh는 패션을 전공하지 않은 토목공학 학사와 건축학 석사 출신이었지만, 그가 패션 역사에 남긴 발자취는 강렬했다. 뮤지션 칸예 웨스트와 함께 음악, 무대 디자인, 앨범 커버 등을 작업하며 패션 분야에 관심이 생긴 그는 2012년 첫 패션 브랜드 파이렉스 비전Pyrex Vision을 설립해 성공을 거뒀다. 이어 2013년에는 스트리트 웨어와 럭셔리를 결합한 스타일을 지향하는 오프화이트Off-White를 창립해 다양한 브랜드와의 협업으로 많은 주목을 받았다.

이후 루이 비통 디렉터로서의 첫 데뷔 컬렉션은 그의 스트리트 무드가 반영된 독창적인 스타일로 수많은 팬덤을 형성하며 슈프림 컬렉션보다 30퍼센트 더 높은 판매량을 기록했다. 버질 아블로가 루이 비통에 부임한 2018년은 사상 최고 연 매출을 달성하며 그의 성공적인 출발을 입증했다.

버질 아블로는 젊고 도전적인 색채가 묻어나는 나이키, NBA, 니고Nigo와의 컬래버레이션 컬렉션, 그리고 르네 마그리트René Magritte를 오마주한 초현실적인 2020 F/W 패션쇼를 선보이면서 새롭고 혁신적인 작업을 이어나갔다. 그는 패션을 주도하는 세대들의 니즈를 정확하게 파악하고, 그들이 원하는 스타일을 선보이면서 구매욕을 자극했다. 하지만 안타깝게도 버질 아블로는 2021년 41세의 젊은 나이로 요절하면서 그의 작품을 더 이상 볼 수 없게 되었다. 현재 남성복은 대중음악의 아이콘인 퍼렐 윌리엄스Pharrell Williams, 여성복은 니콜라 제스키에르Nicolas Ghesquière가 브랜드의 혁신을 이어가고 있다.

니콜라 제스키에르도 예술을 기반으로 한 세계적인 랜드마크 공간에서 패션쇼를 열며, 문화 유산에 대한 존중과 경의를 표해 왔다. 2017년 브라질 니테로이 미술관에서 열린 크루즈 패션쇼를 시작으로, 이듬해엔 일본 교토 미호 미술관, 2019년은 프랑스 남부 생폴드방스의 마그 재단 미술관La Fondation Maeght에서 패션쇼를 열었다. 샤갈, 호안 미로, 알베르토 자코메티 등 근대미술 거장들의 작품 사이로 산책하듯 펼쳐지는 환상적인 분위기의 런웨이 쇼에서 니콜라 제스키에르의 예술적 열망을 엿볼 수 있었다.

2023년 크루즈 패션쇼는 세계적인 건축가 루이스 칸이 설계한 솔크 연구소Salk Institute를 무대로 선보였다. 태평양을 배경으로 펼쳐진 중정은 영화의 한 장면 같은 미래 도시 분위기를 연출했으며, 좌우대칭의 노출 콘크리트 건축물과 바다로 길게 이어지는 물길은 그 자체로 한 폭의 그림을 연상케 했다.

이렇듯 루이 비통은 '여행'이라는 브랜드 철학을 기반으로 스트리트 패션에서 근현대미술에 이르기까지 세계적인 아티스트들과 함께 다채로운 문화적 장소에서 특별한 컬래버레이션을 펼쳐오고 있다.

루이 비통은 한국 단색화의 거장 박서보 작가와도 손을 잡았다. 2022년 5월 한국 최초로 진행한 팝업 레스토랑 '피에르 상 앳 루이 비통Pierre Sang at Louis Vuitton'

박서보 작가의 루이 비통 아티카퓌신, 2022

에서 그의 대표 연작 〈묘법〉 2점을 전시했고, 2022년 10월 선보인 아티카퓌신Ar-tycapucines 컬렉션도 〈묘법〉 시리즈 2016년 작품을 기반으로 탄생됐다. 작품에 구현한 촉감과 질감을 가방에 표현하기 위해 카프스킨Calfskin에 붓질 효과를 내고, 고도의 3D 고무 사출 작업을 가죽에 정교하게 적용했다. 루이 비통에 따르면 일반 카퓌신 제품보다 약 200만 원이나 더 높은 가격에도, 출시한 지 한 달도 안 돼서 완판됐다고 한다. 2022년 프로젝트에서는 박서보 작가 이외에도 피터 마리노Peter Marino, 우고 론디노네Ugo Rondinone, 다니엘 뷔랑Daniel Buren 등 세계적인 아티스트와 함께 200개 한정으로 컬래버레이션 백을 출시한 바 있다.

루이 비통 베드 트렁크, 아트 오브 리빙

아트 오브 리빙

루이 비통은 패션 분야를 넘어 라이프스타일 영역으로 확장하며, 아트 오브 리빙 Art of Living을 통해 아이코닉 트렁크, 오브제 노마드, 게임, 레저 아이템 등 새로운 개념을 제시하고 있다. 루이 비통의 트렁크는 가방 이상의 특별한 가치와 의미를 지니고 있다. 가방을 여는 순간, 마치 자신이 원하는 삶을 누릴 수 있도록 특별한 경험을 선사한다. 마치 서재를 옮겨온 듯한 나무 책장과 타자기가 수납된 헤밍웨이의 라이브러리 트렁크, 지휘자 스토코프스키를 위해 제작된 데스크 트렁크, 룰렛 회전판과 15개의 서랍으로 구성된 토미 힐피거의 카지노 트렁크, 탐험가를 위한 베드 트렁크 등은 섬세하게 디자인된 하나의 공간이자 예술작품과도 같다. 다양한 고객의 취향에 맞춘 아이코닉 트렁크는 맞춤 제작 서비스를 통해 여행에 관한 새로운 시각과 독창적인 접근 방식을 제시한다.

　'오브제 노마드Objets Nomades'도 이러한 장인 정신을 이어받은 홈 리빙 가구 컬

　하이엔드는 상품을 팔지 않는다

루이 비통 오브제 노마드, 캄파나 형제의 벌보, 송은 미술관, 2022

렉션으로, 가구를 하나의 예술품이자 오브제로 승화시킨다. 이 컬렉션은 마르셀 반더스Marcel Wanders, 파트리시아 우르퀴올라Patricia Urquiola, 페르난도 & 움베르토 캄파나 형제Fernando & Humberto Campana, 아틀리에 오이Atelier Oï, 로우 에지스Raw Edges 등의 세계적인 디자이너들과의 지속적인 협업을 통해 발전하고 있다.

2022년 서울 송은 미술관에서 열린 전시 《오브제 노마드》는 브랜드의 핵심 가치인 '여행 예술'을 재해석해 탄생시킨 컬렉션으로, 활짝 핀 꽃을 닮은 마르셀 반더스의 〈페탈 체어Petal Chair〉, 캄파나 형제의 작품으로 강렬한 색감의 레이어가

인상적인 〈벌보Bulbo〉와 〈머랭 푸프Merengue pouffe〉, 유리 구체를 쌓아 올린 스튜디오 루이 비통의 〈토템 조명Totem Light〉, 로우 에지스의 〈코스믹 테이블Cosmic Table〉을 선보였다. 강렬한 색감의 공간 배경과 유니크한 오브제 디자인의 대비는 극적인 분위기를 자아냈으며, 장인 정신이 빚어낸 정교하고 아름다운 가구 디테일이 인상적이었다.

이러한 오브제 컬렉션은 고객의 라이프스타일 전반에 브랜드 철학을 자연스럽게 스며들게 하는 전략의 일환이다. 루이 비통은 맞춤 제작과 독창적인 디자인, 그리고 세계적인 디자이너들과의 협업을 통해 브랜드만의 독보적인 가치를 구현하며, 고객들에게 감각적이고 예술적인 경험을 선사하고 있다.

루이 비통 드림

복합 문화 공간인 파리의 루이 비통 드림LV Dream에서는 170년의 브랜드 역사를 심층적으로 조명한 전시와 더불어, 전설적인 아트 컬래버레이션 작품의 역사를 한눈에 감상할 수 있어 깊은 감동을 준다. 루이 비통의 헤리티지와 예술적 깊이를 동시에 경험할 수 있는 이 특별한 공간에는 막심 프레데릭 파티시에와 협업으로 운영되는 카페가 있는데, 항상 워크인 대기 줄이 생길 정도로 많은 사람이 찾는다.

내가 방문한 날은 비가 쏟아지는 날씨였는데도 불구하고 여전히 방문객들이 줄을 서서 입장을 기다리고 있었고, 루이 비통 로고가 새겨진 초콜릿만 몇 박스를 사 가는 사람들도 눈에 띄었다. 전시와 쇼룸을 둘러본 후 카페에 앉아 잠깐의 여유를 즐기며 주문한 카푸치노와 디저트 케이크에도 루이 비통의 아이코닉한 디자인이 더해져 더욱 인상 깊었다.

루이 비통은 이처럼 장인 정신의 가치를 음식과도 연계하며, 세계 각지의 팝업 레스토랑에서 저명한 셰프들과 협업해 새로운 미식 경험을 고객에게 선사하고 있다. 한국에서도 루이 비통 매종 서울의 2022년 피에르 상 앳 루이 비통을 시작으로, 알랭 파사르Alain Passard, 이코이Ikoyi, 2023년 우리 루이 비통Woori Louis

우리 루이 비통 팝업 레스토랑, 2023

프랭크 게리가 설계한 루이 비통 메종 서울, 2019

Vuitton까지 현지 제철 식자재를 활용해, 한국적 색채를 가미한 프랑스 요리부터 국내 최정상 셰프들의 한식 파인 다이닝에 이르기까지 다양한 음식을 선보이고 있다. 새로운 팝업 레스토랑이 열릴 때마다 찾는 이곳은 독창적인 디자인 컨셉의 공간과 예술작품, 그리고 섬세하게 연출된 요리의 디테일이 어우러져 특별한 경험을 선사한다. 특히 피에르 상 앳 레스토랑에서 본 꽃잎이 펼쳐지는 듯한 구조적인 접시 디자인은 지금도 선명하게 기억에 남아 있다.

이렇듯 루이 비통은 여행, 아트, 리빙, 미식 등 라이프스타일 전반을 아우르는 고도의 전략적 행보를 통해 고객과의 접점을 확장하고 있으며, 끊임없는 디자인 혁신으로 전 세계의 문화적 랜드마크와 연결 짓고, 혁신적인 아티스트들과의 협업을 통해 예술에 대한 열망과 탐구를 지속하고 있다. 'Life is Journey', 삶 그 자체가 곧 여행인 루이 비통의 철학이 펼쳐질 다음 '여행'지는 어디가 될지 궁금해진다.

가장 중요한 건 나 자신이 되는 것이다.
프랭크 게리

"가장 중요한 건 나 자신이 되는 것, 다른 누군가가 되려고 하지 않는 겁니다." 프랭크 게리의 이 말은 내게도 깊은 울림을 주는 삶의 지침이다. 혁신과 자유의 건축 세계를 끊임없이 탐구하는 그의 작품들을 접할 때면 마음속에 늘 감동이 자리 잡고 있다. 프랭크 게리를 처음 만난 것은 2019년 루이 비통 메종 서울의 오프닝 파티에서였다. 가장 존경하는 건축가이자 예술가인 그는 강인한 눈빛과 함께 부드럽고 사려 깊은 매너로 분위기를 이끌었던 것으로 기억한다.

프랭크 게리의 작품에 매료된 이유는 기존 건축의 틀을 해방시키고 자유로운 형태와 구조로 재탄생시킨 그의 독창적인 접근 방식 때문이다. 프랭크 게리의 건축은 역사와 문화, 지역적 맥락을 깊이 존중하는 것에서 출발한다. 그의 건축 언어는 예술 그 자체이며, 때론 시처럼 섬세하고, 음악처럼 리드미컬하다. 실제로 그가 설계한 공간을 천천히 거닐다 보면 '이렇게 혁신적인 조형적 매스를 어떻게 현실에 구현할 수 있었을까' 하는 감탄이 절로 나온다. 화려하고 주변 환경을 압도하는 형태처럼 보이기도 하지만, 그 공간을 경험해 보면 주변 환경과 소통하면서 내외부가 흐르듯이 자연스럽게 연결되고 있음을 알 수 있다.

프랭크 게리는 1929년 캐나다 토론토에서 태어났다. 1947년 미국 로스앤젤레스로 이주한 뒤 트럭 운전사로 일하며 로스앤젤레스 시티대학을 다녔고, 이후 서던 캘리포니아대학교로 편입하여 건축을 전공했다. 이후 하버드대학교 디자인대학원에서 도시계획을 수료하며 전문성을 더욱 넓혔다. 1962년에 로스앤젤레스에서 사무소를 열고, 1989년에는 건축계의 노벨상인 프리츠커상, 1999년에는 건축가들의 로망인 미국 건축가 협회 골드메달을 받았다.

프랭크 게리는 세계적인 거장으로 널리 인정받고 있지만, 그 여정은 그리 순탄치만은 않았다. 유대인이라는 이유로 차별을 받기도 했고, 1980년대에는 많은 프로젝트를 진행했음에도 경제적인 어려움을 겪기도 하였다. 심지어 혁신적이고 실험적인 그의 건축 세계를 비난하는 목소리도 있었다. 하지만 예술가들은 달랐다. 그의 실험적 아이디어를 지지하며 깊은 공감을 나누었다.

2005년작 건축 다큐멘터리 '프랭크 게리의 스케치Sketches of Frank Gehry'에서 감독 시드니 폴락Sydney Pollack은 "프랭크 게리는 자신만의 독창성으로 늘 상식에서 벗어난 카드를 선보인다. 오랜 친구 사이인 우리는 경제적 제한 속에서 어떻게 하면 자신을 잘 표현할 수 있을지 얘기하곤 한다."라고 했다. 그의 삶과 건축 스토리를 통해, 그 누구든 세상에 없던 새로운 혁신과 자유를 실현하기 위해서는 반드시 '불편의 다리'를 건너야 한다는 사실을 깨닫는다. 프랭크 게리 또한 그 다리를 건너는 과정이 결코 쉽지 않았을 것이다. 하지만 건축에 대한 열망과 인내는 결국 '희망의 다리'로 승화되었을 것이라 믿는다.

프랭크 게리가 설계한 빌바오 구겐하임 미술관, 1997

빌바오 이펙트

프랭크 게리가 세계적으로 주목받기 시작한 프로젝트는 스페인 빌바오에 있는 구겐하임 뮤지엄Guggenheim Museum Bilbao이다. 이 걸작이 지어지기 전, 빌바오는 스페인 북부의 자그마한 도시였다. 예전엔 제철소와 조선소 같은 중공업으로 부유한 도시였지만, 1980년에 철광이 고갈되자 쇠퇴하기 시작했다. 시 당국은 도시를 되살리고자 미국 구겐하임 재단과 협의해 미술관과 공연장 유치에 적극적으로 나섰고, 그 결과는 성공적이었다. 1997년에 개관한 프랭크 게리의 구겐하임 뮤지엄은 침체해 가던 도시를 되살렸고, 거리는 생동감 넘치는 분위기로 탈바꿈되었다. 이 미술관은 하나의 예술적 조형물이자 도시의 상징적 기념물로서 새로운 사회적 영향력을 만들어낸 것이다. '빌바오 이펙트Bilbao Effect'라는 경제 용어를 만들어낼 만큼 신드롬을 일으킨 이 건축물의 가장 위대한 힘은 사람들의 자연스러운 유입이었고, 그것이 도시에 생명력을 부여했다.

마치 살아 숨 쉬는 유기체처럼 보이는 이 건축물은 바람의 형상을 연상케 한다. 건물이 지닌 기본적인 지붕, 벽, 바닥의 구조를 해체해 완전히 새로운 조형 언어로 접근했다. 티타늄으로 마감된 비현실적인 형태는 마치 붓으로 쓴 시처럼 느껴지며, 매순간 빛의 변화에 따라 새로운 색감을 보여준다. 이러한 예술적이고 입체적인 건축설계는 프랑스의 다쏘 시스템Dassault Systèmes에서 항공 및 우주산업 설계에 사용하기 위해 개발한 카티아Catia 소프트웨어를 통해 구현됐다. 이후 비트라 디자인 미술관, 댄싱 하우스, 월트 디즈니 콘서트홀, 루이 비통 파운데이션, 페이스북 사옥 등 다양한 프로젝트에서 그의 해체적이고 혁신적인 예술적 감성을 찾아볼 수 있다.

특히 2019년 오픈한 '루이 비통 메종 서울'은 국내 최초의 프랭크 게리 작품으로 18세기 건축물인 수원 화성, 동래 학춤, 그리고 흰 도포 자락의 우아한 움직임에서 영감을 받은 역동적인 디자인으로 재탄생되었다.

이러한 혁신적인 건축이 모든 문제를 해결해 주는 것은 아니지만, 빌바오 이펙트처럼 많은 사람에게 독창적인 영감과 새로운 가능성을 제시하는 강력한 매개체로 작용할 수 있다. 결국, 건축이라는 하드웨어와 이를 풍성하게 채우는 다양한 전시와 프로그램이라는 소프트웨어가 조화를 이룰 때, 공간은 성공적인 혁신을 통해 진정한 변화를 만들어낼 수 있다.

혁신의 돛을 단 루이 비통 파운데이션

2014년 10월 파리에 개관한 '루이 비통 파운데이션'은 마치 날개처럼 펼쳐진 12개의 투명한 면이 다양한 각도로 조합된 구조로 이뤄져 있다. 이 투명한 면들은 유기적으로 연결되고 중첩되어 마치 공중으로 곧 날아오를 듯한 형상을 만들어내며, 12개의 돛을 단 범선을 연상시킨다. 이 건물은 파리 중심가에서 서쪽으로 조금 벗어난 위치에 있는 볼로뉴 숲Bois de Boulogne의 아클리마타시옹 정원Jardin d'Acclimatation 옆에 자리하고 있다.

이 건축물이 3,600여 개의 투명한 유리 패널로 구성되어 있으며, 빛에 반사

프랭크 게리가 설계한 루이 비통 파운데이션 파리, 2014

되는 외관이 시선을 사로잡는다. "끊임없이 변화하는 세상을 반영하기 위해 시간과 빛에 따라 변화하는 건물을 만들고 싶었습니다."[4]라는 프랭크 게리의 말처럼, 보이는 각도에 따라 시시각각으로 변화하는 건축의 모습은 깊은 감동으로 다가온다. 이 프로젝트는 지역 문화에 기반하고 있으며, 19세기 프랑스 역사와 문화에 대한 존중에서 비롯된 유리와 정원 건축에서 출발했다. 이러한 전통적 요소에 영감을 받아 역동적인 선과 형태를 통해 건축의 입체적인 형태를 완성해 나간 것이다. 1층 로비에서는 드라마틱한 설치작품을 마주할 수 있는데, 카타리나 그로세Katharina Grosse의 〈협곡Canyon〉이라는 작품이다. 역동적인 색채로 시선을 집중시키며 공간에 활기를 불러일으킨다. 건물의 계단을 타고 올라가 마주하는 옥상 테라스 공간은 그야말로 거대한 조형 예술작품이다. 중첩되는 선과 면이 만들어내는 불규칙적인 프레임은 에펠탑과 볼로뉴 숲의 풍경을 더욱 흥미롭게 보여주면서 예술적 감성과 조화를 이룬다.

루이 비통 파운데이션 파리, 르 프랭크 레스토랑

 건물 내부에 있는 르 프랭크Le Frank 레스토랑 천장에는 프랭크 게리의 작품인 흰색 물고기가 유영하고 있다. 이 피시Fish 모티프는 그의 작품에서 자연적이고 유기적인 흐름을 표현하는 중요한 상징적 요소다. 이곳에 앉아 에스프레소 한잔과 함께 유리창 너머로 펼쳐지는 싱그러운 정원을 바라보면, 수많은 예술작품을 감상하며 느꼈던 감동과 여운을 차분하게 정리시켜 준다. 프랭크 게리의 역동적인 건축과 다양한 예술작품의 앙상블은 옥상 테라스에서 클라이맥스에 이르고, 1층 레스토랑에서 차분하게 그 여운을 마무리해 준다.

 루이 비통 파운데이션은 현재 예술작품 전시 및 홍보, 콘서트, 공연, 컨퍼런스, 영화, 댄스 등 다양한 문화 스펙트럼을 아우르는 이벤트를 개최하고 있다. 특히 2018년엔 시작된 오픈 스페이스 프로그램은 프랑스는 물론 전 세계에서 초대된 젊은 신진 아티스트의 특별한 작품을 선보이고 있다. 이러한 루이 비통의 예술적 행보와 프랭크 게리가 담아낸 독창적인 건축 언어는 전통과 환경에 대한 존중 그리고 혁신이라는 지향점으로 서로 연결되어 있음을 보여준다.

건축을 오마주한 아티카퓌신

2023년 아트 바젤 마이애미Art Basel Miami에서는 프랭크 게리의 아티카퓌신 리미티드 에디션과 레 젝스트레Les Extraits 컬렉션 향수병이 전시됐다. 루이 비통 아티카퓌신 핸드백과 컬래버레이션한 이 작품들은 건축과 형태, 소재의 탐구, 동물, 트위스티드 박스 등 4가지 주요 테마로 구성됐으며, 프랭크 게리가 디자인한 건축 형태와 다채로운 오브제에서 영감을 받아 예술품이자 아이코닉한 핸드백으로 재탄생되었다.

세계적인 거장의 작품을 들고 다닐 수 있다니, 건축가의 작품을 동경해 온 사람이라면 이보다 더 설레는 순간은 없을 것이다. 프랭크 게리의 손길을 거쳐 탄생한 작품들은 장인들의 수작업으로 한땀 한땀 만들어진 섬세한 디테일을 갖고 있다. 특히 반투명과 유광 색감의 조화가 돋보이는 〈카퓌신 BB 쉬머 헤이즈 Capucines BB Shimmer Haze〉는 프랭크 게리가 설계한 시애틀 대중문화 박물관에 스며 있는 음악과 문화의 에너지는 물론, 건축물의 다채로운 파사드에 대한 오마주를 표현하고 있다. 이처럼 루이 비통은 창조적인 협업을 통해 브랜드의 정체성을 확장하고 있다.

근현대미술과 스트리트 패션과의 협업, 도시의 역사와 문화를 재해석해 표현한 예술적인 패션쇼, 그리고 건축 공간과 예술과의 컬래버레이션에 이르는 다양한 혁신적인 시도들은 클래식이 중심이었던 루이 비통을 성장시키고, 다양한 신규 고객층을 끌어들였다. 이러한 성공적인 컬래버레이션은 역사와 전통 그리고 환경에 대한 존중을 기반으로, 진정한 자기다움을 드러낼 때 하이엔드 브랜드와 예술가간의 진정한 시너지가 발휘됨을 알 수 있다.

독자 분들도 프랭크 게리가 말한 진정한 '나다움To Be Oneself'이 무엇인지 탐구하다 보면 보물과 같은 '내 안의 거인'을 발견할 수 있을 것이라 믿는다. 진정한 하이엔드는 비교할 수 없고, 따라할 수 없는 본질적인 핵심 가치를 지닌 것이다.

프랭크 게리, 카퓌신 BB 쉬머 헤이즈, 2023 (상)
시애틀 대중문화 박물관 (하)

고유한 '나만의 가치'야말로 진정한 하이엔드가 아닐까.

내면의 아픔을 예술로 승화하다. 야요이 쿠사마

야요이 쿠사마는 1929년 일본 나가노현의 부유한 가정에서 태어났다. 자서전에 따르면 유년 시절 어머니의 학대와 아버지 외도로 인해 정서적으로 좋은 영향을 받지 못했고, 7살부터는 환청과 환시에 시달리기 시작했다. 그녀는 어린 시절부터 고난의 시기를 보냈지만 제대로 치료받지 못한 채, 그저 그림으로 자신의 내면을 표출하기 시작했다. "나는 고통, 공포, 불안과 매일 싸운다. 그리고 내 병을 덜어줄 수 있는 유일한 방법은 예술을 끊임없이 창작하는 것이다. 나는 예술의 실마리를 따라가던 중 내가 살아갈 수 있는 길을 발견하였다."라고 자서전에서 밝힌 바 있다.

무한 망과 폴카 닷

야요이 쿠사마는 1952년 첫 전시회를 열었다. 이 전시는 나가노 대학 정신 의학 교수인 니시 마루 시호의 관심을 끌었고, 그는 야요이 쿠사마의 작업을 분석해 정신병학 학회에서 '조현병 경향성을 가진 천재 여성 아티스트'라는 제목의 논문을 발표했다. 이 무렵 그녀에게 이러한 증상이 드러나기 시작했던 걸로 보인다. 1957년 뉴욕으로 이주한 후의 삶도 쉽지 않았다. 음식을 먹지 않고 잠도 자지 않은 상태에서 50~60시간씩 그림에 몰두했다고 한다. 이 시기에 나타난 작품 〈무한 망Infinity Net〉은 검은 바탕 위에 흰 물감으로 표현됐으며, 세포가 증식해 무한대로 확장하는 형태로 보인다. 야요이 쿠사마는 환각과 현실을 오가며 캔버스, 책상, 바닥 그리고 자신의 몸 위에도 그렸다. 말 그대로 망이 무한으로 증식하는 작업으로 공간의 제약 없이 표현한 것이다. 다행히 이 작품들을 1959년 브라타

야요이 쿠사마의 무한 망 작업 모습, 2013

갤러리Brata Gallery에서 선보이면서 그녀는 뉴욕 화단에 성공적으로 입성한다.

〈폴카 닷Polka dot〉시리즈 작업도 이때 시작했다. 야요이 쿠사마는 자신의 조현병 증세가 점점 심해지고 있음을 자각하면서, 무한히 반복되는 행위를 통해 정신 질환을 극복하고 안정을 찾아가고자 노력했다. 우리에게 보여지는 작품 속 물방울은 그녀에게 공포의 대상인 환영이자, 자신과의 치열한 투쟁으로 탄생한 결과물이다. 〈폴카 닷〉 작품을 보다가 다른 곳을 바라보면 그 잔상이 오래도록 남는 걸 느끼면서, 그녀가 받아온 고통을 간접적으로나마 헤아릴 수 있었다. 그야말로 예술을 향한 열정과 고도의 집중력이 아니었다면 버티기 힘들었을 인내의 과정이다. 한 인간이 고난을 극복하기 위해 치열하게 내면의 고통과 싸웠고, 아픔을 치유하고자 하는 노력의 결과물이 예술로 승화된 것임을 알기에 야요이

하이엔드는 상품을 팔지 않는다

야요이 쿠사마와의 아트 컬래버레이션, 루이 비통 메종 상젤리제, 2022

쿠사마의 작품을 마주할 때마다 마음이 아려오며 더욱 감동적으로 다가온다.

무한한 창조, 루이 비통 컬래버레이션

루이 비통은 쿠사마와 2012년 첫 번째 협업에 이어, 2022년 두 번째 프로젝트를 함께했다. 지난 2012년에는 핸드백, 의류, 액세서리 중심이었다면, 이번엔 '무한한 창조Creating Infinity'라는 타이틀로 건축, 공간, 패션 상품 등 다양한 카테고리로 범위를 넓혀, 무한 확장하는 〈폴카 닷〉의 향연으로 새롭고 아이코닉한 이미지를 더했다. 전 세계 루이 비통 매장은 대대적인 홍보에 나섰고 건물, 쇼윈도, 매장 내부는 야요이 쿠사마의 예술적 모티프로 가득 채워졌다. 특히 루이 비통 드림 건물과 사마리텐 백화점La Samaritaine 건물 사이에 4m가 넘는 크기로 세워진 거대 조형물과, 건물 꼭대기에서 쿠사마가 내려다보는 듯한 초대형 조형물을 설치한 상젤리제 건물은 거리 전체를 미술관으로 만들었으며, 매장 디스플레이 공간과 상품들은 〈호박Pumpkin〉 작품으로 물들었다.

야요이 쿠사마의 시선으로 본 세상을 공간으로 구현한 것이다. 한편으로는 조금 과장돼 보이기도 하고, 아티스트와의 협업을 지나치게 상업적으로 소모한다는 비판도 있을 수 있다. 그러나 독창적인 컬래버레이션을 통해 작가의 예술 세계에서 영감을 얻은 디자인으로 상품을 만들고, 그 가치를 소장하고 싶은 고객에게 의미 있는 오브제로 남는다면 이 또한 긍정적인 시너지 효과로 볼 수 있다. 그만큼 예술작품에 대한 열망은 브랜드 가치와 마케팅 전략에 많은 영향을 미친다.

야요이 쿠사마는 95세의 나이에도 정신병원을 오가며 떠오르는 아이디어를 쏟아내고 싶어서 작업실을 찾는다고 한다. 고통의 삶 속에서도 끊임없는 도전을 통해 자신의 아픔을 예술로 승화시키는 그녀의 작품 활동은 세대를 넘어 대중들에게 큰 관심을 받고 있다. SNS에서 야요이 쿠사마의 해시태그를 단 인스타그램 게시물은 영어 기준 100만 건이 넘고, 그녀의 전시는 공개와 동시에 매진될 정도로 영향력이 크다.

최근 미술관 관객들은 단순한 전시 관람을 넘어, 경험과 공유의 문화를 선호한다. 그러므로 세계적인 팬덤을 지닌 작가들과의 컬래버레이션 전략은 대중과의 소통에서 가장 중요한 요소다. 이제 하이엔드는 겉으로 보이는 혁신적인 디자인뿐만이 아니라 그 너머에 존재하는 예술적 가치, 즉 메타 밸류의 창출이 중요한 과제가 되었다.

누구나 인생에서 한 번쯤은 가격에 구애받지 않고, 망설임 없이 어떤 물건을 구매한 적이 있을 것이다. 단순히 물건 자체의 기능이나 디자인 때문이 아니라, '나만의 아이템'이자 '나만의 예술품'으로 느껴지는 특별한 가치를 발견했기 때문이다.

오래전, 강렬한 색감에 매료되어 폴 스미스Paul Smith 브랜드에 관심을 가졌던 때가 있었다. 그러던 어느 날, 우연히 폴 스미스를 직접 만나 얘기할 기회가 생겼

하이엔드는 상품을 팔지 않는다

야요이 쿠사마와 호박 작품 (상)
호박 작품을 적용한 루이 비통 뉴욕 팝업 스토어, 2023 (하)

고, 미팅이 끝난 후 마침 가지고 있던 폴 스미스 지갑에 사인을 받을 수 있었다. 그의 사인과 브랜드 로고 디자인은 거의 같았고, 덕분에 그 지갑은 내게 특별한 의미를 지니게 되었다. 지금은 사용하지 않지만, 가끔 꺼내 볼 때마다 특별했던 그날의 기억이 떠오르며 기분이 좋아진다.

같은 제품이라도 사람마다 부여하는 가치와 의미는 다를 수 있다. 집안 대대로 전해 내려온 반지나 특별한 추억이 담긴 선물처럼, 경제적 가치를 뛰어넘어 고유한 의미를 지닐 수 있다. 하이엔드는 이와 같이 대체 불가능한 가치와 독창적인 매력을 지닌 상품이다. 특히 자신이 선망하는 예술적 감성과 철학을 담고 있다면 소유의 기쁨은 그만큼 더 클 것이며, 이는 개인에게 깊은 정서적 만족과 잊지 못할 경험을 선사한다.

루이 비통은 건축과 공간 디자인에 예술을 융합해
하이엔드 브랜드의 프리미엄 이미지를 강화하고 있으며,
이 분야에서 가장 혁신적이고 성공적인 행보를 이어가고 있다.

루이 비통의 브랜드 혁신 코드

루이 비통은 브랜드 탄생 이래 'Art of Travel' 철학을 바탕으로 끊임없이 새로운 문화적 맥락을 탐구하고 재해석하며 예술, 건축, 패션, 미식 등 라이프스타일 전반을 아우르는 경험적 마케팅 전략을 통해 브랜드의 혁신성과 정체성을 한층 확고하게 구축하고 있다.

특히 문화적 헤리티지 구축과 하이엔드 가치 구현에 중점을 두고, 세계적인 거장 프랭크 게리와의 건축적 협업을 통해 파리 루이 비통 파운데이션, 메종 서울 프로젝트 등 브랜드 공간을 예술적 차원으로 끌어올렸으며, 문화적 랜드마크로 재탄생시켰다. 역사적 · 지역적 맥락을 존중하면서도 유기적이고 실험적인 디자인을 선보이는 이러한 건축적 시도는 도시와 브랜드를 상징적으로 연결하고, '여행'이라는 루이 비통의 핵심가치를 공간 경험에 자연스럽게 투영했다.

이와 함께 야요이 쿠사마를 비롯한 세계적 아티스트들과의 협업을 통해 쇼윈도와 팝업 스토어, 전시에 이르기까지 예술적 표현의 영역을 다각도로 확장하고 있다. 이러한 아트 컬래버레이션은 고객에게 독창적인 예술적 체험을 제공하고, 하이엔드 브랜드의 장인 정신과 희소성을 반영한 메타 밸류를 상품, 공간, 서비스 전반에 구현하여 고객의 정서적 만족과 깊은 교감을 이끌어낸다. 또한 오브제 노마드 가구 컬렉션, 팝업 레스토랑 등 다채로운 문화적 접점을 통해 브랜드와 고객 사이에 새로운 연결 고리를 지속적으로 창출하고 있다.

최근에는 남성복 크리에이티브 디렉터로 퍼렐 윌리엄스를 영입해 음악, 스트리트 컬처, 하이엔드를 결합한 혁신적인 컬렉션을 선보이고 있으며, 리한나를 비롯한 세계적인 대중문화 아이콘, 예술가, 디자이너, 셰프 등과의 파트너십을 강화하고 있다. 이를 통해 MZ세대 소비자를 비롯한 새로운 고객층과의 소통을 강화하며 '문화적 큐레이션'을 제공하는 플랫폼으로 자리매김하고 있다.

또한 디지털 트렌드의 흐름에 맞춰 루이 비통 공식 홈페이지와 증강 현실 (AR) 기반 서비스, 인터렉티브 디지털 콘텐츠를 비롯해 틱톡, 인스타그램, 유튜브와 같은 소셜 미디어를 적극 활용하며 디지털 세대와의 접점을 다양화하고 있으며, 온·오프 라인을 유기적으로 연결하는 옴니채널 전략을 구체화하고 있다.

나아가 LVMH 그룹 차원의 지속가능성 전략 하에 친환경 소재 활용, 제품 내구성 강화, 지역 문화 예술 지원 및 사회 공헌 활동 등 '지속가능한 럭셔리'의 가치를 적극적으로 확립하고 있으며, 이는 소비자들이 브랜드를 통해 미래지향적 가치까지 공감할 수 있는 중요한 요소로, 고객과의 깊은 신뢰를 구축하는 전략적 자산이 된다.

루이 비통은 역사적 헤리티지를 현대적인 문화 코드로 재해석하며, 예술과 건축과의 협업, 디지털 혁신, 지속가능성을 결합한 입체적 마케팅 전략을 통해 하이엔드 브랜드로서의 정체성을 새로운 차원으로 확장하고 있다. 과거와 미래, 전통과 혁신, 예술과 라이프스타일, 디지털과 지속가능성의 조화를 통해 소비자들에게 브랜드 고유의 하이엔드 가치를 전달하고, 한 단계 높은 차원의 예술적 감동과 경험을 공유하며 성장하고 있다.

2. 유일무이한 존재가 되려면 남달라야 한다

파리 튈르리 정원에 있는 오랑주리 미술관은 클로드 모네Claude Monet의 몽환적인 빛과 색감으로 유명한 작품 〈수련〉으로 잘 알려져 있다. 이곳에서 또 하나 주목할 만한 작품은 마리 로랑생Marie Laurencin이 그린 〈마드모아젤 샤넬 초상화Portrait de Mademoiselle Chanel〉이다. 한쪽 어깨를 드러낸 관능적인 드레스를 입은 그녀의 모습은 꿈꾸는 듯 느긋하고 여유로워 보이지만, 어딘지 모르게 우울하고 슬픈 분위기도 느껴진다. 가브리엘 샤넬Gabrielle Chanel이 친구이자 화가인 마리 로랑생에게 직접 의뢰한 이 초상화는 그녀의 마음에 들지 않았다고 한다. 수정을 요청했지만 끝내 받아들여지지 않았고, 결국 이 작품은 마리 로랑생이 보관하고 있다가 그녀가 세상을 떠난 뒤 오랑주리 미술관에 기증되었다. 화려하고 강인했던 삶의 이면에 비춰지는 쓸쓸함과 외로움을 숨기고 싶었을 가브리엘 샤넬의 마음을 조금은 헤아릴 수 있을 것 같다.

가브리엘 샤넬이 마리 로랑생을 만난 계기는 러시아의 예술 기획자 세르게이 디아길레프Sergei Diaghilev가 창단한 발레단 발레뤼스Ballets Russes의 의상과 세트를 담당하면서부터다. 그녀는 스포츠를 풍자적으로 다룬 작품인 「르 트랑 블루Le Train Bleu」 공연에서 의상을 맡으면서 수영, 골프, 테니스 등 스포츠 분야에서 영감을 받은 현대적인 디자인을 선보였다. 격식을 중시하는 무용계에서 그녀의 디자인은 혁명 그 자체였다. 가브리엘 샤넬은 화가 파블로 피카소, 영화감독 루키노 비스콘티, 음악가 이고르 스트라빈스키, 시인 피에르 르베르디 등 당대의 유명한 예술가들과 깊이 교류하면서 많은 영감을 받았고, 예술은 그녀의 일상이자 삶의 일부가 되었다. 그녀는 예술가들을 적극적으로 후원하며 자신의 혁신적이고 대담한 패션 철학을 발레, 음악, 영화 등 다양한 예술 분야와의 교감을 통해 풍부하게 발전시켜 나갔다.

하이엔드는 상품을 팔지 않는다

마리 로랑생의 마드모아젤 샤넬 초상화, 1923

패션은 변하지만 스타일은 영원하다.
샤넬

2019년 6월 볼쇼이 극장에서 초연을 올린 컨템퍼러리 발레 공연인 「모댄스Modan-se」는 프랑스어로 패션을 뜻하는 'Mode'와 춤을 뜻하는 'Danse'가 더해진 합성어로, 가브리엘 샤넬의 일대기를 발레와 패션을 통해 표현한 특별한 컬래버레이션 작품이다.

무용수들은 샤넬이 제작한 의상 80여 벌을 입고 춤을 춘다. 공연은 두 편의 단막 발레로 이루어지는데, 1막 가브리엘 샤넬Gabrielle Chanel은 고전 복식의 굴레에서 벗어난 아이코닉한 저지 원피스, 트위드 재킷과 스커트, 리틀 블랙드레스 등 다채로운 의상들과 함께 가브리엘 샤넬의 혁신적이고 창의적인 일대기를 그려내고, 2막 숨결처럼Come un Respiro은 고전 복식 작품으로 헨델의 바로크 음악과 코르셋을 연상시키는 관능적인 디자인의 옷을 입은 무용수들이 보여주는 아름다운 신체 움직임으로 채워져 있다.

이렇듯 예술에 조예가 깊었던 가브리엘 샤넬의 대담한 패션 철학은 여성복뿐 아니라 발레 복식사에도 많은 영향을 끼쳤다. 그녀의 뒤를 이어받은 칼 라거펠트Karl Lagerfeld도 「빈사의 백조The Dying Swan」, 「브람스-쇤베르크 콰르텟Brahms-Schoenberg Quartet」, 「데카당스Decadence」 등 여러 발레 무대에서 독창적인 디자인을 선보이며 그 여정을 이어갔다. 버지니 비아르Virginie Viard 역시 2019년 세르주 리파르Serge Lifar의 작품 「바리아시옹Variations」과 「모댄스」를 맡았으며, 샤넬과 함께한 발레 역사 100주년을 기념한 2024 S/S 오트 쿠튀르 컬렉션에서는 발레 코어[5]를 접목한 의상들을 선보였다. 이 컬렉션은 자유로운 움직임, 패션, 음악이 어우러진 발레복을 통해 신체와 의상이 지닌 에너지와 섬세함을 완벽하게 조화시키며, 가브리엘 샤넬이 추구한 예술적 미학을 섬세하게 담아내고 있음을 알 수 있다.

모댄스 발레 공연, 스베틀라나 자하로바

누가 코코를 보았는가

세계 패션을 선도했던 가브리엘 샤넬에 관한 자료는 영화와 책을 통해 많이 찾아볼 수 있다. 그녀는 세계적인 패션 아이콘이자 여성을 코르셋으로부터 해방시킨 혁명가이지만, 성공적인 삶 이면에는 남다른 아픔이 숨겨져 있다. 가족에게 버림받은 유년기, 사랑하는 사람의 죽음, 수많은 염문설과 결혼의 실패가 그것이다. 하지만 영원한 마드모아젤로 남아 있었기 때문에 샤넬이라는 이름을 지켰고 패션 역사에 길이 남을 신화를 쓰지 않았을까? 누구에게나 완벽한 삶의 스토리는 없다. 각자의 자리에서 그저 혼신을 힘을 다해 써 내려간 자신만의 역사가 있을 뿐이다.

가브리엘 샤넬의 삶은 브랜드 정체성 그 자체다. 진주 목걸이, 더블 'C' 로고, 샤넬 No.5, 카멜리아 꽃 등 샤넬을 상징하는 시그니처들은 모두 그녀의 삶 속에 녹아 있었다. 조향사 에르네스트 보Ernest Beaux는 새로운 향수를 위해 샘플 5개를

만 레이(Man Ray)가 촬영한 가브리엘 샤넬, 1935

만들었는데, 가브리엘 샤넬은 그중에 다섯 번째 샘플을 골랐고, 그렇게 탄생한 이름이 바로 No.5다. 전설적인 배우 마를린 먼로가 "잠들기 전에 입는 건 샤넬 No.5뿐."이라고 말한 일화는 오늘날까지 회자되는 상징적인 이야기다.

1883년 프랑스 서부의 소뮈르Saumur에서 태어난 가브리엘 샤넬은 12살 때 어머니를 여의고 언니들과 함께 수도원이 운영하는 고아원으로 보내졌다. 7년 동안 그곳에서 지내면서 수녀들의 단정한 검은 옷, 머리를 고정하는 화이트 밴드와 목장식, 긴 묵주 목걸이 등을 보고 자랐다. 이는 훗날 샤넬의 미니멀한 블랙 앤 화이트 드레스, 진주 목걸이 등으로 투영되어 나타난다.

성인이 되어 양장점의 양재사이자 카페의 가수로 활동하던 시기, 가브리엘 샤넬은 코코라는 애칭으로 불리며 부유한 가문의 남자들을 만나면서 상류층의 세계에 눈을 뜨게 된다. 코코라는 애칭은 당시 그녀가 자주 불렀던 「누가 코코를 보았는가Qui qu'a vu Coco」라는 노래에서 유래했다고 한다. 가브리엘 샤넬의 재능을 발견하고 도와준 이들은 그녀의 남자친구들이었다. 기병대 장교 출신이자 섬유업 후계자였던 에티엔 발장Etienne Balsan과 함께 승마를 시작하면서 남성복에 주로 사용했던 기능적 소재와 디자인에 영감을 받아 간결하면서 편안한 여성복을 만들기 시작했다. 이때 여성에게도 허리가 잘록하게 들어간 불편한 드레스가 아닌 단순하고 기능적인 옷이 필요하다는 사실을 깨달았다고 한다.

에티엔 발장의 친구이자 남자친구였던 아서 카펠Arthur Capel은 그녀의 재능을 알아보고 1910년 캉봉가Rue Cambon 21번지에 첫 모자 부티크인 '샤넬 모드Chanel Modes'를 열도록 후원했다. 이후 1912년 도빌의 부티크, 1915년 비아리츠의 첫 번째 쿠튀르Couture 하우스를 거쳐, 1918년 샤넬의 상징적인 주소가 된 파리 캉봉가 31번지에 역사적인 쿠튀르 하우스를 설립하기까지, 깃털 달린 화려한 모자 대신 심플하고 세련된 모자를, 긴 헤어스타일 대신 단발머리를, 코르셋으로 허리를 조여 맨 드레스 대신 편안하고 우아한 패션을 선보이면서 센세이션을 일으켰고, 이후 10년에 걸쳐 사업이 승승장구하면서 마침내 샤넬의 공방에는 수백 명의 재봉사가 모여 컬렉션을 만들게 되었다.

브랜드의 탄생지인 캉봉가 31번지는 샤넬 하우스를 대표하는 상징적인 건축물이다. 이곳에는 거울로 둘러싸인 아이코닉한 계단이 있는데, 1층 출입구부터 2층 오트 쿠튀르 살롱, 3층 샤넬의 방까지 이어진다. 계단에 설치된 다각도의 거울들은 계단과 2층 홀의 구석구석을 보여준다. 가브리엘 샤넬은 3층의 계단에 앉아 거울을 통해 아래층 상황을 관찰하곤 했다. 2009년 개봉된 영화 「코코 샤넬 Coco Before Chanel」에서도 이 장면이 인상적으로 묘사되고 있다. 그녀는 자신 앞에 서는 꺼내지 못했을 고객들의 솔직한 의견을 3층에서 가감 없이 보고 들으며, 디자인에 대해 끊임없이 고민하면서 혁신을 이뤄나갔다.

1953년, 가브리엘 샤넬은 8년간의 스위스 망명 생활을 마치고 파리로 돌아왔다. 그녀의 나이는 70세였고, 디자인에서 손을 뗀 지도 15년이 흐른 시기였다.

거울 계단, 캉봉가 31번지, 코코 샤넬 영화 Coco Before Chanel, 2009

패션 디자인을 다시 시작한다는 것은 그녀조차도 쉽지 않았을 것이다. 게다가 그녀가 자리를 비운 사이 크리스찬 디올Christian Dior이 파리 패션을 주도하고 있었다. 그러나 가브리엘 샤넬은 1년 만에 감각을 되찾으며 화려하게 복귀했다. 당시 미국에서 가장 영향력 있는 잡지 『라이프』는 "가브리엘 샤넬은 유행을 일으키는 것을 넘어서 혁명을 일으키고 있다."라고 극찬했다. 그녀는 그 이후로 무려 17년간 디자인 활동을 이어가며 샤넬 2.55 백, 트위드 슈트, 투톤 펌프스 등 패션 역사에 길이 남을 상징적인 유산을 남겼다.

가브리엘 샤넬은 1971년에 세상을 떠났지만, 그녀의 스타일은 여전히 빛나고 있다. 가스통 베르틀로Gaston Berthelot를 비롯한 3명의 디렉터를 거쳐 1983년에 칼 라거펠트가 샤넬을 맡게 되었고, 2019년까지 37년간 패션 사업의 선두를 지켜왔다. 그는 브랜드의 정체성을 지키면서도 샤넬을 대표하는 더블 'C' 로고, 트위드, 진주, 퀼팅 가죽, 황금 체인 등을 현대적인 감각으로 재해석해 '패션은 사라

하이엔드는 상품을 팔지 않는다

진다, 영원한 것은 스타일이다'라는 본질을 완벽히 구현해냈다.

샤넬의 새 시대를 연 칼 라거펠트

칼 라거펠트의 패션은 한결같이 검정 슈트와 흰 와이셔츠, 검정 선글라스와 장갑, 그리고 포니테일 헤어스타일로 사람들의 시선을 사로잡았다. 그의 스타일 자체가 브랜드이자 시그니처 아이콘이었다. 가브리엘 샤넬 다음으로 브랜드에 가장 큰 영향을 미친 인물로 평가받는 그는 독서광으로도 유명하다. 대학교 도서관을 연상시키는 방대한 서재를 보면, 독서가 그에게 얼마나 많은 창조적 영감을 주었는지 짐작할 수 있다.

칼 라거펠트는 1933년 독일 함부르크에서 태어났다. 피에르 발망Pierre Balmain의 조수에서 시작해서 장 파투Jean Patou, 클로에Chloé, 발렌티노Valentino를 거쳐 샤넬에 발을 들였다. 그는 샤넬의 헤리티지를 통해 컬렉션의 영감을 얻고 상징적 모티브를 재해석해 패션 시장을 사로잡았다. 칼 라거펠트는 B-보이 스타일부터 자극적이고 도발적인 패션에 이르기까지 다양한 스타일에서 영감을 받았고, PVC 소재의 바지와 레이스업 코르셋 그리고 심지어 반려견 목걸이까지도 선보였다. 이러한 칼 라거펠트만의 신선한 아이템들은 샤넬의 역사에 새로운 생명을 불어넣었다.

그의 창의적인 영감은 패션쇼에도 드러난다. 2014 F/W에서는 런웨이 배경을 '슈퍼마켓'으로 꾸몄고, 2015 S/S 쇼는 무대를 파리 거리로 만든 뒤 '여성 해방 운동' 장면을 연출했다. 2015-16 F/W 컬렉션에서는 '브라세리 가브리엘Brasserie Gabrielle'이라는 레스토랑을 연출해 모델들이 테이블에서 식사하는 모습으로 관객을 만나기도 했다. 2017 S/S에서는 '데이터' 컨셉으로 쇼를 연출했고, 2017-18 F/W에서는 '우주선'이 배경이 되었으며, 2018 S/S에서는 '인공 폭포'를, 2019 S/S에서는 '인공 바다'를 무대로 만들었다. 이처럼 매번 흥미롭고 신선한 연출로 많은 이들이 샤넬의 패션쇼를 기대하게 만들었다. 칼 라거펠트는 샤넬의 전통을 재창조하면서도 그만의 독창성을 지니고 위대한 명성을 이어간 것이다.

칼 라거펠트, 7L Bookshop, 파리

인공 바다 컨셉의 2019 S/S 샤넬 패션쇼

　샤넬은 100년이 넘는 오랜 역사 속에서도 향수와 화장품 등 뷰티 영역에 한정해서 남성 제품 라인을 운영 중이며, 의상에서는 별도의 남성 컬렉션을 찾아볼 수 없다. 이는 샤넬이라는 브랜드에서 여성이라는 존재가 얼마나 중요한 의미를 지니는지 보여준다.

　오늘날 여성 패션의 선구자로 불리는 샤넬의 역사는 답답한 코르셋에서 여성을 해방시키는 것으로 시작되었다. 시대를 초월한 이 정신은 하이엔드 브랜드가 갖춰야 할 근본적인 가치이기도 하다. 이처럼 패션은 스타일을 넘어 자신을 표현하는 중요한 수단이자 시대를 반영하는 강력한 언어가 된다.

　결혼이라는 제도와 나이에 구애받지 않고 오롯이 자신의 삶을 충실하게 살아내며 패션 신화를 쓴 가브리엘 샤넬, 그 정신을 이어받아 예리한 통찰력과 창의력으로 멋진 스타일을 남긴 칼 라거펠트, 브랜드의 헤리티지를 다각도로 해석해 현대인의 삶을 예술로 풀어낸 버지니 비아르 역시 샤넬을 빛나게 했던 주역

이다. 2024년 6월, 버지니 비아르는 샤넬을 떠났고, 그 뒤를 마티유 블라지_{Mat-}
thieu Blazy가 이어가고 있다. 그가 앞으로 어떤 새로운 역사를 써나갈지 전 세계의
이목이 집중되고 있다.

플래그십 궁전의 창조자,
피터 마리노

"저는 예술가이면서 건축가이고, 동시에 인테리어 디자이너, 가구 제작자, 유리
공예가, 청동 주물 제작자, 정원사, 테니스 치는 사람, 골동품 수집가, 출판인, 예
술 재단 설립자이기도 합니다. 이 모든 활동과 면모가 바로 저를 독특하게 만드
는 요소라고 자부합니다."라고 피터 마리노는 말한다. 다양한 예술 장르를 자유
롭게 넘나드는 피터 마리노는 현대미술 작가에게서 건축적 영감을 얻고, 예술적
협업을 통해 브랜드 정체성을 표현한다. 새로운 프로젝트마다 그의 큐레이팅 역
량은 빛을 발하며, 그렇게 탄생한 건축, 인테리어, 아트는 같은 맥락을 지닌 거대
한 작품이자 현대미술관을 연상시킨다.

샤넬의 철학 그대로, 샤넬 서울 플래그십 스토어

2019년 오픈한 '샤넬 서울 플래그십 스토어'는 샤넬의 헤리티지를 현대적으로 재
해석한 간결한 건축선, 블랙 컬러의 용암석과 글라스로 마감된 심플하고 직관적
인 외관을 가지고 있다. 내부는 어두운 외관과는 달리 자연광을 최대한 안으로
끌어 들여 밝은 빛으로 공간을 채워주었다. 실내 디자인은 마치 가브리엘 샤넬
의 공간에 초대받은 느낌이 드는 섬세한 분위기로 연출됐다. 그녀가 앉았을 것
같은 소파와 취향이 반영된 소품들, 그리고 곳곳에 연출된 프라이빗한 공간과 어
우러진 디자인은 특별한 분위기를 자아낸다. 여기에 피터 마리노가 선별한 이불
과 강익준, 이우환, 그레고어 힐데브란트Gregor Hildebrandt, 파올라 피비Paola Pivi, 파

샤넬 서울 플래그십 스토어, 2019

사운드 배리어, 그레고어 힐데브란트, 샤넬 서울 플래그십 스토어

블로 레이노소Pablo Reinoso 등의 현대미술 작품 31점이 자연스럽게 어우러지면서 풍부한 예술적 경험을 선사하는 갤러리로 변신했다.

특히 입구에서 만나는 파블로 레이노소의 호흡하는 듯한 패브릭 쿠션 작품인 〈숨 쉬는 단색의 벽Breathing Monochrome Wall〉과 파올라 피비의 금박 진주 비즈로 만든 〈무제Untitled〉는 패션 아이템과 조화롭게 어울리며 공간 분위기를 이끈다.

그리고 가브리엘 샤넬의 초상화와 함께 2층에서 3층까지 이어지며 웅장한

하이엔드는 상품을 팔지 않는다

느낌을 주는 그레고어 힐데브란트의 〈사운드 배리어Sound Barrier〉는 시간과 기억을 환기하는 의미를 품고 있어, 시대를 초월하는 가치를 추구하는 샤넬의 브랜드 철학과도 연결돼 공간과 완벽하게 융합한다. 햇살이 들어오는 로맨틱한 피팅룸도 인상적이다. 하이엔드 공간의 진정한 여유로움은 이렇게 숨겨진 공간과 디테일 속에서 그 진가를 발휘하는 법이다.

패션으로 완성한 퍼스널 브랜딩

피터 마리노는 1949년생으로 뉴욕 출신이다. 코넬대학교 건축학과를 졸업하고, 1970년대 말 앤디 워홀Andy Warhol의 맨해튼 타운하우스 리노베이션과 세번째 워홀 팩토리Warhol Factory 인테리어를 맡으며 예술작품에 눈을 뜨게 되었다. 이 프로젝트를 계기로 이브 생로랑Yves Saint Laurent의 주택 디자인을 맡게 되었고, 이후 1985년에는 바니스 뉴욕 백화점과 아르마니 뉴욕 플래그십 스토어 프로젝트를 통해 쇼핑 공간 디자인의 새로운 막을 열었다.

피터 마리노가 바니스 백화점 프로젝트를 맡았을 당시, 그는 상업 공간 디자인 경력이 전혀 없었다. 물론 잠재력에 대한 기대가 컸기에 프로젝트가 시작될 수 있었겠지만, 그 배경에는 앤디 워홀의 후원이 있었다. 그는 당시 초보에 가까웠던 피터 마리노의 재능을 알아보고 1,500만 달러를 지원했다. 이 덕분에 피터 마리노는 자신의 회사를 설립할 수 있었고, 앤디 워홀의 프로젝트들을 통해 다양한 패션 브랜드와 인연을 맺기 시작했다. 피터 마리노는 상업 공간을 단순한 판매 매장의 개념이 아니라 브랜드의 지향점과 가치를 보여주는 경험의 장소로 보았고, 차별화된 디자인 접근법을 통해 쇼핑 문화를 새로운 차원으로 끌어올렸다.

이제는 하이엔드 브랜드들이 가장 먼저 찾는 건축가가 된 피터 마리노는 2002년 샤넬을 시작으로 루이 비통, 디올, 불가리, 펜디, 제냐의 프로젝트까지 담당하고 있다. 특히 샤넬과 협업한 건축 및 인테리어 프로젝트는 30개 이상으로, 그의 작업 중 가장 많은 비중을 차지한다. 피터 마리노는 각 브랜드의 철학과 정체성을 예술과 연결시켜 공간에 생명을 불어넣는 협업 역량으로 정평이 나 있다.

바이크 패션의 피터 마리노

여기서 주목할 점은 건축 디자인이 지닌 시각적 아이덴티티 측면이다. 대부분의 건축 거장들의 작품은 단번에 누가 설계한 것인지 알아볼 수 있을 정도로 각자의 시그니처 스타일이 확실하다. 하지만 피터 마리노의 작품은 브랜드에 따라 다른 스타일을 보여준다. 이는 그가 모든 고객을 독창적인 개성을 지닌 유일한 존재로 보고, 샤넬은 샤넬답게, 루이 비통은 루이 비통답게 각 브랜드의 본질을 끌어내는 것을 작업 철학으로 삼기 때문이다. 이런 점은 많은 하이엔드 패션 브랜드가 피터 마리노를 찾는 이유 중 하나일 것이다.

또 다른 흥미로운 점은 마치 전사와도 같은 그의 바이크 패션이다. 피터 마리노는 검정 가죽 재킷과 바지, 은 목걸이, 해골 반지, 그리고 검은 선글라스와 모자까지 언제나 같은 스타일을 고수한다. 이러한 패션에 대해 질문을 자주 받는 그는 삶과 건축은 곧 투쟁이며 어려움에 맞서 싸우는 것이므로 도시의 전사와 같은 복장이 필요하다고 답하기도 하고, 전 세계를 누비며 프로젝트를 진행하

하이엔드는 상품을 팔지 않는다

다 보니 창의적이고 핵심적인 작업에만 에너지를 집중하기 위해 스타일링 시간을 줄이려고 같은 패션을 추구한다고 설명하기도 한다.

이처럼 자신만의 스타일을 고수해온 인물로는 앞서 언급한 칼 라거펠트의 블랙 앤 화이트 룩이 떠오른다. 또한 항상 검정 터틀넥 상의에 리바이스 청바지 그리고 뉴발란스 운동화를 고수한 스티브 잡스도 빼놓을 수 없다. 그 또한 창의적인 업무에 몰입하기 위해 실용적이면서도 전략적인 패션 원칙을 실천했다고 한다. 패션은 자신을 표현하는 시각적인 언어이자 퍼스널 브랜드다. 그만큼 피터 마리노 또한 철저한 자기 관리와 퍼스널 브랜딩으로 본인의 정체성을 확고히 구축한 것으로 볼 수 있다.

피터 마리노는 전 세계 샤넬 프로젝트의 대부분을 맡아 진행하고 있으며, 다양한 예술가들과의 교류를 통해 공간 완성도를 높이고 있다. 그가 프로젝트에 함께할 작가와 작품을 큐레이팅하는 기준은 바로 고유의 DNA에 대한 탐구에서 비롯된다. 브랜드 정체성, 건축물이 지닌 장소성, 예술작품 등 이 모든 것을 아우르는 것이 그가 말하는 DNA다. 이러한 철학은 샤넬의 건축과 공간 디자인에서 선명하게 드러난다. 브랜드 상징과도 같은 캉봉가 31번지 아파트, 커피 테이블, 앤티크 소품, 진주 목걸이, 샤넬 No.5 향수병 등 가브리엘 샤넬의 삶과 연결되는 시그니처 모티브에서 그 정수를 느낄 수 있다.

시대를 초월한 안테암블로의 정신

2023년 오픈한 미국 최대 규모인 베벌리힐스 매장에도 어김없이 샤넬의 진주 목걸이를 떠오르게 하는 장 미셸 오토니엘의 작품 〈골든 라소Golden Lasso〉가 설치됐다. 천장부터 바닥까지 연결된 유리구슬의 신비로운 빛은 공간의 중심에서 존재감을 드러내고 있으며, 중앙 안뜰에는 프랑수아 자비에 라란François-Xavier Lalanne의 2007년 작품인 사슴 조형물 〈와피티Wapiti〉가 우아한 모습으로 자리하고 있다.

2024년 뉴욕 5번가에 미국 내 처음으로 오픈한 샤넬 워치 & 파인 주얼리 매장 내부 공간 역시 캉봉가 31번지 아파트의 인테리어 디자인을 모티브로 연출된

뉴욕 5번가 샤넬 워치 & 파인 주얼리 플래그십 스토어 파사드

코로만델 스타일[6]의 벽장식, 거울과 조명, 우드 데스크 등의 고풍스럽고 화려한 디테일이 눈길을 사로잡는다. 2004년 브라질의 아티스트이자 사진작가인 비크 무니스Vik Muniz가 샤넬의 요청으로 만든 〈샤넬, 다이아몬드의 그림Chanel, Pictures of Diamonds〉도 전시돼 있는데, 가브리엘 샤넬의 얼굴을 보석으로 뒤덮은 독특한 작

하이엔드는 상품을 팔지 않는다

가브리엘 샤넬의 캉봉가 아파트 코코만델 스타일의 인테리어 디자인,
뉴욕 5번가 샤넬 워치 & 파인 주얼리 플래그십 스토어

품으로, 화려함과 아이코닉한 이미지가 돋보인다. 앙드레 뒤브뢰유_{André Dubreuil}
의 조각상, 13개의 금박 패널을 올려 만든 Y.Z. 카미_{Y.Z. Kami}의 콜라주 등 수많은
작품이 하이 주얼리와 조화를 이루며 공간 그 자체를 예술품으로 만들어버린 이
매장은 아트 큐레이팅의 진수를 느낄 수 있는 대표적인 사례다.

　　피터 마리노가 하이엔드 공간 설계에 있어서 가장 중요하게 생각하는 요소
는 빛, 공기 그리고 여백으로, 아무리 고급스러운 마감재로 장식했더라도 어둡고
좁으면 의미가 없다고 보았다. 그는 자연광과 공기의 흐름, 여유로운 공간감을
구축하는 것에 중점을 두면서 건축, 인테리어 디자인부터 예술품, 가구, 소품에
이르기까지 모든 디테일에 클라이언트의 아이덴티티를 반영하여 작품을 완성해
나간다.

　　이처럼 브랜드의 정체성을 밀도 있게 표현하는 건축물과 공간은 그 자체로

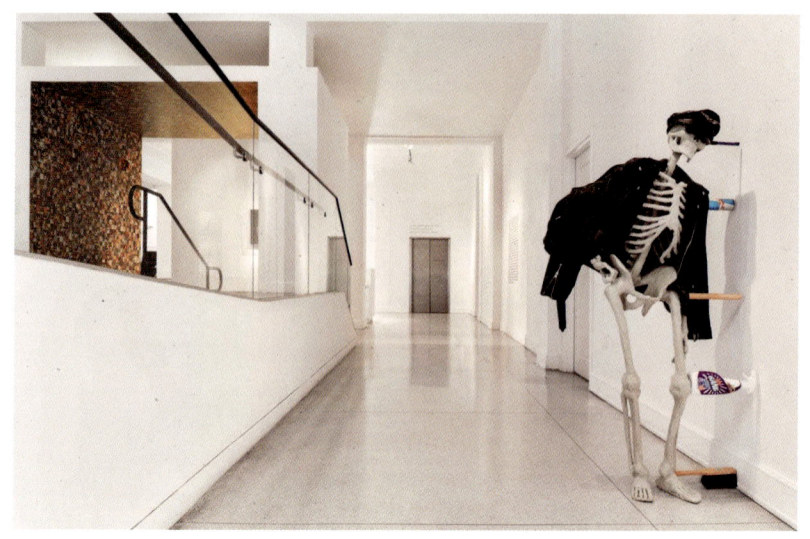

에르빈 부름의 피터 마리노 원미닛 포에버, 배스 미술관, 2014

브랜드의 광고가 되고, 미술관으로 진화한 패션 매장의 상품은 예술작품에 버금 가는 가치로 업그레이드된다. 그만큼 하이엔드 브랜드의 역사와 비전을 완벽히 담아낼 수 있는 건축가와 아트 디렉터의 역할은 매우 중요하다. 랜드마크로 승화된 브랜드의 가치와 이미지는 사람들의 기억 속에 깊이 인식되어 오래도록 남아 있기 때문이다.

　2014년 피터 마리노가 구상하고, 제롬 상스Jérôme Sans가 큐레이션한 배스 미술관Bass Museum 《원 웨이: 피터 마리노One Way: Peter Marino》전시에서는 현대미술 작가 50여 명의 작품이 소개되었고, 에르빈 부름Erwin Wurm의 대표작인 〈원 미닛 One Minute〉 조각 시리즈가 피터 마리노 버전으로 선보였다. 이 작품 또한 그의 제안으로 시작되어, 작가와의 협업을 통해 탄생했다. 〈원 미닛 포에버One Minute Forever〉는 피터 마리노의 신체 치수를 바탕으로 제작된 해골 작품으로, 여기에 그를 대표하는 가죽 패션을 더하여 '영원성'을 내포하고 있다. 이렇듯 그의 모든 행보는 예술적인 교감을 통해 자신의 한계를 뛰어넘는 더 높은 차원의 공간 예술을 보여주고 있다.

'안테암블로Anteambulo'라는 말이 있다. 내가 프로젝트에 임할 때 되새기는 이 말은 옛 로마제국에서 재력가나 정치가들이 예술가를 후원하는 전통에서 유래 된 것으로, 후원자를 위해 앞장서서 길을 안내하고 도와주는 역할을 했던 '길라 잡이', '선구자'라는 뜻을 지니고 있다. 샤넬은 후원자로서 예술작품이 프로젝트 안에서 더 진화할 수 있도록 만들고, 아티스트는 자신의 역량을 더 펼칠 기회를 갖게 된다. 피터 마리노의 카리스마 넘치는 전사 같은 모습 뒤에도 이러한 안테 암블로의 정신이 깃들어 있기에 예술과 공간이 융합된 하나의 빛나는 작품으로 탄생할 수 있지 않았을까.

│ 찬란한 슬픔의 아름다움,
│ 장 미셸 오토니엘

2022년 여름, 서울시립미술관에서 장 미셸 오토니엘Jean-Michel Othoniel의 개인전 《정원과 정원》이 열렸다. 싱그러운 녹색의 기운이 감도는 덕수궁 연못에는 〈황 금 연꽃Golden Lotus〉이 피어났다. 마침 내가 찾은 날에는 비가 촉촉하게 내리고 있 어 금빛 유리구슬에 빗물이 앉아 더욱 신비로운 분위기를 자아냈다. 이렇게 아 름다운 유리구슬의 탄생은 어디서부터 시작된 것일까? 찰나에 결정되는 유리구 슬의 형태는 장인의 정성스러운 호흡에서 비롯된다. 완성된 구슬은 완벽하다기 보다, 미세한 상처와 흠집을 품고 있다. 하지만 이 구슬들이 여러 개로 엮이는 순 간 결점마저도 고도의 아름다움으로 승화된다. 빗물이 있어 더 아름다운 것은 빗물이 그 상처를 잘 보듬고 씻어주기 때문이다.

그의 작품 〈거울 매듭Mirrored Knot〉에서는 상처 입은 유리구슬들이 매듭으로 엮이면서 새로운 형상을 지니게 되고, 구슬의 빛이 서로 반사되면서 무한 반복되는 상호작용을 보여준다. 유리벽돌 작품 또한 남다른 의미를 담고 있다. 2009년부터 시작된 그의 작업은 지난 인도 여행에서, 사람들이 언젠가 자신의 집을 짓겠다는 희망을 담아 벽돌을 쌓아두는 모습에서 영감을 받아 구현한 것이다. 벽돌은 건축 공간을 형성하는 내구성과 안정성이 확보된 소재인 반면, 유리는 아름답지만 깨지기 쉬운 취약한 속성을 지니고 있다. 이러한 이중성을 가진 유리벽돌은 그의 작품을 표현하는 중요한 조형적 언어다.

〈프레셔스 스톤월Precious Stonewall〉 작품에서는 유리벽돌에서 반사되는 빛의 영롱함 이면에 숨은 역사적 사건을 들여다볼 수 있다. 이 제목은 1969년 뉴욕의 동성애 커뮤니티가 경찰에 거세게 저항하며 벌어진 스톤월 항쟁에서 차용했으며, 자유를 향한 미래의 염원이 담겨 있는 작품이다. 7,500여 개의 유리벽돌을 바닥에 설치한 가장 큰 규모의 작품인 〈푸른 강Blue River〉에서는 신비로운 빛으로 반짝이는 잔잔한 생명의 물결이 무한 확장하는 것처럼 보인다. 사람들에게 유토피아적 공간을 선사하고 싶다는 마음에서 비롯된 〈아고라Agora〉는 삶의 은신처이자 표현의 자유가 허락된 공간으로 건축의 개념에 가깝게 다가가고자 했던 그의 열망이 느껴진다.

유리에 담긴 치유의 서사

장 미셸 오토니엘은 프랑스 생테티엔Saint-Étienne에서 나고 자랐으며, 1988년 파리 세르지 국립 예술학교를 졸업했다. 그는 재학 당시 학비 마련을 위해 루브르 박물관의 경비로 일한 경험이 있었다. 그로부터 35년이 지난 2019년, 루브르 피라미드 건축 30주년 기념으로 그의 작품 〈루브르의 장미La Rose du Louvre〉 6점이 석고상 사이에 전시됐고, 이후 박물관 측이 영구 소장하겠다고 밝히면서 큰 화제를 모았다. 이는 장 미셸 오토니엘에게 진정 감격스러운 순간이었을 것이다. 장미는 루브르의 상징이기도 하다. 그는 금박을 입힌 캔버스 위에 장미를 검정 구슬 형태로 표현했다. 기존 작품들 사이에서 은은하게 매력을 발산하고 있는 검은 장미는 원래 루브르에 전시되어 있던 작품처럼 조화롭게 공간에 스며든다.

황금 연꽃, 장 미셸 오토니엘: 정원과 정원, 2022

　최근 작품과는 다르게 그의 초기작은 인간적인 고뇌와 치유의 과정을 담은 작업들이 많았다. 유황과 왁스를 사용한 작업들은 어둡고 음울한 느낌도 든다. 장 미셸 오토니엘은 어린 시절 신학교에 입학한 소년을 좋아했지만, 그 소년은 종교적인 교리에 어긋난 사랑에 고뇌하다 극단적인 선택을 하게 된다. 이 비극적인 사건의 슬픔과 괴로움을 표현한 작품이 1986년 〈사제복을 입은 자화상Self Portrait in Priest's Robes〉이다.

　이후에도 고통과 치유를 반영하는 작품 활동을 지속하다 이탈리아의 화산섬 리파리Lipari에서 흑요석을 발견하면서 유리라는 재료에 눈을 뜨게 되었고, 1993년에 그의 작품은 중요한 전환점을 맞이했다. 이 시기부터 베네치아 무라노섬의 장인들과 협력하여 유리의 섬세함과 색채의 미묘함을 탐구하기 시작했다. 그 첫 작품인 거대한 유리 목걸이는 1996년에 로마의 메디치 정원에 전시되었다. 1997년에 선보인 〈상처 목걸이Le Collier Cicatrice〉는 성소수자였던 펠릭스 곤잘레스

루브르의 장미, 장 미셸 오토니엘, 루브르 박물관, 2019

토레스Felix Gonzalez Torres를 기리는 작품으로, 그의 사망 1주기에 붉은 목걸이를 한 1,000명의 모습을 8시간 동안 촬영한 사진으로 전시되었다. 처음으로 장 미셸 오토니엘도 이 목걸이를 착용했고, 이 작품을 통해 토레스를 애도하면서 자신도 치유를 받았다.

이처럼 아름다운 작품 이면에 고통과 치유가 자리한다는 것은 장 미셸 오토니엘이 그러한 삶의 시간을 걸어왔기 때문이다. 작가의 삶은 작품으로 대변된다. 고통, 아픔, 욕망의 결실이 작가의 손길을 거쳐 작품으로 표현되듯 예술작품의 본질도 그러하다. 이후 유리구슬은 장 미셸 오토니엘의 시그니처 모티브가 되었다. 구슬 작업을 통해 현실의 고통과 상처를 희망과 염원의 메시지로 점차 치환해 가면서, 작품도 밝고 아름답게 변화하기 시작했다.

과거와 현재를 잇는 유리 예술

장 미셸 오토니엘의 작품은 파리 루브르-리볼리Louvre-Rivoli 지하철역에서 빛을 발했다. 지하철 개통 100주년 기념과 밀레니엄을 맞이하는 역사적인 2000년을 기념한 공공 프로젝트로, 유리와 알루미늄으로 장식한 〈야행자들의 키오스크Le Kiosque des Noctambules〉는 어두운 밤에 돌아다니는 여행자들을 위한 작품이다. 따뜻하고 화려한 빛이 비치는 키오스크에 잠시라도 머물며 복잡한 현실에서 벗어나서 아름다운 순간을 즐기라는 메시지를 전한다. 이 프로젝트를 통해 그는 대중적인 명성을 얻었고, 이후 공공미술 분야, 미술관, 하이엔드 브랜드 등의 분야에서 다양한 작업 활동을 펼치고 있다.

장 미셸 오토니엘 작품을 처음 접했던 건 2010년 피터 마리노가 디자인한 청담동의 '분더샵Boontheshop'에서였다. 천장부터 바닥까지 수직으로 4개 층 높이를 관통하며 쏟아지는 신비로운 크림색의 유리구슬 작품은 사방으로 열린 공간에 생동감을 부여했고, 그 존재감은 압도적이었다.

2018년에 리노베이션한 뉴욕 57번가 샤넬 플래그십 매장의 〈골든 라소〉는 또 다른 차원의 감동을 선사한다. 건물 중앙에 설치된 장 미셸 오토니엘의 작품은 무려 17m 길이로 천장에서 1층까지의 공간을 연결하며 영롱하게 빛을 발했다. 100개의 유리구슬을 화이트 골드가 감싸고 있으며 작품에 사용된 구슬 크기는 다양한데, 가장 큰 구슬은 지름이 18cm에 이른다. 작품 준비에만 1년 반의 시간을 들였다고 하며, 유리 장인 외에도 자수공, 제련공, 금속 세공인 등 여러 장인과의 협업에 심혈을 기울여 작품을 완성했다고 한다. 진주 목걸이는 샤넬을 대표하는 아이템이며, 장 미셸 오토니엘에게 진주는 '가슴'을 뜻하는 상징적인 의미를 내포한다.

그는 피터 마리노를 통해 샤넬과 협업을 시작했고, 전 세계에서 30개 이상의 작품을 만들었다고 한다. 그의 작품은 각 플래그십 스토어의 디자인 컨셉에 맞는 작품을 선보이며 패션 공간과 완벽하게 융합하고 있다. 은은한 유리구슬에 반사되는 빛은 공간의 흐름과 분위기를 변화시키는 무한한 매력이 있다.

야행자들의 키오스크, 장 미셸 오토니엘, 루브르-리볼리 지하철역, 2000

장 미셸 오토니엘이 특별한 공간에서 선보였던 《흑태자의 폐허 위에서Sur les Ruines du Prince Noir》 전시는 2024년 7월 11일부터 프랑스 몽토방의 앵그르 부르델 미술관에서 열렸다. 미술관의 지하에 위치한 전시실은 14세기 영국인 정복자들이 도주하면서 미완성 상태로 남기고 간 방어 시설로, 장소 자체가 역사적이며 상징적인 의미를 지니고 있다.

전시 제목인 '흑태자'는 중세 시대의 잉글랜드 왕자인 에드워드 흑태자를 암시하는 것으로, 백년전쟁 동안 프랑스를 상대로 여러 차례 군사적 승리를 거두었으나, 결국 그의 유산은 쇠락과 혼란 속에서 퇴색되어 남겨졌다는 의미를 담고 있다.

장 미셸 오토니엘은 이러한 역사적 배경 속에서 폐허 공간과 현대 예술이 만나는 독특한 서사를 전개하며 유리벽돌 작품을 선보였다. 전시 배경이 되는 어두운 핑크빛 벽돌 공간과 장 미셸 오토니엘의 유리벽돌이 공존하며 새롭고 극적인 에너지를 만들어준다. 이곳에서의 유리벽돌은 역사적인 흔적과 상처인 동시에 극한의 아름다움을 상징한다. 과거와 현재, 상실과 회복, 기억과 망각 사이에서 새로운 예술적 의미를 찾아내고자 하는 시도가 엿보이는 작품이다.

최근 전시로는 2025년 6월 28일부터 프랑스 아비뇽 전역에서 열리고 있는 그의 역대 최대 규모 개인전인 〈오토니엘 코스모스 혹은 사랑의 유령OTHONIEL COSMOS or the Ghost of Love〉이 있다.

초창기 작품인 〈상처 목걸이〉부터 최근작에 이르기까지 장 미셸 오토니엘의 유리구슬과 유리 벽돌 작품들을 통해 숭고한 아름다움과 그 이면에 있는 고통과 치유의 과정을 돌아보면서, 문득 김영랑 시인이 쓴 〈모란이 피기까지는〉의 마지막 구절이 떠오른다. "모란이 피기까지는 나는 아직 기다리고 있을 테요 찬란한 슬픔의 봄을". 장 미셸 오토니엘이 작품을 통해 말하려던 것이 바로 이 '찬란한 슬픔의 봄'이 아니었을까. 가브리엘 샤넬도 자신의 아픔과 굴곡진 인생의 경험을 통해 영원한 스타일의 유산을 남겼듯, 장 미셸 오토니엘 또한 상처 입은 마음을 아름다운 유리 작품으로 승화시키며, 치유와 영원을 말하고자 했다.

뉴욕 57번가 샤넬 플래그십 매장의 골든 라소, 장 미셸 오토니엘, 2018

이처럼 예술은 브랜드의 정체성과 가치를 강화하는 중요한 역할을 한다. 장 미셸 오토니엘과의 협업은 공간을 통해 스토리텔링을 확장하는 전략적 사례로 볼 수 있다. 피터 마리노의 큐레이션과 장 미셸 오토니엘의 작품이 결합된 공간은 브랜드 아이덴티티를 강화하는 동시에, 소비자들에게 차별화된 감성적 경험을 제공한다. 하이엔드 브랜드가 제품 판매를 넘어 공간을 통해 예술과 스토리, 감성을 전달하는 방식은 지속적으로 진화하고 있으며, 샤넬이 건축과 예술을 결합해 브랜드 가치를 높이는 전략은 하이엔드 브랜드 마케팅의 중요한 방향성을 제시하고 있다.

샤넬의 브랜드 혁신 코드

샤넬의 마케팅 전략은 '시간을 초월하는 가치'를 전달하는 데 있다. 브랜드 창립자인 가브리엘 샤넬의 철학과 헤리티지를 중심으로 건축, 공간, 예술과의 컬래버레이션을 통해 브랜드 정체성을 다각도로 확장한다. 더 나아가 시대를 넘어 영속적인 가치를 지닌 브랜드로서 상품 그 이상의 예술적 영감을 고객들에게 전달한다.

가브리엘 샤넬의 삶과 철학에서 탄생한 여성 해방을 상징하는 디자인들은 '스타일은 영원하다'라는 브랜드 철학으로 승화되어 샤넬 No.5, 진주 목걸이, 트위드 슈트, 2.55 핸드백 등 시그니처 아이템을 통해 고객과 연결되고 있으며, 오늘날까지도 강렬한 영감을 바탕으로 브랜드 정체성을 강화하고 있다. 이러한 접근은 대중에게 샤넬을 문화적 아이콘으로 인식시키며, 브랜드의 역사와 철학 그리고 예술적 깊이를 경험할 수 있는 기회를 준다.

샤넬의 공간 전략은 세계적인 거장 피터 마리노와의 협업을 통해 구현되고 있다. 그는 글로벌 플래그십 디자인을 통해 브랜드의 정체성을 구체화하고 있으며, 샤넬의 헤리티지를 현대적으로 재해석해 각 매장의 지역 특성과 독창성을 담아 차별화된 경험을 부여한다. 특히 상징적 장소인 캉봉가 31번지의 코로만델 스타일 벽장식, 거울과 조명, 우드 데스크 등의 아이코닉한 디테일을 재현하고, 브랜드의 정체성과 연결되는 예술작품을 배치하여, 리테일 공간을 예술과 패션이 융합된 독창적인 세계로 탈바꿈시킨다. 또한 내부 공간은 자연광과 여백을 강조하며 샤넬의 미학을 느낄 수 있도록 연출한다.

샤넬은 예술을 브랜드 정체성 강화의 핵심 전략으로 삼고, 다양한 예술가들과의 협업을 통해 고유의 가치를 구축하고 있다. 그중에서도 장 미셸 오토니엘은 샤넬의 헤리티지를 상징적으로 표현한 대표적인 작가다. 그의 유리구슬 작품들은 상처의 치유와 희망에 대한 염원을 내포하고 있으며, 샤넬의 상징인 진주 목걸이는 공간과 브랜드 스토리를 연결하는 중요한 예술적 매개체다. 이 작품들은 브랜드 공간의 중심에서 빛을 발하며, 샤넬의 브랜드 정체성에 깊이와 예술적 감성을 더하고 있다.

이러한 전략을 통해 샤넬은 하이엔드 브랜드로서의 위상을 더욱 공고히 하며, 매장은 예술적 갤러리로, 상품은 브랜드 철학을 담은 아이콘으로, 예술 작품은 고객과 브랜드를 연결하는 감성적인 통로로 구현되고 있다. 가브리엘 샤넬의 뒤를 이은 크리에이티브 디렉터들은 그녀의 혁신적인 정신과 예술적 감각을 현대적으로 재해석하며, 여성의 자립과 자유를 새로운 방식으로 확장해 나가고 있다. 이를 통해 고객들에게 트렌디한 라이프스타일을 제시하며 브랜드와 고객이 정서적으로 공감할 수 있는 플랫폼을 지속적으로 구축해 나가고 있다. 또한 예술, 건축, 디자인을 포괄하는 혁신적 전략은 샤넬이 전통의 경계를 넘어 미래를 선도하는 원동력이자, 하이엔드 브랜드의 새로운 패러다임을 제시하는 강력한 추진력으로 작용하고 있다.

3. 편견을 부수고 장르를 개척하다

프라다라는 브랜드를 언급하면 대부분 「악마는 프라다를 입는다」라는 영화를 떠올린다. 하지만 개인적으로는 뉴욕 맨해튼 상류층 자녀들의 삶을 그린 드라마 「가십걸Gossip Girl」에 등장한 〈프라다 마파Prada Marfa〉의 이미지가 더 인상 깊게 남아있다. 배경과 등장인물의 패션이 매력적인 이 드라마는 2007년부터 2012년까지 총 여섯 시즌이 방영됐는데, 시즌 2부터 반 더 우드슨Van der Woodsen 가족의 펜트하우스 입구에 〈프라다 마파〉 표지판이 등장하며 눈길을 사로잡았다. 가십걸에는 수많은 예술작품이 등장하지만, 뉴욕시부터 텍사스 서부까지의 거리인 '1837마일'을 화살표로 표기한 〈프라다 마파〉는 이 드라마의 상징적인 오브제로 자리 잡고 있다. 그렇다면 이 이정표가 가리키는 그곳에는 무엇이 있을까?

예술의 역설, 프라다 마파

2005년 10월 뉴욕시에서 1837마일 떨어진 텍사스주 90번 도로변에 프라다 매장이 세워졌다. 주변에 아무것도 없는 황량한 길가에 덩그러니 놓인 매장이라니 의문이 들 수밖에 없다. 그러나 이곳은 공식 운영 매장이 아니라 덴마크 출신의 마이클 엘름그린Michael Elmgreen과 노르웨이 출신의 잉가르 드라그셋Ingar Dragset이라는 아티스트 듀오가 프라다의 허가를 받아 설치한 아트 프로젝트 〈프라다 마파〉다.

　시를 썼던 마이클 엘름그린과 연극을 한 잉가르 드라그셋은 공간 작업을 통해 현대사회의 관념들에 관해 끊임없이 탐구하며 1995년부터 함께 작업해 오고 있다. 〈프라다 마파〉의 초기 작품 내부에는 아무것도 진열돼 있지 않았지만, 프라다 측에서 전시 소식을 접하고 2005 F/W 컬렉션 중 구두 20켤레와 핸드백 6개를 제공하면서 실제 매장처럼 상품도 전시하게 되었다. 〈프라다 마파〉는 자본

프라다 마파 표지판, 가십걸 시즌 2

주의의 모순을 반영한 프로젝트로, 프라다를 홍보하려는 의도와 거리가 먼 작품이었지만 미우치아 프라다Miuccia Prada는 상표 사용을 허락했다. 이는 작품의 개념을 넘어 예술 그 자체로 받아들이고 이해했음을 보여주며, 예술과 패션의 경계를 허무는 의미 있는 사례로 여겨진다.

작품 규모는 35㎡이며 제작 및 설치비용은 아트 프로덕션 펀드Art Production Fund와 마파의 문화 예술 교육 기구인 볼룸 마파Ballroom Marfa에서 지원했다. 텍사스주 교통부는 2013년 〈프라다 마파〉를 불법 광고로 분류해 철거 위기에 처했으나, 이듬해 미술관으로 지정되면서 전시 작품으로 보존되고 있다.

아티스트 듀오는 왜 굳이 텍사스 마파 지역을 선택했을까? 이곳은 말 그대로 아무것도 없는 황무지이자, 그들이 전달하려는 작품의 메시지가 극명하게 드러나고 자연과 예술이 완벽하게 하나가 될 수 있는 장소였기 때문이다. 마파는 미니멀리즘의 대가 도널드 저드Donald Judd가 1970년대부터 여생을 보낸 도시이기

엘름그린과 드라그셋 아티스트 듀오의 프라다 마파, 2005

도 하다. 지금도 곳곳에서 도널드 저드 미술관과 조각품을 찾아볼 수 있다. 1994년 그가 세상을 떠난 후에도 도시는 예술적 분위기를 간직하고 있으며, 인구의 10배가 넘는 관광객이 해마다 찾는 곳이 되었다.

〈프라다 마파〉의 원래 의도는 작품을 설치한 후 세월의 흐름에 따라 낡고 부서져 가는 모습을 보여주는 것이었다. 그러나 개장 6일째부터 낙서와 도난 등 사건 사고가 발생하면서 지속적인 보수가 이뤄지고 있다. 만일 대도시 중심가에서 이 같은 프로젝트가 진행됐다면, 과연 이러한 일들이 발생했을까? 이처럼 〈프라다 마파〉는 장소적 맥락과 가치에 질문을 던진다. 대도시 쇼핑 중심가와 황무지 사이에서, 삶의 배경에 따라 공간의 목적성과 가치가 어떻게 달라지는지 생각하게 만든다.

작가의 원래 의도와는 달리 팝 아티스트 비욘세의 방문으로 더 많은 주목을 받은 〈프라다 마파〉는 이제 세계적인 관광 명소로 자리 잡았다. 자본주의의 모

하이엔드는 상품을 팔지 않는다

순을 담으려 했던 작품이 지금은 역설적으로 하이엔드를 상징하는 작품처럼 변모한 것 또한 예술적 아이러니다.

반듯한 것은 지루하다.
프라다

프라다는 1913년 이탈리아 밀라노에서 마리오 프라다Mario Prada와 그의 형제 마르티노 프라다Martino Prada에 의해 시작되었다. 이 두 형제는 이탈리아어로 '프라다 형제'를 뜻하는 '프라텔리 프라다Fratelli Prada'라는 이름으로, 밀라노의 상징적인 쇼핑몰 '갈레리아 비토리오 에마누엘레 II Galleria Vittorio Emanuele II'에 첫 매장을 열었다. 가죽 제품과 영국에서 수입한 트렁크, 핸드백을 판매했던 이 매장은 현재도 같은 장소에서 운영 중이다. 프라다는 1919년에 이탈리아 왕실의 공식 납품 업체로 지정되었고, 프라다 로고에 사보이Savoy 왕가의 문장을 넣으면서 대중들의 많은 관심을 받았다. 이후 프라다의 진정한 역사는 1978년에 마리오 프라다의 손녀인 미우치아 프라다가 회사 경영을 맡으면서 시작되었다.

나일론의 진화

미우치아 프라다는 패션을 전공하지 않은 비전공자로 패션계의 최정상에 오른 입지전적인 인물이자 업계에서는 '혁신과 도발'의 주역으로 정평이 나 있다. 현재 성공 가도를 달리는 프라다를 들여다보면, 정치학을 전공한 비전공자의 시각이 오히려 혁신적인 패션 비즈니스를 이끌어가는 원동력이 되었다. "반듯한 것은 지루하다. 나는 나쁜 취향을 추구한다."라고 했던 그녀는 대부분 비싼 가죽으로만 만드는 기존의 핸드백 디자인에 의문을 제기했고, 낙하산을 만드는 소재인 포코노Pocono 원단으로 핸드백을 만들어 패션계에 센세이션을 불러일으켰다. 이 원단은 가죽처럼 고급스러운 소재는 아니지만 실크처럼 가볍고, 눈이나 비를 맞

리나일론 다큐멘터리 What We Carry, 애리조나

아도 상관없을 정도로 내구성이 뛰어나다. 밀라노 유학 시절, 내가 가장 먼저 산 가방도 바로 이 포코노 소재였다. 가볍고 세련된 이 백의 등장에 전 세계 여성들은 열광했고, 전문직 여성과 학생의 호응까지 얻으며 고객층 확장에 기여했다. 이러한 성공에 힘입어 프라다는 핸드백에서 패션 분야로 점차 영역을 넓혀 오늘날 매출 3조 원이 넘는 기업이 되었다. 하이엔드는 값비싼 재료보다 틀을 깬 아이디어와 그것을 구현하는 도전적인 마인드에서 나올 수 있다는 것을 이 사례를 통해 알 수 있다.

　프라다의 새로운 역사를 만들어 준 주인공인 나일론에 관한 단편 시리즈도 있다. 「What We Carry」라는 이 영화는 우리가 입고 소비하는 것에 대한 새로운 관점을 보여준다. 프라다가 2019년에 내셔널 지오그래픽과 파트너십을 맺고 제작한 이 영화는 프라다 리포터, 세계적인 환경 운동가, 내셔널 지오그래픽 탐험가의 참여로 만들어졌다. 총 5편으로 구성된 리나일론Re-Nylon 프로젝트 다큐멘터리

하이엔드는 상품을 팔지 않는다

는, 미국, 카메룬, 뉴질랜드, 중국, 슬로베니아 등지에서 촬영되었으며, 지역별로 각기 다른 재활용 원료의 출처, 원단 생산 공장 및 그 정화 과정을 보여주었다.

리나일론은 에코닐Econyl이라는 재생 나일론 섬유로 제작된 독창적인 제품 라인으로, 세계 각지에서 수거한 다양한 플라스틱 폐기물을 재활용하여 생산된다. 이 소재로 만든 컬렉션의 판매 수익금 일부는 환경 프로젝트에 기부할 것이라고 밝힌 프라다의 비전은 지속가능한 패션과 환경 보호에 대한 끊임없는 연구와 노력의 필요성을 상기시킨다. 이 다큐멘터리를 통해 일상적인 소비에도 얼마나 깊은 고민이 필요한지 다시 한 번 깨닫게 된다.

프라다의 공간 혁신

미우치아 프라다의 남편 파트리치오 베르텔리Patrizio Bertelli는 창의적이고 기발한 아이디어와 사업적 열정으로 잘 알려져 있다. 예술에 깊은 관심을 가지고 있는 이 부부는 예술이 지닌 무한한 가치와 가능성에 주목하며, 1993년 프라다 밀라노 아르테 전시장 오픈을 시작으로, 1995년에는 프라다 재단을 설립하면서 야심 찬 프로그램들을 선보이기 시작했다.

이후 상업 공간을 넘어 예술과 문화가 융합된 새로운 개념의 프라다 에피센터Epicenter를 건립했다. '진앙지'를 의미하는 이름에서 느껴지듯, 패션의 혁신적인 흐름을 주도하겠다는 강한 의지를 엿볼 수 있다. 프라다는 세계적인 건축가 렘 쿨하스, 자크 헤르조그Jacques Herzog, 피에르 드 뫼롱Pierre de Meuron과 함께 2001년 뉴욕, 2003년 도쿄, 2004년 로스앤젤레스에 에피센터를 열면서 쇼핑이라는 개념을 공간과 예술을 통해 재해석하고 표현함으로써 브랜드 정체성에 예술적 가치를 더했다.

렘 쿨하스는 프로젝트마다 실험적인 작업으로 아방가르드한 디자인을 선보였던 건축가로, 그의 작품 스타일은 당시 패션 브랜드의 상업 공간과는 어느 정도 간극이 있었다. 하지만 결과적으로 프라다와 렘 쿨하스의 만남은 성공적이었다. 판매 공간이 메인이었던 기존 개념에서 벗어나 전시, 파티, 이벤트 등의 경험적 공간에 중점을 둔 혁신적인 개념을 제시함으로써 패션 하우스의 새로운 흐름을 만들어낸 것이다. 2001년 뉴욕 에피센터의 성공을 계기로 그의 사무소 OMA는 현재까지 프라다의 실험적 프로젝트부터 패션쇼 무대 세트 디자인에 이르기까지 오랜 기간 인연을 이어오고 있다.

우리나라에서도 특별한 협업이 있었다. 2007년 LG와의 컬래버레이션으로 탄생한 프라다 폰은 하이엔드와 테크놀로지의 만남으로 선풍적인 인기를 끌었고, 2009년 서울 경희궁에서 렘 쿨하스가 선보인 '프라다 트랜스포머Prada Trans-former'는 4가지의 형태로 변신하는 건축 공간으로 6개월에 걸쳐 전시, 영화, 라이브, 이벤트 등의 다양한 프로젝트와 어우러져 큰 화제가 되었다.

미래를 향한 예술적 비전

프라다의 예술적 행보는 2013년 《태도가 형식이 될 때When Attitudes Become Form: Bern 1969/Venice 2013》 전시로 이어졌다. 하랄트 제만Harald Szeemann의 《태도가 형식이 될 때》를 오마주한 이 전시는 베네치아 비엔날레에서 선풍적인 인기를 끌었고, 비엔날레 본전시보다 훌륭하다는 평가를 받았다.

1969년의 전시는 스위스 베른 미술관에서 기획한 것으로 기존 미술에서 찾아볼 수 없었던 당대 아방가르드 예술을 집대성한 전시라고 할 수 있다. 완성된 작품이 아니라 아이디어만 가지고 온 아티스트들이 관객 앞에서 파격적인 행위를 선보이며 보는 이에게 혼돈을 안겨 주었던 충격적인 전시였다. 참여 작가였던 마이클 하이저Michael Heizer는 전시장 밖 보도블록을 깨부수는 퍼포먼스로 시민들의 항의를 받았고, 리처드 세라Richard Serra는 납덩어리를 녹여 전시장 로비에 부었으며, 요셉 보이스Joseph Beuys는 전시장 바닥에 기름 덩어리를 발랐다. 심지어 초대 작가가 아니었던 다니엘 뷔랑Daniel Buren은 미술관 주변에 줄무늬 포스터를 부착하다가 경찰에 체포되기도 했다.

이 모든 실험적인 작품들은 하랄트 제만의 진보적인 큐레이팅으로부터 나온 결과물이었다. 무질서한 작품들과 파격적인 행위 예술을 관람한 상당수 관객들

마이클 하이저의 작품, 베른 디프레션, 태도가 형식이 될 때, 베른 미술관, 1969 (좌)
프라다 전시, 태도가 형식이 될 때, 베네치아, 2013 (우)

은 충격에 빠졌지만 전시장 안과 밖, 작가와 관객, 작품과 공간의 경계를 무너뜨린 이 전시는 미술계의 흐름을 바꾼 전설로 남아 있다. 상상만 해도 혼돈과 카오스가 떠오르는 이 매력적인 전시를 직접 보지 못한 것이 아쉬울 따름이다. 프라다 재단은 이 전설적인 전시를 제르마노 첼란트Germano Celant, 토마스 데만트Thomas Demand, 렘 쿨하스와 협력해 현대적인 감각으로 재구성하며 새롭게 선보였다.

이처럼 예술에 대해서 진보적인 마인드를 가진 미우치아 프라다는 예술과 문화 전반을 아우르는 공간에 대한 열망으로, 2015년 밀라노 남동쪽 라르고 이사르코Largo Isarco에 복합 문화 공간인 '프라다 재단Fondazione Prada'을 열었다. 건축은 렘 쿨하스가 맡았고, 바 루체Bar Luce 공간은 영화감독 웨스 앤더슨이 디자인하여 독창적인 공간 미학을 더했다. 프라다 재단은 예술가들과의 긴밀한 협업을 통해 전시뿐만 아니라 영화, 공연 예술, 음악 프로젝트 등 다양한 문화 콘텐츠를 선보이며, 수준 높은 예술적 경험을 창출하고 있다.

글로벌 문화 프로젝트, 프라다 모드, 프라다스피어

'프라다 모드Prada Mode'는 전 세계의 도시를 무대로 예술, 음악, 음식, 아트 토크와 함께 현지 문화를 경험할 수 있는 팝업 형태의 소셜 클럽이자 문화예술 프로젝트다.

2018년 12월 마이애미를 시작으로 홍콩, 런던, 파리, 상하이, 모스크바, 로스앤젤레스, 두바이, 도쿄를 거쳐 서울에서 열린 10번째 프라다 모드는 2023년 9월 프리즈 서울과 같은 기간에 문화 공간인 코트Kote에서 《다중과 평행Plural and Parallel》이라는 타이틀을 선보였다. 이 행사는 김지운, 연상호, 정다희 등 한국 영화감독들이 참여해 각자의 독특한 시각으로 현대 영화에 대한 비전을 설치작품으로 표현했으며 영화 음악, 아트 토크 프로그램도 진행됐다.

2024년에는 캘리포니아 로스앤젤레스의 루나 루나 스튜디오Luna Luna Studio에서 카르스텐 휠러Carsten Höller와의 협업으로 세 번째 《더 더블 클럽The Double Club》에디션을 선보였다. 카르스텐 휠러는 회전목마, 롤러코스터 같은 익숙한 놀이기구들을 통해 카니발의 미학을 해체하고, 즐거움과 다채로운 경험을 다양한 맥락으로 표현했다. 신비로운 이 전시공간에는 음악 프로그램도 함께했는데, 카르스텐 휠러와 드레이크Drake가 큐레이션 했으며 트래비스 스콧Travis Scott, 릴 웨인Lil Wayne, 앤더슨 팩Anderson Paak, 크레이그 리처즈Craig Richards 등이 참여하여 열광적인 무대를 만들었다. 세계의 다양한 도시를 탐구하고, 그 지역의 예술을 깊이 있게 이해하며 공감하는 이 프로그램은 패션의 경계를 넘어 지역의 문화와 예술의 가능성을 발견하고 공유하는 흥미로운 여정을 담아냈다.

패션 브랜드에 있어서 아카이빙은 그 자체로 역사의 산물이자 브랜드 정체성을 내포하고 있으므로 중요한 스토리텔링이 된다. 2014년 런던 해러즈 백화점에서 프라다의 과거, 현재, 미래를 집약한 《프라다스피어Pradasphere》 전시를 선보인 이후, 2023년은 12월 상하이의 스타트 뮤지엄Start Museum에서 《프라다스피어 II》를 개최했다. 1913년 프라다 창립부터 현재까지의 역사, 패션, 예술, 건축, 스포츠 그리고 사운드 스케이프에 이르기까지 미우치아 프라다와 라프 시몬스 두명의 크

프라다 모드, 더 더블클럽 로스앤젤레스, 2024

리에이티브 디렉터가 직접 큐레이팅한 전시였다. '창고Magazzino'라는 컨셉으로 데미언 허스트Damien Hirst의 새로운 작품, 라프 시몬스Raf Simons의 비공개 룩, 영화감독 리들리 스콧Ridley Scott과 웨스 앤더슨과의 협업 프로그램 등 4백 개 이상의 작품들을 아카이빙해 다양한 에피소드를 보여주었다. 브랜드의 유산과 현대적 디자인을 조화롭게 연결하여, 프라다의 정체성과 스토리를 효과적으로 전달한 이 전시는 패션과 예술의 상호작용을 한층 깊게 경험할 수 있는 기회가 되었다.

프라다 재단은 다양한 예술 프로젝트를 후원하는 것으로 잘 알려져 있다. 그중 '살과 모래CARNE y ARENA'는 사회적·정치적 메시지를 강하게 전달하는 예술작품으로 많은 주목을 받았으며, 2017년 오스카 특별상을 수상했다. 영화감독 알레한드로 G. 이냐리투Alejandro González Iñárritu가 구상한 이 몰입형 VR 영화는 관객을 실제 사막 한가운데 있는 듯한 생생한 체험으로 이끌었다. 관객이 주체적으로 경험하는 영화적 예술 프로젝트로 이민자 문제를 새로운 방식으로 재조명하

프라다스피어 II 스타트 뮤지엄 상하이, 2023

프라다스피어 II 스타트 뮤지엄 상하이, 2023

며, 관객에게 신선한 충격을 안겨 주었다.

　프라다와 예술의 만남은 기존의 관념을 넘어 새로운 가치를 탐구하는 데서 출발했다. 이제는 현대미술, 디자인, 영화, 음악, 기술 등 다양한 분야로 그 영역을 확장하며, 브랜드의 정신과 가치에 부합하는 예술가들과의 협업을 활발히 진행하고 있다. 미우치아 프라다의 경계를 허문 행보는 패션을 넘어 예술 전반에 걸쳐 깊은 울림을 준다. 특히 지속가능성에 대한 연구와 혁신적이고 파격적인 아트 컬래버레이션은 프라다의 미래를 더욱 기대하게 만든다.

규정할 수 없는 실험가,
렘 쿨하스

렘 쿨하스는 예술과 건축을 융합해 현대 디자인에 새로운 바람을 일으킨 건축가이자 철학자, 예술가로 알려져 있다. 그의 건축은 한 편의 영화를 보는 것처럼 드라마틱하며 다채로운 시각적 모멘트를 보여준다. 복잡한 구조, 다양한 선과 면의 교차, 때로는 과감하게 비워낸 공간은 여러 시각적 요소와 만나면서 공간의 스토리를 풍성하게 만든다. 영화와 관련된 경험을 바탕으로 한 그의 폭넓은 관점은 영화적 스토리텔링 기법을 건축에 대입해 보여준다. 건축은 영화적 표현과 매우 가깝다. 많은 건축가들이 영화적 관점에서 설계를 구상하거나, 영화적 표현 방식을 설계에 반영하는 경우가 많다. 나 역시 프로젝트를 시작할 때 그 공간에서 펼쳐질 다양한 삶과 행태를 영화의 한 장면처럼 상상하며, 그것을 모티브로 공간 스토리를 구체화하면서 디자인을 시작하는 경우가 많다.

그의 작품 프라다 '에피센터'에서도 영화와 같은 극적인 공간 이미지를 만날 수 있다. 2001년, 프라다와 첫 인연을 맺은 뉴욕 에피센터 프로젝트에서 렘 쿨하스는 기존 쇼핑 공간의 틀을 깨고, 상품 중심의 디자인 대신 상품 이외의 가치를 강조하는 혁신적인 개념을 제안했다. 이런 파격적인 시도는 당시 대중에게 많은 관심과 주목을 받았다. 파도와 같은 우아한 곡선으로 과감하게 비운 1층 공간은 강렬하고 압도적인 분위기를 자아내며, 만남의 공간이자 경험적 공간으로서 전시, 영화, 공연, 강연 등을 위한 장소성을 부여했다. 매장의 벽면은 아티스트와 컬래버레이션한 작품 전시 또는 미디어월로 변신할 수 있도록 디자인되었다.

고객이 상업 공간을 방문해서 느끼는 다양한 경험은 상품 구매에 결정적인 영향을 미친다. 공간의 면적, 높이, 색상, 조명, 향기, 마감재 등은 방문객의 오감에 다양한 의미를 부여할 수 있다. 그러므로 공간에서의 예술적 경험은 상품을 만나는 스토리텔링을 통해 브랜드를 새롭게 인식하게 만드는 중요한 요소가 되는 것이다.

렘 쿨하스의 프라다 에피센터, 뉴욕

렘 쿨하스의 건축적 시선과 공간 철학

렘 쿨하스는 1944년 네덜란드 로테르담에서 태어났으며, 소설가이자 시나리오 작가인 반체제 성향의 아버지를 따라 인도네시아에서 3년 동안의 유년기를 보냈다. 1963년에는 헤이그 포스트Haagse post 신문기자 생활을 시작하면서 시나리오 대본 작업과 영화제작에 관심을 가졌고, 「백인노예The White Slave」라는 느와르 영화 대본을 공동 작업하기도 했다. 1968년 새로운 진로로 전환하며 영국 런던 AA스쿨에 입학해 1972년 학위를 취득한 후, 미국 코넬 대학교 건축학과 대학원에서 수학했다. 이후 뉴욕 도시계획을 연구하면서 『정신착란증의 뉴욕Delirious New York』을 집필했다.

　렘 쿨하스의 특별한 점은 그가 건축을 시작하기 전에 쌓은 다양한 경력 덕분에 건축 세계에만 갇혀있는 것이 아니라 폭넓은 시각으로 도시 전체의 맥락을 볼 수 있었다는 것이다. 그는 『정신착란증의 뉴욕』을 통해 건축의 개별적 자율성

렘 쿨하스의 리움 삼성아동문화센터, 서울

은 인정하되, 최소한의 질서를 유지할 수 있는 건축적 장치를 통한 도시의 구심
점 확립을 피력했다. 이후 1975년 네덜란드 로테르담에 설계 사무소 OMA Office for Metropolitan Architecture를 공동 설립했는데, 자신의 이름을 딴 건축 사무소가 아니
라 '도시건축'이라는 단어가 들어가는 것만 보아도 그가 중요하게 생각하는 관점
을 짐작할 수 있다.

　　그는 1995년 『S, M, L, XL』, 2001년 『뮤테이션스 Mutations』, 같은 해 『하버드
쇼핑 안내서 Harvard Design School Guide to Shopping』, 2004년 『콘텐트 Content』 등 다양한
출판물을 통해 건축적 깊이를 심화시켜 왔다. 그리고 2000년에는 프리츠커상을
수상하며 세계적인 건축 거장으로서의 입지를 확고히 했다.

　　리움 미술관, 서울대학교 미술관, 경희궁 프라다 트랜스포머, 광교 갤러리아
백화점 등 한국에서도 렘 쿨하스의 작품을 찾아 볼 수 있다. 2004년에 개관한 리

렘 쿨하스의 프라다 트랜스포머, 경희궁, 2009

움 미술관은 세계적인 건축가들이 참여했는데, 마리오 보타Mario Botta는 Museum 1, 장 누벨Jean Nouvel은 Museum 2, 그리고 렘 쿨하스는 삼성 아동교육 문화센터 설계를 담당했다.

리움 미술관의 길고 경사진 주 진입로 바닥에는 점멸하는 LED 숫자가 펼쳐져 있어 마치 새로운 시공간으로 진입하는 느낌을 준다. 이것은 개개인의 사유를 담고 있는 미야지마 다쓰오Miyajima Tatsuo의 〈경계를 넘어서〉라는 작품으로 시간의 흐름과 존재의 의미에 대한 깊이 있는 통찰을 제시한다. 정면에는 영국 디자인 회사 울프 올린스Wolff Olins가 디자인한 '시공간을 넘어 전 세계의 예술을 아우른다.'라는 의미를 지닌 리움의 MIMuseum Identity가 보이면서 미지의 세계에 대한 설렘을 자아낸다.

마리오 보타와 장 누벨이 설계한 개성이 담긴 건축물을 조화롭게 이어주는 렘 쿨하스의 삼성 아동교육 문화센터는 지하 2층부터 지상 2층까지의 네 층을 과감하게 비워내, 서로 다른 성격을 지닌 세 공간으로 구성된다. 전시 공간의 중심에 떠 있는 거대한 콘크리트 매스의 블랙박스는 강렬한 존재감으로 시선을 사로잡으며 호기심을 불러일으킨다. 길게 뻗은 경사진 바닥의 사선과 공중에 부유하는 블랙박스의 사선이 어우러지며 긴장감을 더하고, 마치 영화 클라이맥스처럼 극적인 효과를 더하면서 공간의 이야기를 전개한다.

프라다의 예술적 행보를 보면 패션 비즈니스보다 예술 프로젝트 비중이 더 크다고 느껴질 만큼 독보적인 콘텐츠를 선호한다. 앞서 언급한 《프라다 트랜스포머》도 렘 쿨하스와 협업하여 탄생한 혁신적인 컨셉으로 다차원적인 이벤트 공간을 구현했다. 육각형, 사각형, 원을 하나의 구조물로 결합해 새로운 프로그램이 구성될 때마다 4개의 정체성을 가진 건물로 변신하면서 공간의 기능에 변화를 준다. 당시 패션 브랜드에서 이러한 프로젝트를 추진한다는 것 그 자체만으로도 굉장한 센세이션을 일으켰다. 혁신적인 전시 공간은 특별한 이벤트가 되었고 건축, 패션, 영화, 미술 등 다양한 분야의 전문가들과 학생들을 모이게 만든 특별한 장소가 되었다.

예술의 집약체, 프라다 재단

2014년 밀라노에 개관한 프라다 재단은 프라다와 렘 쿨하스의 예술적 집약체다. 2024년 6월, 오랜만에 다시 찾은 이곳은 강렬한 햇볕이 내리쬐는 한여름 날씨 탓인지 예상보다 한산했다. 건축의 매력 중 하나는 계절과 시간, 방문한 사람들의 특징에 따라 같은 공간이라도 다른 존재감과 느낌을 준다는 것이다.

그날 입구에서 마주한 공간의 첫인상은 마치 침묵하는 존재처럼 차분하고 조용하게 다가왔다. 렘 쿨하스는 "프라다 재단은 보존 프로젝트도, 새로운 건축도 아니다. 두 조건이 영구적으로 상호작용하며 존재하고 있다."라고 했다. 이처럼 옛 건물과 새 건물이 존재를 과하게 드러내지 않고 조용하게 마주 보고 있었다. 드러내지 않음이 때론 더 많은 궁금증을 불러일으킨다.

렘 쿨하스가 설계한 프라다 재단, 밀라노, 2014

프라다 재단은 1910년대에 지어진 증류소를 개조해 약 19,000㎡의 면적을 갖추고 있다. 그 중 약 11,000㎡는 전시 공간으로 사용되고 있으며, 7개의 기존 건물과 포디엄Podium, 시네마Cinema, 토레Torre라는 3개의 새로운 건축물로 구성되어 있다.

회색 건물들 너머 보이는 유령의 집Haunted House과 수직적 매스의 토레, 그리고 포디움과 시네마 사이로 거울처럼 반짝이는 금속 벽체들이 내부 공간을 향한 호기심을 자극한다. 그중 가장 이질적이면서 독특한 매력을 가지고 있는 건물은 미우치아 프라다가 직접 이름을 지었다고 하는 '유령의 집'이다. 기존 건물 전체에 금박을 입혀 마치 신전의 모습을 형상화한 것 같은 이 건물은 외부의 금빛 마감과는 대조적으로 내부는 러프하게 마감돼 있어 반전 매력을 자아낸다. 의도된 공간의 컨셉으로 생각할 수도 있지만, 의외로 예산의 문제가 아니었을지 슬며시 예상해 본다.

업사이드 다운 머쉬룸 룸, 카스텐 휠러 (좌), 튤립스, 제프 쿤스 (우), 프라다 재단, 밀라노

가장 마지막에 지어진 '토레'는 2018년에 완공된 60m 높이의 백색 콘크리트 건물로, 프라다의 독창적인 건축적 비전을 구현한 곳이다. 통유리로 설치된 건물의 한 면은 밀라노의 전경을 내부로 끌어들이며 공간과 도시를 이어 준다. 이곳은 프라다가 소장하고 있는 예술작품으로 구성되어 있는데 《아틀라스Atlas》라는 상설 전시 프로젝트와, 카를라 아카르디Carla Accardi, 제프 쿤스, 월터 드 마리아Walter De Maria, 마이클 하이저, 피노 파스칼리Pino Pascali, 윌리엄 코플리William N. Copley, 데미언 허스트, 카르스텐 휠러 등과 같은 거장들의 작품이 자리하고 있다. 전시를 둘러보고 한 번쯤 꼭 들르는 화장실 또한 예술적 공간이자 위트 있는 장소다. 대부분의 사람은 그 화장실에서 잠시 동안 변기를 찾지 못해 당황하게 되는데, 만약 단번에 찾는다면, 공간 센스가 아주 뛰어난 분일 것이다.

렘 쿨하스의 건축은 기존 체제와 규범을 파괴하는 듯한 작품 세계를 갖고 있지만, 관계적 측면에서는 조화를 추구하는 이중성을 띠고 있다. 미우치아 프라

하이엔드는 상품을 팔지 않는다

다가 패션에서 출발하지 않고 패션의 대가가 되었듯, 렘 쿨하스도 건축에서 시작하지 않은 건축가라는 공통점이 있다. 미우치아 프라다는 정치학도에서 패션 분야로, 렘 쿨하스도 저널리스트이자 시나리오 작가에서 건축으로 넘어왔기 때문에 오히려 더 다양하고 폭넓은 시각에서 패션과 건축을 바라볼 수 있을 것이다.

그들의 오랜 인연은 기존의 틀을 깨기 위한 실험적이고 파격적인 프로젝트인 에피센터로부터 비롯됐으며, 25년 동안 이어진 이 협업은 프라다와 렘 쿨하스 모두에게 큰 의미를 지니고 있다. 2025 S/S 프라다 맨즈 패션쇼에서도 렘 쿨하스의 건축 언어를 통해 현실과 판타지의 경계를 탐구하는 독창적인 공간이 구현됐다. 이는 프라다의 혁신적인 도전 정신과, 렘 쿨하스의 규정과 경계를 허무는 건축 언어가 예술적 코드로 연결되고 있음을 보여준다. 이처럼 오랫동안 서로의 철학을 깊이 이해하고 예술적 가치를 존중하는 파트너가 있다는 사실은 기업과 예술가 상호 간에 큰 힘이 되고, 함께 시너지를 발휘하며 성장할 수 있는 든든한 기반이 될 수 있다.

미장센의 장인,
웨스 앤더슨

프라다 재단에 있는 '바 루체'는 우리에게 '그랜드 부다페스트 호텔Grand Budapest Hotel'로 많이 알려진 웨스 앤더슨이 디자인한 공간이다. 아카데미, 골든 글로브 등 각종 시상식에서 수상하며, 웨스 앤더슨의 이름을 전 세계적으로 더욱 널리 알리는 계기가 된 이 영화는 한 장면 한 장면 정성 들여 그린 그림과도 같은 분위기를 연출한다. 화면 구성의 섬세함은 마치 미술관에 전시된 작품을 감상하는 듯한 느낌마저 준다.

웨스 앤더슨의 영화는 파스텔 톤의 동화적인 색감, 레트로 스타일의 가구와 소품들, 강박적인 좌우대칭 등 명확한 정체성이 있어 몇 장면만 봐도 단번에 그의 작품임을 알아볼 수 있다. 물론 그것만이 전부는 아니다. 코미디를 표방하지만 코미디가 아니고, 동화 같은 분위기를 연출하지만 그 스토리는 결코 가볍지 않은 이중적인 구조를 띤 독특한 감성을 지니고 있다. 그래서 더 매력적이다. 아름다움 속에 숨겨진 깊은 서사, 스토리 안에 또 다른 스토리, 공간 속에 또 다른 공간을 담아내며 관객들에게 다층적인 경험을 선사한다.

영화적 미학이 담긴 공간, 바 루체

바 루체의 공간은 웨스 앤더슨의 영화처럼 복잡한 플롯의 구성은 아니지만, 그의 시각적 아이덴티티와 섬세한 디테일이 잘 담겨 있다. 이탈리아 영화 「밀라노의 기적Miracolo a Milano」과 「로코의 형제들Rocco e i Suoi Fratelli」을 모티브로 공간 디자인 컨셉을 잡았고, 1950~1960년대 이탈리아 대중문화를 상징하는 독특한 분위기로 연출했다. 벽과 천장은 밀라노의 랜드마크인 갈레리아 비토리오 엠마누엘레 II의 유리 지붕과 벽장식을 재현하며, 프라다가 첫 매장을 낸 밀라노의 역사적 장소를 그대로 반영해 브랜드의 헤리티지와 독창성을 함축적으로 강조한다. 바 루체는 규모가 크지 않지만 앤티크한 무드와 빈티지한 우드, 파스텔 톤의 테이블과 소파가 조화를 이루며 마치 영화의 한 장면 속으로 들어온 듯한 분위기를 만들어 준다.

프라다 재단의 건축과 예술에 푹 빠져 쉬지도 않고 전시를 감상하다가, 마치 웨스 앤더슨의 컬러 팔레트 속에서 나온 듯한 바 루체에서 에스프레소 한 잔과 핑크 케이크 한 조각을 즐기다 보면, 그의 시그니처 영화장면처럼, 좌우대칭 배경 프레임의 정중앙에 앉아 사진 한 장은 꼭 찍어야 할 것만 같다.

자신만의 스타일로 영화의 한 장르를 구축한 웨스 앤더슨의 팬덤은 대단하다. '우연히, 웨스 앤더슨Accidentally Wes Anderson'은 2017년 미국 브루클린에 사는 월리 코발Wally Koval과 어맨다 코발Amanda Koval 부부가 우연히 웨스 앤더슨 영화의 장면과 비슷한 장소의 사진을 보고 영감을 받아 이를 기념하기 위해 만든 채널이다. 현재는 세계 각지의 커뮤니티 회원들이 자신이 찍은 사진을 공유하는 장이 되었

웨스 앤더슨이 디자인한 바 루체, 프라다 재단, 밀라노

다. 영화 배경에 대한 사진으로 책을 만들기도 하고, 전시회도 열면서 활발하게 소통을 이어오고 있다. 웨스 앤더슨은 이러한 프로젝트에 직접 관여하지는 않지만, 책에 실린 모든 공간을 방문하고 싶다고 밝힐 정도로 깊은 애정을 갖고 있다고 한다. 한국에서도 2021년에 이어 2024년 12월에 두 번째 전시회가 열렸으며, 이는 그의 작품 세계가 한국에서도 대중적 공감을 얻고 있음을 잘 보여준다.

경계를 넘나드는 영화 예술

웨스 앤더슨은 1969년 텍사스주 휴스턴에서 태어났다. 그는 비교적 부유한 환경에서 자랐지만, 8살에 부모님이 이혼하면서 매우 힘든 시기를 보냈다고 한다. 이 사건은 영화 「로얄 테넌바움The Royal Tenenbaums」 스토리의 모티브가 되기도 하였다. 그는 명문 세인트존스 스쿨을 졸업하고, 텍사스주에 있는 오스틴대학교에 입학했다. 그리고 극작 수업에서 운명처럼 오언 윌슨Owen Wilson을 만났고, 함께

체코 프라하의 호텔 오페라, 우연히 웨스 앤더슨

「바틀 로켓Bottle Rocket」을 완성했다. 이후 같은 작품을 장편으로 만들어 1996년에 영화 데뷔작으로 선보이게 된다. 이 영화로 마틴 스코세이지Martin Scorsese 감독과 평론가들의 환호를 받았으며, 이를 계기로 그의 이름이 알려지기 시작했다. 이후 2001년 「로얄 테넌바움」, 2007년 「다즐링 주식회사The Darjeeling Limited」, 2012년 「문라이즈 킹덤Moonrise Kingdom」, 2014년 「그랜드 부다페스트 호텔」, 2020년 「프렌치 디스패치French Dispatch」 등의 작품 활동을 이어 나갔고, 2023년 개봉한 앤더슨의 11번째 장편영화 「애스터로이드 시티Asteroid City」는 제76회 칸 영화제 경쟁 부문에 초청을 받아 엄청난 찬사와 함께 6분 30초간 기립박수를 받았다.

이 영화 개봉을 기념해 바 루체에서는 영화에 등장하는 오리지널 세트, 소품, 의상, 미니어처 등 다양한 예술작품들이 전시됐다. 영화 「애스터로이드 시티」는 현실에 존재하지 않는 사막 위 가상도시 애스터로이드를 배경으로 이야기가 전개되는데, 출연진은 그야말로 대단했다. 제이슨 슈워츠먼, 스칼렛 요한슨, 톰 행크스, 제프리 라이트, 틸다 스윈튼, 스티븐 박, 에드워드 노턴, 마야 호크, 맷 딜런, 마고 로비, 제프 골드블룸 등 쟁쟁한 배우들이 작품의 위상을 말해 준다.

이 영화는 TV쇼 속의 연극과 연극 밖의 TV쇼, 2개의 프레임을 나란히 병치시킨 구조로 전개된다. TV쇼는 흑백 화면으로, 연극은 파스텔 톤으로 연출했는데, 웨스 앤더슨은 경계를 넘어 두 세계를 수시로 오가면서 영화라는 매체를 자신만의 스타일로 재해석한다.

영화 전반을 지배하는 감성은 상실감을 느끼는 고독한 개인들과 그들의 사랑에 관한 것이지만, 다양한 의미로 해석되기도 한다. 클라이맥스에서 주인공 어기 스틴벡 역을 맡은 배우 존스 홀이 연극 무대를 박차고 나간 후 연출가를 찾아가 "아직도 이 연극의 의미를 모르겠어."라고 말하는 장면과, 연출가 슈버트 그린 역의 에드리언 브로디가 "의미를 몰라도 되니 계속 연기하라."라는 장면이 가장 인상 깊다. 이 대사는 인생이란 본질적으로 완벽히 이해할 수 없는 것이므로 그 흐름 속에서 살아가야 한다는 삶에 대한 근원적인 통찰을 건넨다.

또 하나 인상 깊은 장면은 스튜디오에서 많은 사람이 잠드는 연기하다가 깨어나면서 "잠들지 않으면 깨어날 수 없다."라는 대사를 마치 선언하듯 말하는 순간이다. 영화의 맥락을 끊는 파격에 가까웠던 이 장면과 대사는 영화 스토리 전반에 담긴 러브스토리를 은유하는 말이기도 하지만, 꿈과 예술을 의미하는 웨스 앤더슨의 시각이라고 볼 수 있다. 꿈을 꾸어야만 무언가를 이룰 수 있다는 메시지는 깊은 여운을 남기며 강렬한 울림을 준다.

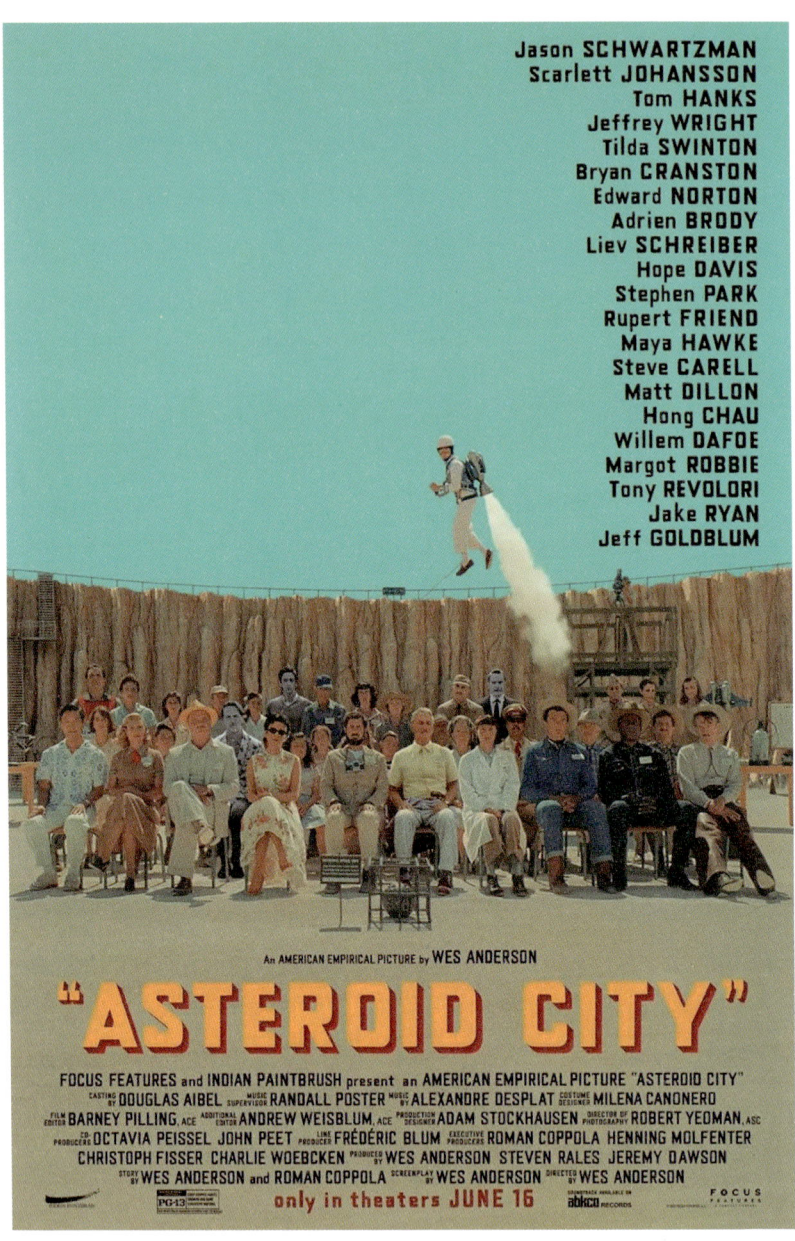

웨스 앤더슨의 영화 애스터로이드 시티 메인 포스터, 2023

영화로 담아낸 패션의 미학

웨스 앤더슨은 사막 촬영장에서도 슈트를 입는 감독이다. 다양한 스타일의 슈트를 입고 촬영장, 파티장, 레드 카펫을 누빈다. 어떤 장소에서든 자신만의 패션을 고수하는 그의 모습은 독창적이고 섬세한 그의 영화와 많이 닮아 있다. 그런 면에서 프라다와의 협업으로 탄생한 패션 필름들은 그의 감각적인 스타일과 잘 어울리며, 예술적인 시너지가 무엇인지 보여준다.

2013년에는 총 2편을 프라다와 함께 작업했는데, 「캔디 로Candy L'Eau」라는 향수 광고와 8분 길이 단편영화 「카스텔로 카발칸티Castello Cavalcanti」를 선보였다. 「캔디 로」는 웨스 앤더슨과 로만 코폴라Roman Coppola 감독이 제작한 패션 필름 3부작 시리즈로, 1950~1960년대 프랑스에서 유행했던 누벨바그[7] 스타일로 촬영됐으며, 특유의 레트로 감성과 독창적인 연출이 돋보인다. 쌍둥이처럼 닮은 두 남자와 한 여자의 삼각관계를 위트 있게 연출한 이 광고는 독특하고 다채로운 서사, 정교하고 섬세한 연출, 그리고 특유의 색감 팔레트가 녹아 있는 한 편의 단편영화 같다. 특히 감정의 흐름과 시각적 장치가 향의 이미지와 맞물리며, '캔디'가 어떤 향일지 궁금하게 만든다.

「카스텔로 카발칸티」는 1955년 이탈리아 작은 마을을 배경으로 한 독특한 시각적 연출이 돋보인다. 웨스 앤더슨 특유의 대칭적이고 세련된 미장센을 사용해서 브랜드 이미지를 영화적인 방식으로 전달했다. 주인공인 이탈리아계 미국인 F1 선수 제드 카발칸티가 몰테 밀리아Molte Miglia 랠리 도중 조각상을 들이받는 차 사고를 당하고, 그 장소가 자기 가문의 고향이라는 사실을 깨닫게 되는 운명론적 이야기를 담고 있다.

영화 배경에는 피자가게가 나오는데, 그 공간에 모여 앉아 소소하게 대화하는 마을 사람들의 무심한 표정이 웃음을 자아낸다. 사실 이탈리아 사람들은 대부분 표정과 몸짓이 풍부하고 대화 나누는 걸 좋아하는데, 마치 연극 무대처럼 등장인물들의 연기와 연출을 절제한 점이 인상적이다. 이 작품에서 프라다 로고는 남자 주인공의 노란 레이싱복 뒤쪽에 살짝 드러난다. 이처럼 브랜드를 전면

웨스 앤더슨과 로만 코폴라 감독의 캔디 로 향수, 패션 필름 (상)
웨스 앤더슨의 카스텔로 카발칸티, 단편영화 (하)

에 내세우기보다 감독의 작품성과 메시지를 그대로 보여주고자 한 점이 돋보인다. 이것은 미우치아 프라다가 예술을 대하는 방식이기도 하다. 이렇듯 프라다는 상품을 직접 홍보하는 광고 형식이 아닌 영화라는 매체를 통해 브랜드가 추구하는 정신을 스토리텔링 방식으로 전달한다.

웨스 앤더슨의 작품은 기존의 패션에 혁신의 바람을 일으키고 새로운 흐름으로 이끌었던 미우치아 프라다의 경영 방식과 닮았다. 그는 보편적인 영화적 프레임과 연출 방식을 벗어나 자신만의 고유한 스타일을 구축했다. 프라다와 웨스 앤더슨의 협업은 2013년 단편 영화에서 시작돼, 패션과 예술의 경계를 넘나드는 독창성을 보여주며 지금까지 이어져 오고 있다. 이것은 프라다가 작가의 작품을 상업적으로 소모하지 않고, 그의 예술 세계와 작품 철학을 존중하며 함께 성장해 온 태도로부터 비롯된 결과라고 할 수 있다.

프라다의 브랜드 혁신 코드

프라다는 혁신과 도전을 기반으로 예술, 문화, 기술을 결합하며 자신만의 독보적인 브랜드 아이덴티티를 구축해 왔다. 이를 바탕으로 패션의 경계를 허물고 브랜드와 소비자 간의 정서적 연결을 강화하며, 지속가능한 가치를 실현하는 데 주력하고 있다. 영화, 건축, 예술 등 다양한 분야와의 협업을 통해 브랜드의 혁신적인 이미지를 구축하고, 소비자들에게 감각적이고 의미 있는 경험을 제공하는 것이 핵심 전략이다.

특히 글로벌 아티스트 및 건축가들과의 협업을 통해 브랜드의 독창적인 이미지를 강화하고 있다. 대표적으로 렘 쿨하스와의 협업으로 탄생한 뉴욕의 에피센터는 전통적인 매장 개념에서 벗어나 '예술적 경험을 제공하는 복합 문화 공간'을 지향하며, 소비자들에게 쇼핑 경험만이 아닌 예술과 문화를 함께 느낄 수 있는 새로운 패러다임을 제시한다.

또한 프라다 트랜스포머와 같은 혁신적인 프로젝트는 공간 자체를 예술로 승화시키며 브랜드의 정체성을 소비자와 감성적으로 융합시키는 데 성공했다. 밀라노에 있는 복합 문화 공간인 프라다 재단은 브랜드의 예술적인 열망을 보여주는 상징적인 곳으로, 렘 쿨하스가 설계한 건축 작품들과 웨스 앤더슨이 디자인한 바 루체를 포함해 다양한 건축적 실험과 예술 전시를 통해 소비자들에게 감각적인 경험을 선사하고 있다.

영화와 패션을 융합한 작업도 프라다의 중요 전략 중 하나다. 웨스 앤더슨과 협업한 패션 필름 캔디 로와 카스텔로 카발칸티는 브랜드의 메시지를 예술적 서사로 풀어내며, 상업적 접근 대신 브랜드의 철학을 강조하는 새로운 광고 형식을 제안했다. 이러한 방식은 소비자들에게 깊은 '감정적 공감을 불러일으키는 스토리텔링'으로 평가받았으며 브랜드 이미지를 예술적 가치와 연결하는 데 기여했다.

'지속가능성' 역시 프라다의 핵심 비전으로, 내셔널 지오그래픽과 협업한 리나일론 프로젝트는 재활용 소재를 활용한 지속가능한 컬렉션을 선보이며 혁신적 소재 개발의 중요성을 알렸다. 여기에 다큐멘터리 「What We Carry」 시리즈를 통해 환경 문제에 대한 인식을 높이고, 소비자들에게 지속가능성에 대한 메시지를 전달하며, 브랜드의 사회적 책임을 강조했다.

프라다 모드와 프라다스피어는 전 세계 주요 도시에서 패션과 예술, 음악, 음식, 지역 문화를 연결하는 독창적인 프로젝트로, 지역 커뮤니티와의 긴밀한 소통을 통해 패션과 문화를 융합하며, 새로운 글로벌 플랫폼을 창출하는 데 기여했다.

프라다는 과거의 유산과 현대적 디자인을 조화롭게 연결하며, 예술과 패션의 상호작용을 통해 브랜드의 정체성을 끊임없이 진화시켜 왔다. **'예술적 도전과 지속 가능성에 대한 헌신'은 프라다를 패션 브랜드의 경계를 넘어, 새로운 가치를 창출하는 문화적 아이콘으로 자리매김하게 한다.** 이는 패션 비즈니스의 미래를 선도하며, 소비자와의 정서적 연결을 강화하는 강력한 전략으로 작용하고 있다.

슈퍼카,
아트 레지던스로
변신하다

| 모빌리티를 넘어, 라이프스타일 플랫폼이 된 자동차 |

오늘날 자동차는 이동 수단의 역할을 넘어, 개인의 취향과 라이프스타일을 반영하는 '경험 중심의 모빌리티 공간'으로 진화하고 있다. 최근 자율주행 기술과 AI 기반의 첨단 운전자 보조 시스템ADAS의 발전은 자동차의 개념을 새롭게 정의하고 있으며, 전기차와 충전 인프라 환경은 친환경적인 미래를 앞당기고 있다. 또한 장소에 구애받지 않는 오피스이자, 엔터테인먼트 공간 및 캠핑 기능까지 더해진 맞춤형 공간으로 발전하고 있으며, AR과 메타버스 같은 첨단 기술의 접목으로 자동차 내부는 영화 감상, 몰입형 게임 플레이, 그리고 이동형 커뮤니티 공간의 역할도 가능해지면서 새로운 라이프스타일을 완성하는 플랫폼으로 자리 잡고 있다.

나 역시 자동차에 대한 특별한 경험이 있다. 한때 클래식카에 매료되어, 성능이나 실용성보다는 매력적인 디자인에 이끌려 재규어 XJ6를 구매했던 적이 있다. 클래식카의 관리는 예상보다 어려워서 자주 정비소를 찾았지만, 매일 출퇴근길을 함께하는 것만으로도 설렘과 만족을 느꼈고, 자동차가 감성적이고 정서적인 경험과 연결될 수 있다는 사실을 깨닫게 되었다.

이처럼 자동차는 고객의 개성과 취향이 반영된 '프라이빗한 공간'이라는 의미를 지니며, 자동차 안에서 휴식을 취하고, 음악을 듣고, 대화를 나누며, 때로는 감정을 쏟아내기도 한다. 최근 유행하는 차박 문화도 자동차가 라이프스타일의 중심으로 자리 잡아가고 있음을 보여준다.

| 기술과 감성이 융합된 예술적 확장 |

자동차는 기능적인 측면을 넘어 각 브랜드의 정체성이 반영된 디자인을 통

하이엔드는 상품을 팔지 않는다

해 하나의 예술작품과 같은 가치를 지니기도 한다. 특히 하이엔드 브랜드들은 예술적 요소를 차량에 접목해, 일반 자동차와 차별화된 독창적인 매력을 부여하는 아트 컬래버레이션을 적극적으로 전개하고 있다.

애스턴 마틴, 부가티, 포르쉐는 예술가들과의 협업을 비롯해 가구, 패션, 시계, 커피머신, 유모차, 자전거, 위스키 등 다양한 이종 산업과의 컬래버레이션을 통해 브랜드의 감성을 더욱 확장하고 있다. 이러한 협업은 고객이 브랜드의 철학과 가치를 직접 경험할 수 있는 중요한 전략적 도구가 된다. 또한 이들 브랜드는 고유한 아이덴티티를 반영한 주거 공간 프로젝트를 선보이며, 고객을 위한 맞춤형 라이프스타일을 제안하고 있다.

각 브랜드가 제공하는 맞춤형 자동차처럼, 주거 공간 역시 고객의 개성과 취향에 맞춘 독창적 설계와 혁신적 기술을 적용해 고객에게 자부심과 만족감을 선사한다. 예술작품처럼 디자인된 하이엔드 주택들은 브랜드의 위상을 더욱 공고히 하며, 폭넓은 고객층의 관심을 유도하고 있다.

이러한 브랜드 확장은 기존 고객층을 넘어 새로운 타깃층까지 포용하며, 고객과의 유대감을 더욱 강화하는 역할을 한다. 결국 하이엔드 자동차 브랜드의 가장 중요한 전략은 기술과 감성을 결합한 몰입형 경험을 제공하는 데 있다. 자동차에서 시작된 브랜드 철학이 패션, 예술, 가구, 주거 공간으로 확장되면서, 하이엔드 자동차 브랜드는 라이프스타일의 아이콘으로 자리 잡고 있다.

특히 예술적 요소를 접목한 혁신적 디자인은 자동차를 개인의 철학과 취향을 담은 움직이는 예술작품으로 승화시키며, 브랜드의 차별성을 극대화하고 있다. 이렇게 진화된 아트 컬래버레이션은 감성과 기술을 융합한 새로운 패러다임을 제시하며, 고객에게 더욱 깊이 있는 경험적 가치를 제공하는 필수 전략으로 자리 잡고 있다.

1. 혁신을 넘어 시대의 아이콘이 되다

지난 2023년 11월, 됴쿄 센소지 사원에 애스턴 마틴 클래식 자동차와 최첨단 스포츠카 수십 대가 등장했다. 창사 110주년을 기념한 '애스턴 마틴 아르카디아As-ton Martin Arcadia'라는 행사로, 아시아 태평양 지역의 오너들이 모여 역사적인 명차들과 함께하는 축제를 즐겼다. 천 년 이상의 역사를 자랑하는 사찰을 무대로 빈티지카와 슈퍼카가 함께하며 과거와 현재를 넘나드는 장면이 연출됐다. 우아함과 강인함의 정수를 보여주는 제임스 본드카 DB5와 DB6, 클래식하면서도 스포티한 매력의 V8 밴티지 자가토, 미래에서 온 듯한 하이퍼카 발키리 AMR 프로, 아시아 태평양 지역에 최초로 공개된 DB12 볼란테, 레트로 모던 스타일의 발러까지 애스턴 마틴의 과거와 현재, 미래를 상징하는 70여 대의 모델들이 줄지어 등장하며 관객들에게 감동과 설렘을 선사했다.

최고의 모델 8개를 선정하는 행사에서 가장 인상적인 장면 중 하나는 애스턴 마틴과 오너 간의 특별한 인생 이야기가 담긴 시상식 소감을 발표하는 자리였다. 나도 한때 클래식카에 매료되어 오랜 시간을 함께한 사람으로서, 자신이 사랑하는 자동차의 다채로운 히스토리를 감상할 수 있었던 3일간의 여정은 오너들에게 큰 의미가 있었을 것이다. 이처럼 개인의 의미 있는 스토리와 브랜드의 헤리티지가 감동으로 연결될 때, 그 브랜드는 우리에게 더 깊은 경험의 가치를 선사한다.

하이엔드는 상품을 팔지 않는다

애스턴 마틴 아르카디아 도쿄, 2023

Power, Beauty and Soul,
애스턴 마틴

애스턴 마틴의 역사는 이튼 칼리지와 옥스퍼드대학교를 졸업한 영국 상류층 출신인 라이오넬 마틴Lionel Martin과 그의 친구 로버트 뱀포드Robert Bamford가 만나면서 시작됐다. 자동차를 향한 깊은 관심과 열정을 공유한 두 사람은 1913년 1월 15일, 뱀포드 & 마틴을 설립하고, 자동차 판매와 정비 사업에 뛰어들었다. 다양한 모델을 개조해 판매했던 이들은 1914년 4월 라이오넬 마틴이 튜닝한 싱어8 자동차로 참가한 애스턴 클린턴 힐클라임Aston Clinton Hillclimb 경주에서 우수한 성과를 거두었다. 이를 계기로 대회 이름이었던 '애스턴'과 자신의 성 '마틴'을 조합해 애스턴 마틴이라는 브랜드로 다시 태어나며 본격적인 자동차 제조에 나서게 되었다.

애스턴 마틴은 1915년 3월에 '콜 스커틀Coal Scuttle'이라는 이름의 첫 번째 자동차를 출시하며 브랜드의 여정을 시작했다. 하지만 제1차 세계대전으로 라이오넬 마틴과 로버트 뱀포드가 입대하면서 사업은 잠정 중단됐고, 전쟁이 끝난 후 로버트 뱀포드는 애스턴 마틴을 떠났다. 그 후 애스턴 마틴은 프랑스 그랑프리 출전을 목표로 투자금을 받아 재도약을 시도했지만, 자금난에 시달리다 1924년에 파산하고, 1926년에는 라이오넬 마틴마저 회사를 떠나게 되었다.

여러 차례 소유주가 바뀌며 명맥만 유지하던 애스턴 마틴은 1947년, 구세주라 불리는 데이비드 브라운David Brown의 인수로 본격적인 성장 궤도에 올랐다. 데이비드 브라운의 이름을 딴 DB 시리즈가 탄생하고, DB1, DB2가 연이어 개발되면서 회사는 재정적 안정을 찾기 시작했다. 1958년 런던 모터쇼에서 호평을 받은 DB4는 애스턴 마틴의 명성을 한층 드높였고, 1963년에 출시된 DB5는 007 영화의 본드카로 세계적인 인기를 끌었다. 그 덕분에 매출이 눈에 띄게 증가했고, 한때 회사 재정이 흑자로 돌아서기도 했다. 이후 1977년, V8 밴티지Vantage가 등장하며 애스턴 마틴은 영국 최초의 슈퍼카 브랜드로 자리매김했다.

하이엔드는 상품을 팔지 않는다

DB5, 007 영화 골드핑거, 1967

1987년에는 포드Ford가 투자자로 참여하며 애스턴 마틴의 새로운 전환점이 마련되었고, 1991년에 회사를 완전히 인수하며 본격적인 성장 기반을 구축했다. 이후 1993년에 선보인 DB7은 폭발적인 성공을 거두며 애스턴 마틴의 미래에 대한 확신을 심어주었다. 2000년 울리히 베츠Ulrich Bez가 CEO로 취임하면서 DB9과 밴티지 등 세계적 명성을 얻은 차량을 선보이며 애스턴 마틴은 사상 최고의 매출 성장을 기록한다. 현재는 로렌스 스트롤Lawrence Stroll이 최대 주주로 부상하며 브랜드의 화려한 영광을 이끌고 있다.

이처럼 시대의 아이콘을 만들어낸 애스턴 마틴의 역사도 언제나 성공적인 스토리만 있는 것은 아니었다. 창사 이래 지속적인 재정 위기와 수차례의 소유주 교체라는 난관을 겪기도 했지만, 브랜드 헤리티지를 끝까지 지켜내며 그 가치를 이어가고 있다. 최근 '애스턴 마틴 아르카디아' 행사에서 '향후 하이엔드 시장은 아시아, 여성, 그리고 비스포크Bespoke 소비자가 선도할 것'이라고 전망한 바 있다. 이는 하이엔드 분야에서 더욱 섬세하고 정교한 감각을 반영한 상품과 고객 맞춤형 서비스가 중요한 요소임을 시사한다.

컬래버레이션의 확장

애스턴 마틴은 자동차를 넘어 유모차, 시계, 패션, 요트, 잠수함, 항공기, 위스키 등 다양한 분야와 협업하며 혁신적인 제품들을 선보이고 있다. 이러한 시너지를 통해 애스턴 마틴의 고유한 디자인 정체성, 섬세한 마감, 소재, 기술력 등을 유지하면서 각 상품의 독창적인 가치를 한층 업그레이드시켰다.

영국 왕실이 사용하는 명품 유모차 브랜드로 잘 알려진 실버 크로스Silver Cross 와 협업으로 탄생한 '서프 애스턴 마틴 화이트Surf Aston Martin White 스페셜 에디션' 은 2015년에 공개되며 큰 주목을 받았다. 애스턴 마틴의 고급 가죽, 에어 서스펜션, 그리고 슈퍼카 One-77^{9}의 휠 디자인을 반영했으며 편안한 주행감과 고급스러운 디테일로 눈길을 끌었다.

애스턴 마틴의 독창적 디자인과 기술력은 바다와 하늘로 그 영역을 확장하며 새로운 가능성을 열어가고 있다. 퀸테센스Quintessence와 협업으로 탄생한 'AM37 파워보트'는 2016년 모나코 요트쇼에서 화려한 첫선을 보였고, 2017년에는 트리톤 서브마린Triton Submarines과 공동작업으로 탄생한 3인승 잠수함 '프로젝트 넵튠Project Neptune'을 공개했다. 바다의 신 넵튠에서 이름을 따온 이 잠수함은 애스턴 마틴의 디자인 DNA가 담긴 해양 탐험용 차량으로 브랜드의 기술력을 해양 분야까지 확장하며 새로운 가능성을 제시했다.

2018년에는 크랜필드 대학교 산하 항공우주 솔루션Cranfield Aerospace Solutions 및 롤스로이스Rolls Royce와 협력하여 수직 이착륙 기능을 갖춘 럭셔리 항공기 '볼란테 비전Volante Vision'을 발표했다. 이 3인승 항공기는 애스턴 마틴의 디자인 감각과 최첨단 항공 기술이 결합된, 하늘을 나는 슈퍼카를 구현했다. 2020년에는 에어버스 코퍼레이트 헬리콥터스Airbus Corporate Helicopters와의 협업으로 'ACH 130 헬리콥터'를 선보였다. 에어버스와 애스턴 마틴 디자인 팀의 협력으로 완성된 이 헬리콥터는 최고 237km/h로 크루징이 가능하며 약 600km를 비행할 수 있다.

하이엔드는 상품을 팔지 않는다

크랜필드 항공우주 솔루션 및 롤스로이스와 협력한 애스턴 마틴의 볼란테 비전, 2018

7인승의 내부는 DB11 모델에 사용되는 프리미엄 가죽으로 제작되었으며, 헤드레스트에는 애스턴 마틴의 로고가 새겨져 있다. 모든 디테일이 정교하게 완성된 이 헬리콥터는 하이엔드 항공기의 새로운 기준을 제시하며 애스턴 마틴의 독창적인 디자인과 기술력의 정점을 보여준다.

애스턴 마틴은 라이프스타일과 문화를 기반으로 한 협업 프로젝트에서도 혁신을 이어가고 있다. 2022년 서울 더 콘란샵The Conran Shop과 협업을 진행하여 대표 모델인 'DBS'를 더 콘란샵 입구에 전시하고, 큐 바이 애스턴 마틴Q by Aston Martin의 비스포크 서비스를 통해 맞춤형 인테리어를 경험할 수 있는 특별한 공간을 구성했다. 이를 통해 고객들에게 브랜드의 체험을 넘어 새로운 문화적 상상력을 제시했다.

최근에는 독일의 패션 브랜드 휴고 보스Hugo Boss와 손잡고 2024년 새로운 컬렉션을 선보였다. '오프 더 트랙Off the Track 라이프스타일 컬렉션'은 애스턴 마틴의 혁신적인 소재와 휴고 보스의 전통적인 테일러링이 조화를 이루며, 트랙 위의 역동적인 에너지를 일상 속 세련된 스타일로 담아냈다.

애스턴 마틴이 이렇게 다양한 분야와의 협업을 통해 브랜드를 확장하는 것은 제품 라인의 다각화뿐만이 아니라 브랜드 정체성을 더욱 깊이 있게 다지며, 각각의 협업이 고객 상상력을 자극하고 일상에서도 하이엔드 라이프스타일을 경험할 수 있는 특별한 가치를 제공하는 데 그 목적이 있다.

예를 들어 2015년 실버 크로스와의 협업으로 탄생한 첨단 유모차는 부모와 자녀에게도 애스턴 마틴의 디자인 철학을 보여주는 매개체가 됐고 잠수함, 요트, 항공기 프로젝트들은 바다와 하늘에서도 애스턴 마틴의 혁신적인 디자인과 기술을 누릴 수 있는 특별한 경험을 제공했다. 이러한 협업을 통해 탄생한 상품들은 하나의 예술작품이자 독창적인 경험 요소로서, 브랜드가 추구하는 가치를 일상 속에서 자연스럽게 즐길 수 있게 한 것이다. 이처럼 애스턴 마틴은 여러 분야와의 조화로운 융합을 통해 브랜드의 본질을 지키면서도 새로운 가치를 창출하며, 자신만의 강력한 아이덴티티를 확립해 소비자와의 유대감을 더욱 견고하게

하이엔드는 상품을 팔지 않는다

다지고 있다.

아트를 머금은 위스키와의 협연

지난 2023년 5월 소더비 경매에서 애스턴 마틴과 보모어Bowmore가 협업한 위스키 '보모어 ARC-52 모쿠메 에디션Mokume Edition'이 27만 9,800달러, 한화 약 3억 6천만 원에 낙찰되며 큰 화제를 모았다. 특히 이 에디션의 병 디자인은 예술작품 그 자체로, 부드러운 곡선이 물결치는 듯한 디캔터의 라인은 마치 무중력 공간에 떠 있는 위스키를 연상시키고, 아니쉬 카푸어Anish Kapoor의 작품 시카고 밀레니엄 파크의 〈클라우드 게이트〉를 떠오르게 한다.

2022년에 공개된 ARC-52 일반 에디션의 상단 금속 커버는 알루미늄으로 제작돼 간결한 아름다움를 보여줬고, 모쿠메 에디션은 최고급 카본 필라멘트를 활용한 우아한 블랙 컬러로 차별화했다. 이 독특한 색감은 보모어 증류소의 로크 인달Loch Indaal만의 검은 바위와 까맣게 그을린 캐스크Cask 내부에서 영감을 받아 디자인되었고, 검은 물결이 치는 듯한 패턴은 17세기 일본에서 처음 개발된 모쿠메가네Mokumegane 기법이 적용됐는데, 이는 다양한 금속을 층층이 쌓아 나뭇결무늬를 만드는 것을 말한다. CG, 3D 프린팅, 점토 모델링 등 다양한 기법이 동원돼 장인의 손길로 완성된 이 작품은 기능성과 미적 감각을 완벽히 조화시킨 특별한 디자인으로 전 세계 위스키 애호가들의 찬사를 이끌어냈다.

보모어는 1779년에 창립되어 250년이 넘는 역사를 가진 위스키 브랜드로 2020년부터 애스턴 마틴과 다양한 협업을 이어오고 있다. 이번 에디션은 52년간 숙성된 빈티지 위스키로, 유러피안 오크 셰리European Oak Sherry와 아메리칸 오크 호그스헤드American Oak Hogsheads 두 캐스크의 조화를 이룬 작품이다. 1962년과 1968년 빈티지 위스키를 블렌딩해 43.5퍼센트의 ABV로 병입된 이 싱글 몰트 위스키는 깊이 있는 다차원적 풍미를 선사한다. 경매에서 이 에디션을 낙찰받은 주인공은 보모어 증류소와 18대만 생산된 애스턴 마틴 DBX 보모어 에디션 SUV 시승식에 초대받았다고 한다.

애스턴 마틴의 보모어 ARC-52 모쿠메 에디션, 2023

위스키 디캔터의 혁신적인 디자인도 인상적인지만, 무려 반세기 동안 단 한 번도 오픈되지 않고 캐스크에서 숙성된 위스키라니, 그 맛이 더욱 궁금해질 수밖에 없었다. 최근 우리나라에서도 위스키를 즐기는 인구가 점차 늘고 있으며, 나역시 싱글 몰트 위스키의 매력을 조금씩 알아가며 관심이 깊어지는 중이다. 최근에는 보모어 18년산 싱글 몰트 딥 앤 컴플렉스를 즐길 기회가 있었는데, 다크 초콜릿과 셰리의 풍미가 은은한 피트 향과 절묘하게 조화를 이루며 전체적인 밸런스가 좋았던 기억으로 남아 있다.

위스키 마니아들에게는 이러한 특별한 에디션이 더할 나위 없이 매력적으로 다가올 것이다. 술과 자동차 문화는 수집가적인 측면과 고객층에서도 비슷한 면모를 보이지만, 그 특성상 동시에 함께 즐기기는 어려운 영역이기도 하다. 그러나 애스턴 마틴은 이러한 이질적인 요소를 결합해 브랜드만의 특별한 감성을 녹여냈다. 앞으로 또 어떤 영역과의 협업을 통해 애스턴 마틴의 독창적인 스타일

하이엔드는 상품을 팔지 않는다

을 선보일지 더욱 기대된다.

007,
제임스 본드카의 질주

제임스 본드는 영국 작가 이언 플레밍Ian Fleming이 1953년에 발표한 추리소설 『카지노 로얄』에 처음 등장한 이후 천재적인 두뇌, 완벽한 슈트 핏, 화려한 말솜씨와 강렬한 카리스마로 스크린을 누비며 지금까지 가장 사랑받는 스파이로 남아 있다. 1962년 「살인번호」를 시작으로 총 25편이 제작된 「007」 시리즈는 60년이 넘는 세월 동안 이어져 왔으며, 제임스 본드가 위기에 처할 때마다 환상적인 첨단 장비로 무장한 채 나타나는 본드카는 그의 완벽한 파트너이자 또 다른 주인공이었다.

「007 골드핑거」에서 「노 타임 투 다이」까지

영화 역사상 가장 상징적인 파트너십으로 손꼽히는 애스턴 마틴과 제임스 본드의 관계는 1964년 애스턴 마틴 DB5가 영화 「007 골드핑거」에 등장하면서부터 시작됐다. 이때부터 애스턴 마틴은 본드카로 불리며 시대의 아이콘으로 부상했고, DB5는 전 세계에서 가장 유명한 자동차 중 하나로 자리 잡았다. 이후 제임스 본드의 임무 수행 파트너로서 DBS, V12 뱅퀴시 등 애스턴 마틴을 대표하는 최고급 스포츠카들이 영화에 등장하며 강렬한 인상을 남겼다.

2021년 개봉한 「노 타임 투 다이」는 007의 25번째 시리즈로, 초반의 강렬한 액션신과 배경 연출이 인상적이었다. 다만 다니엘 크레이그Daniel Craig가 보여주는 마지막 제임스 본드여서 그런지 이별의 아쉬움이 남기도 했다. 권총 한 자루로 수많은 적을 제압하고 멋지게 살아남아야 할 제임스 본드가 이번에는 가족을 위해 숭고한 희생을 택하는 충격적인 결말은 전작들과는 확연히 다른 분위기를

DB5, 007 영화 노 타임 투 다이, 2021

느낄 수 있다.

이 영화에는 애스턴 마틴의 4가지 모델이 등장한다. 007의 상징적인 모델이자 가장 많은 시리즈에 등장했던 DB5, 클래식한 디자인과 강력한 성능의 V8 살롱Saloon, 첩보요원 노미가 운전하는 현대적인 감각의 슈퍼카 DBS 슈퍼레제라Superleggera, 미래지향적인 발할라Valhalla가 그 주인공이다. 전체 시리즈 중 애스턴 마틴의 4가지 모델의 등장하는 영화는 이번이 처음이었으며, 그중 우아하면서도 강한 이미지가 동시에 느껴지는 DB5가 제일 강렬한 인상을 남겼다.

DB5는 애스턴 마틴을 하이엔드 자동차의 상징이자 세계의 아이콘으로 자리매김하게 만든 상징적인 모델이다. 1963년 출시된 DB5는 강력한 4리터 직렬 6기통 엔진을 탑재하여 최고 241km/h를 자랑했고, 이탈리아 자동차 제작사인 카로체리아 투어링 수퍼레제라Carrozzeria Touring Superleggera가 디자인한 세련된 스타일과 어우러져 모든 이의 드림카로 사랑받았다. 이 영화에서도 다양한 무기를 탑재하고 등장해 활약했으며, 그 전설적인 명성은 현재까지도 굳건하게 이어지고 있다. 이처럼 영화의 상징적인 모티브로 자리 잡은 본드카의 이미지는 애스턴 마틴 브랜드에 깊은 영향을 끼쳐왔음을 알 수 있다.

DB12 골드핑거 에디션

2024년 10월, 애스턴 마틴은 영화 「007」 시리즈 60주년을 기념하며 가장 진화된 본드카 'DB12 골드핑거 에디션'을 공개했다. 이 모델은 「007 골드핑거」에 등장한 DB5와 동일한 아이코닉한 실버 버치Silver Birch 색상을 반영하며, 애스턴 마틴의 'Q 바이 애스턴 마틴' 맞춤화 서비스를 통해 제임스 본드 스타일을 완벽히 재현했다. 내부 디자인은 본드의 클래식한 슈트를 연상시키는 프린스 오브 웨일스Prince of Wales[10] 체크 패턴이 적용되었는데, 이 패턴은 도어 인서트와 헤드라이너 그리고 도어 실Door Sill까지 연결되어 골드핑거 60주년 기념 로고로 새겨졌다.

전 세계적으로 단 60대만 출시된 애스턴 마틴 'DB12 골드핑거 에디션'의 오너에게는 특별한 선물이 제공되는데, 실버 버치 스피드폼 모델Silver Birch Speedform

DB12, 골드핑거 에디션, 2024

Model, 영화의 상징적인 푸르카 패스Furka Pass 장면을 담은 35mm 필름, 숫자가 각인된 2007 빈티지 샴페인 볼랭저Bollinger 매그넘 1병과 한정판 007 전용 글라스 4개까지 함께 주어지며, 이 모든 것은 차량 디자인을 그대로 재현한 글로브 트로터Globe Trotter 서류 가방에 담겨 전달된다.

　리미티드 에디션의 진정한 매력은 바로 이러한 섬세한 서비스에서 느낄 수 있다. 단순히 제품을 소유하는 것을 넘어 007의 역사와 브랜드의 헤리티지를 온전히 체험하고 소유할 수 있다는 점에서, 고객에게 특별하고 깊이 있는 가치를 선사하는 것이다.

하우스 오브 Q

2024년 7월, 애스턴 마틴은 런던의 명소인 벌링턴 아케이드Burlington Arcade에 '하우스 오브 Q House of Q'라는 특별한 체험 공간을 오픈했다. 영화 「골드핑거」의 60주년을 기념한 애스턴 마틴의 특별 에디션의 출시와 함께 브랜드의 전통과 역사를 깊이 있게 경험하도록 디자인된 몰입형 공간이다.

방문자는 벌링턴 아케이드 12-13번지의 잡지 가판대처럼 보이는 비밀의 문을 통해 입장하며, 그 순간부터 은밀한 모험이 시작된다. 입구에서 안내되는 비밀 메시지를 따라가면 또 다른 숨겨진 문을 마주하고, 그 문을 열면 샴페인 볼랭저를 제공하는 스피크이지 바speakeasy bar가 나타난다. 애스턴 마틴과 EON 프로덕션 아카이브에서 가져온 스케치, 도면, 초기 DB5의 부품들로 연출한 이 공간은 브랜드의 역사를 그 어느 곳보다 생생하게 느끼게 해준다. 'Q 비행 케이스'에는 미래의 애스턴 마틴 모델에 대한 힌트가 숨겨져 있어, 미스터리를 풀고 싶어하는 방문객들의 호기심을 자극하며 색다른 즐거움을 안겨준다.

이와 같이 하우스 오브 Q는 007 테마를 공간에 반영해 골드핑거의 오리지널 대본과 영화 포스터, 세트 사진 등 제임스 본드를 추억하는 다양한 요소들로 구성했다. 여기에 제임스 본드 음악과 오랜 인연을 맺은 하이엔드 오디오 브랜드인 바워스 앤 윌킨스Bowers & Wilkins의 사운드를 더해 감성적 선율로 공간을 가득 채우며 특별한 무드를 완성했다.

위층에 있는 컨피규레이터 랩Configurator Lab에서는 애스턴 마틴의 디자인 전문가들과 함께 자신만의 이상적인 차량을 직접 구성해 볼 수 있으며, 애스턴 마틴의 디자인 및 엔지니어링 팀이 주최하는 다양한 워크숍에도 참여할 수 있다.

혁신적인 디자인과 브랜드 헤리티지가 어우러진 이 팝업 스토어는 시각적인 즐거움과 함께 마치 영화 속 주인공이 되어 미스터리를 풀어가듯이 애스턴 마틴의 메시지를 깊이 있게 체험할 수 있는 특별한 경험을 선사한다. 이러한 경험은 고객들과 유대감을 형성하는 의미 있는 기회가 되며, 브랜드의 철학과 가치를 효과적으로 전달하는 강력한 마케팅 전략으로 활용되고 있다.

하우스 오브 Q, 런던 벌링턴 아케이드, 2024

애스턴 마틴의 시크릿 전략

애스턴 마틴의 마니아들은 본드카의 상징적 이미지 덕분에 차를 운전할 때 마치 영국 정부의 비밀 요원이 된 듯한 느낌을 받는다고 한다. 스포츠카로 적을 따돌리고 능숙하게 무기를 다루며, 전투 후에는 멋진 슈트를 차려입고 칵테일을 즐기는 모습이 자연스럽게 연상된다. 바로 이 강렬한 이미지를 만든 것이 애스턴 마틴의 전략으로, 브랜드가 지닌 상징적 가치를 고객이 직접 체험하고 소유하는 경험으로 이끌어낸 것이다.

스토리텔링은 브랜드의 차별성을 강화하는 핵심적인 요소이며, 역사와 디자인 철학, 상징적 이미지가 명확할수록 소비자에게 더 깊은 인상을 남긴다. 60년 동안 이어진 007 본드카의 이미지는 애스턴 마틴에게 잊지 못할 스토리텔링의 힘을 부여하며, 007과의 컬래버레이션을 통해 서로의 상징적 이미지를 강화해 왔다. 제임스 본드와 함께 역동적이고 스마트한 이미지를 구축한 애스턴 마틴은 영화 속 액션 장면을 통해 독창적인 캐릭터이자 중요한 파트너로서 윈-윈 할 수 있었으며, 이로 인해 브랜드와 영화 모두 상호 간의 시너지를 극대화할 수 있었다.

애스턴 마틴은 이 독보적인 이미지를 고수하기 위해 「007」 시리즈에만 주력했고, 다른 영화에는 거의 찾아보기 힘들다. 이는 단순히 노출 빈도를 높이는 것보다, 한 번의 강렬한 인상을 통해 브랜드 이미지를 각인시키는 전략적 선택의 중요성을 보여준다. 이러한 이유로 007 영화에 등장하는 애스턴 마틴 차량은 영화의 컨셉에 맞게 심혈을 기울여 제작된다고 한다.

애스턴 마틴은 세계적인 아티스트와의 협업보다는 하이엔드 브랜드와의 협업을 통해 디자인과 기술력을 선보이는 데 중점을 두며, 다양한 매체에 노출되기보다는 희소가치를 추구하는 선택과 집중 전략을 고수하고 있다. 특히 연간 1만 대 미만의 개인 맞춤형 생산 방식을 고수하며, 쉽게 소유할 수 없는 특별한 자동차로 포지셔닝한 애스턴 마틴은 희소성, 상징성, 독창성을 통해 고객들에게 고유의 하이엔드 가치를 전달하고 있다.

아이코닉 파워를 공간으로 확장하다.
애스턴 마틴 레지던스

2024년 5월, '애스턴 마틴 레지던스 마이애미'가 화려하게 문을 열었다. 이 하이엔드 주거 타워를 마지막 007 영화인 「노 타임 투 다이」의 서사에 대입해 상상해보자면, 결말에서 세상을 떠난 것으로 그려진 제임스 본드가 사실은 죽지 않았고, 은밀하게 새로운 삶을 시작하는 곳이 바로 이 레지던스다. 오랜 시간 액션과 전투에 몰두했던 그가 이제는 가족과 함께 평화로운 일상을 꿈꾸며, 펜트하우스인피니티 풀에 몸을 담그고, 새로운 인생을 펼치는 것이다. 어쩌면 이건 내가 꿈꾸는 스토리일지도 모르겠다.

스포츠카의 DNA를 담은 레지던스

브랜드 정체성을 담아낸 '애스턴 마틴 레지던스 마이애미' 프로젝트는 세계적인 부동산 개발업체 G&G 비즈니스 디벨롭먼트와의 협력으로 탄생했다. 이 프로젝트는 2013년부터 애스턴 마틴의 부사장이자 CCO인 마렉 라이히만Marek Reichman이 이끄는 디자인 팀과 BMABodas Miani Anger의 건축가 로돌포 미아니Rodolfo Miani와 함께한 10여 년의 여정 끝에 완성된 결과물이다. 건축과 자동차 디자인의 협업을 통해 브랜드 헤리티지와 마이애미의 자연에서 영감을 받은 라이프스타일을 고유한 건축적 언어로 풀어내 독창적인 시너지를 창출했다.

특히 플로리다에서 발생하는 허리케인의 영향을 고려해, 공기 흐름과 바람의 저항을 최소화하도록 설계된 건물의 매스는 스포츠카의 공기역학적 디자인을 반영한 섬세한 곡선 라인을 적용했다. 이를 통해 형태와 기능이 완벽하게 조화를 이루는 독창적이고 혁신적인 건축 매스가 탄생한 것이다. 비스케인 베이Biscayne Bay와 마이애미강이 만나는 지점에 자리한 249m 높이의 66층 타워는 역동적인 주변 경관과 조화를 이루며 거대한 돛을 연상시키는 디자인으로 스카이라인을 완성했다.

하이엔드는 상품을 팔지 않는다

입주자들은 애스턴 마틴의 철학과 아이코닉한 디자인을 선호하는 자동차 애호가들이며 입주자의 절반 이상이 애스턴 마틴 차량을 소유하고 있다고 한다. 아쿠아 마린 베이의 아름다운 전망을 즐길 수 있는 메인 출입구에는 입주자를 위한 컨시어지 서비스와 24시간 발렛 서비스를 위한 포르트 코셰르[11]가 설치돼 있다.

건물에 도착하는 순간부터 애스턴 마틴의 아이덴티티를 오감으로 느낄 수 있도록 설계된 레지던스는 웅장한 분위기의 로비 입구부터 컬러, 마감, 가구, 소품에 이르기까지 공간 전체에 브랜드 DNA와 정교한 장인 정신이 투영돼 있다. 공간의 디테일은 마치 자동차를 설계하듯 섬세하게 디자인됐으며, 아트리움 입구에는 애스턴 마틴의 맞춤형 손잡이가 설치된 도어가 자리하고 있다. 이 도어핸들은 자동차 시트에 적용되는 스티치에서 영감을 받은 것으로 mm 단위까지 정교하게 완성된 하나의 작품이다.

이 건물에서 가장 상징적인 공간인 '스카이 어메니티Sky Amenities'는 52층부터 55층까지 4개 층에 걸친 약 3,927㎡(1,188평) 규모로, 입주자를 위한 서비스 공간으로 조성됐다. 특히 52층에는 다양한 전시가 열리는 아트 갤러리가 자리하고 있어, 예술에 관심이 많은 입주자들이 작품을 감상하고 공유할 수 있는 장소로 문화 행사를 열기에 최적의 환경을 갖추고 있다.

이 대규모 어메니티 공간에서는 대서양을 내려다보며 다양한 스포츠 및 피트니스 활동을 즐길 수 있으며, 스파에서 휴식을 취하거나 명상실에서 심신의 피로를 풀 수 있다. 또한 최첨단 비즈니스 센터와 회의실이 마련되어 있어 업무 공간으로도 최적화되어 있으며, 인근 공항으로 빠르게 이동할 수 있는 헬리패드도 갖추고 있다. 뿐만 아니라 어린이와 청소년을 위한 전용 공간과 영화관 등 모든 연령층을 위한 편의시설이 마련돼 있다. 케이터링 서비스를 제공하는 프라이빗 다이닝룸은 사교 모임이나 특별한 행사를 위한 이상적인 장소다.

55층 중심부에 있는 인피니티 풀에서는 마이애미의 탁 트인 주변 경관을 한눈에 감상할 수 있으며 수영장 데크와 카바나, 셰프가 상주하는 주방과 프라이빗 다이닝룸, 초호화 스카이 바와 라운지 등이 마련되어 있어 입주자들에게 최상의

애스턴 마틴 레지던스, 마이애미, 2024

편의를 제공한다. 특히 건물 가장 상층부인 트리플렉스 펜트하우스를 포함한 11개 층의 매스는 깎아지른 듯한 각도로 설계돼 건물의 극적인 실루엣을 완성하고 있으며, 인피니티 풀 가장자리에 있는 55층은 건물의 웅장한 스케일을 경험하기에 최적의 장소다.

이 레지던스는 베드룸 레지던스, 듀플렉스, 펜트하우스, 트리플렉스 펜트하우스 등 총 391개의 주거 공간으로 구성돼 있다. 각 레지던스는 바닥부터 천장까지 이어지는 대형 창문과 유리 발코니를 갖추고 있어 마이애미의 스카이라인과 대서양을 배경으로 한 비스케인 베이의 전망을 감상할 수 있다. 내부 공간의 바닥 마감은 프리미엄 타소스[12] 대리석이며, 이탈리아 브랜드인 베르톨로토 도어Bertolotto Door, 불탑Bulthaup 캐비닛 및 가게나우Gaggenau 전자제품 등 최고급 자재와 하이엔드 가전제품을 갖추고 있다. 각 유닛은 최첨단 디지털 연결 시스템을 통해 컨시어지 서비스 및 건물 편의시설에 접속할 수 있으며, 목적지 제어형 엘리베이터를 통한 개인 보안 출입이 가능하도록 세심한 설계를 통해 완성됐다.

그중 가장 특별한 공간은 최상층에 있는 트리플렉스 펜트하우스로, 약 2,526㎡(764평)의 압도적인 규모를 자랑한다. 3개 층에 걸친 여유로운 공간과 3층 높이의 아트리움은 마이애미의 아름다운 자연 풍경을 실내로 끌어들이며, 하이엔드 주택의 진수를 보여준다. 약 5,900만 달러(810억 원)가 넘는 이 펜트하우스의 입주자에게는 전 세계에 단 24대뿐인 애스턴 마틴 벌칸Vulcan이 제공되는 특별한 혜택을 누릴 수 있어, 벌칸 마니아에게는 더할 나위 없이 매력적인 조건일 것이다.

애스턴 마틴의 아이덴티티가 반영된 레지던스인 만큼 주차 공간도 특별하다. 바다로 직접 연결되는 요트 전용 마리나와 갤러리를 연상시키는 주차 공간은 입주자들이 육상과 해상을 통해 편리하게 주택에 도착할 수 있도록 설계됐다. 입주자만을 위한 맞춤형 인테리어 컬렉션도 제공되는데, 애스턴 마틴의 장인 정신을 반영한 타임리스Timeless, 코버트Covert, 인덜전트Indulgent라는 3가지 디자인 스타일로 구성되어 있다. 입주자들은 원하는 컬렉션을 고른 후 파트너 회사인 BMA의 주요 건축가들과 긴밀하게 협력해 인테리어를 완성한다. 이를 통해

애스턴 마틴 레지던스 스카이 어메니티, 2024

'Q 바이 애스턴 마틴'과 같은 맞춤형 서비스의 연장선에서 자신만의 특별한 주거 공간을 경험할 수 있다.

하이엔드 주거에서 위치와 전망은 가장 중요한 요소 중 하나다. 레지던스가 있는 지역은 아트 바젤과 같은 세계적인 문화 행사가 열리는 곳으로, 헤르조그 앤

하이엔드는 상품을 팔지 않는다

드뫼롱의 페레스 미술관 마이애미Pérez Art Museum Miami, OMA의 렘 쿨하스가 설계한 파에나 포럼Faena Forum, 자하 하디드의 원 사우전드 뮤지엄One Thousand Museum 등 세계적인 건축물이 어우러진 예술적 감성이 풍부한 곳에 자리하고 있다.

마이애미 해안선을 따라 사우스 비치와 아르데코 호텔들이 늘어선 이곳은 아메리칸 리비에라[13]로 불리며 고급 휴양지로 전 세계의 주목을 받는 장소다. 또한 금융, 기술, 창조 산업의 중심지로 빠르게 성장하는 다문화 도시이자 라틴 아메리카의 관문으로, 하이엔드 주거에 대한 수요가 더욱 증가하고 있다.

애스턴 마틴 레지던스는 현대적인 도시의 역동성과 휴양지의 평온함이 공존하는 특별한 장소에 위치하며, 브랜드의 아이덴티티가 융합된 첨단 기술과 디자인, 그리고 풍부한 문화와 예술이 조화를 이룬 독창적인 공간으로 구현됐다. 이는 개인의 취향과 라이프스타일을 한층 풍요롭게 완성해 주는 새로운 차원의 하이엔드 라이프스타일 플랫폼으로 브랜드 철학을 경험할 수 있는 공간이자 애스턴 마틴이 지향하는 차별화된 고객 경험을 제공하는 전략적 요소로 작용하고 있다.

새로운 차원의 라이프스타일을 제공하는 주거 공간의 진화

애스턴 마틴은 마이애미 레지던스 프로젝트 완공에 이어, 뉴욕 라인벡에 있는 '실반 록 프라이빗 레지던스Sylvan Rock Private Residence'와 도쿄 미나토구의 'Nº 001 미나미 아오야마Nº 001 Minami Aoyama' 등 다양한 주거 개발 프로젝트를 지속적으로 진행하고 있다.

실반 록은 애스턴 마틴이 설계하고 S3 건축이 개발해 진행하는 최초의 프라이빗 레지던스 프로젝트다. 애스턴 마틴의 디자인 감성을 담은 공간으로 건축과 주변 환경이 유기적으로 어우러져 마치 건물 자체가 자연의 일부가 된 듯한 인상을 준다.

특히 차고 갤러리는 와인 셀러 라운지와 연결되어 주택의 진입 경험을 드라마틱하게 만들어주며 침실, 거실, 욕실의 통창은 그림 같은 자연 풍경을 집 안으로 끌어들인다. 넓은 주방과 거실은 프라이빗 풀과 연결돼 있어 가족과 지인들이 모여 함께 파티를 즐기기에 완벽한 분위기를 구현한다. 자연과 하나가 되는 라이프스타일을 완성하는 실반 록은, 애스턴 마틴의 하이엔드 감성과 차별화된 가치를 담아낸 주거 공간의 새로운 기준을 제시한다.

애스턴 마틴이 아시아에서 선보이는 첫 번째 럭셔리 주택인 'N° 001 미나미 아오야마'는 2023년 일본의 건설 기업인 비브로아Vibroa와의 협업으로 탄생됐으며, 도쿄의 고급 주택가 오모테산도 인근 미나미 아오야마에 자리 잡아 전통과 혁신이 교차하는 공간 디자인을 보여준다.

자동차 갤러리, 와인 저장고, 홈 시네마, 피트니스 센터, 전용 스파 등 다양한 서비스 디자인이 더해진 이 주택은 애스턴 마틴의 디자인 철학이 곳곳에 반영된 하이엔드 라이프를 경험할 수 있는 공간으로 애스턴 마틴 디자인 팀의 세심한 내부 스타일링과 일본 현지 건축가와의 긴밀한 협력을 통해 완성됐다. 특히 옥상 테라스에서는 도쿄의 파노라마 뷰를 감상할 수 있어 도심 속에서 자연을 느낄 수 있는 독창적인 설계와 디테일을 엿볼 수 있다.

2024년 6월, 국제 부동산 개발업체 다르 글로벌Dar Global은 아랍에미리트 두바이에 새로운 레지던스 개발 프로젝트 '더 아스테라The Astera, 인테리어 바이 애스턴 마틴'을 발표했다. 알 마르잔 섬Al Marjan Island에서 진행되는 이 프로젝트는 총 개발 가치가 9억 아랍에미리트 디르함(약 3,400억 원)에 달하며, 애스턴 마틴 디자인 팀이 중동 부동산 시장에 처음으로 진출한 상징적인 프로젝트다.

이 프로젝트는 최근 마이애미 레지던스의 성공적인 개장과 뉴욕, 도쿄에서 진행된 다양한 디자인 협업을 기반으로 전개된 애스턴 마틴의 글로벌 확장 전략의 연장선에 있다. 전통적인 장인 정신과 최첨단 기술의 결합을 목표로 하는 다르 글로벌과 애스턴 마틴의 비전이 만나 탄생한 이 독창적인 건축물은, 2028년 12월 완공을 목표로 새로운 차원의 럭셔리 라이프스타일을 제시하고 있다. 두바이의 새로운 시장에서 애스턴 마틴이 선보일 독보적인 브랜드 경험이 어떤 모습으로 구현될지 몹시 기대되는 프로젝트다. 이렇듯 애스턴 마틴이 자동차를 넘어 주거 공간으로 브랜드 경험을 확장하는 것은, 상품을 포함한 라이프스타일 전반

실반 록 프라이빗 레지던스

더 아스테라. 인테리어 바이 애스턴 마틴

을 아우르는 전략적 접근으로 볼 수 있다.

고객이 브랜드와 특별한 유대감을 형성하면, 자연스럽게 그 브랜드가 제공하는 다른 상품에 관심이 생기는 경우가 많다. 이런 맥락에서 애스턴 마틴 레지던스가 마니아들의 주목을 받는 것은 어쩌면 당연한 현상이다. 이처럼 브랜드 경험을 다각도로 확장하고 고객과의 접점을 넓히는 것은 브랜드 충성도를 강화하고, 고객들과 더 의미 있는 관계를 구축하는 핵심적인 브랜드 전략이라 할 수 있다.

애스턴 마틴이 이렇게 다양한 분야와의 협업을 통해
브랜드를 확장하는 것은 제품 라인의 다각화뿐만이 아니라
브랜드 정체성을 더욱 깊이 있게 다지며, 각각의 협업이 고객 상상력을
자극하고 일상에서도 하이엔드 라이프스타일을
경험할 수 있는 특별한 가치를 제공하는 데 그 목적이 있다.

애스턴 마틴의 브랜드 혁신 코드

애스턴 마틴은 110년 이상의 역사를 자랑하는 브랜드로, 자동차의 경계를 뛰어넘어 하이엔드 라이프스타일의 정점을 제시하는 혁신적인 전략으로 주목받고 있다. 클래식의 품격과 현대적 디자인의 조화를 이룬 애스턴 마틴은 패션, 유모차, 요트, 잠수함, 항공기, 레지던스 등 다양한 영역으로 브랜드 경험을 확장하며, 고객과 긴밀하게 연결될 수 있는 전략을 구현하고 있다.

애스턴 마틴 레지던스 마이애미는 스포츠카의 디자인 DNA를 건축에 녹여낸 독창적인 주거 프로젝트로, 입주자들에게 스포츠카의 공기역학적 구조와 정교한 디테일을 통해 자동차의 혁신적 기술과 디자인을 일상 속에서 경험할 수 있는 기회를 제공한다. 특히 스카이 어메니티의 서비스 디자인과 트리플렉스 펜트하우스의 섬세한 설계는 브랜드의 정체성을 극대화한 공간으로, 하이엔드 주거의 진수를 느낄 수 있다. 뉴욕의 실반 록, 도쿄의 N° 001 미나미 아오야마, 두바이의 더 아스테라 프로젝트까지 이어지는 글로벌 주거 프로젝트들은 애스턴 마틴의 브랜드 아이덴티티를 전 세계로 확장하며, 지역적 특색과 브랜드의 철학을 조화롭게 반영한 디자인으로 고객과의 접점을 강화하고 있다.

이와 함께 보모어와의 컬래버레이션으로 탄생한 ARC-52 모쿠메 에디션은 전통적인 위스키 문화와 애스턴 마틴의 혁신적 디자인을 결합한 작품으로 경매에서 큰 화제를 모았으며, 자동차와 위스키라는 '이질적인 영역과의 협업'을 통해 브랜드의 정체성을 예술적 가치로 연결한 성공적인 사례로 평가받고 있다.

「007」 시리즈와의 파트너십은 애스턴 마틴을 세계적인 아이콘으로 자리매김하게 한 중요한 전략적 선택이었다. DB5부터 최근 DB12 골드핑거 에디션까지, 애스턴 마틴은 007 영화의 상징적인 요소로 자리 잡으며 브랜드의 스토리 텔링을 강화하고, 대중문화 속에 깊이 각인시키는 데 결정적인 역할을 했다. 또한 하우스 오브 Q와 같은 몰입형 체험 공간은 영화적 스토리를 통해 브랜드의 철학과 헤리티지를 생생하게 경험할 수 있도록 구현했다.

애스턴 마틴은 '선택과 집중'을 통해 연간 생산량을 제한하며 '리미티드 에디션'으로 희소성을 극대화하고, '맞춤형 서비스'로 커스터마이징 옵션을 제공함으로서 고객에게 특별한 경험을 선사하고 있다. 브랜드의 본질을 유지하면서도 다양한 분야와의 혁신적인 컬래버레이션을 통해 고객과의 강력한 유대감을 형성하는 이러한 전략은, 애스턴 마틴을 새로운 라이프스타일 플랫폼으로 확장시키는 데 중요한 역할을 하고 있다.

2. 시대를 초월한 아름다움과 스피드의 결정체

부가티는 탁월한 기술력과 예술적 감각이 결합된 독보적인 하이엔드 자동차 브랜드로, 예술작품을 연상시키는 독창적인 디자인을 통해 하이퍼카 시장에서 정상의 위치를 지키고 있다. 2011년 휴가차 방문한 베벌리힐스 로데오 드라이브에서 처음 마주한 부가티 베이론Bugatti Veyron은 단숨에 모든 이의 시선을 사로잡았다. 압도적인 존재감은 물론, 미래지향적인 라인과 대담한 색상의 조합은 기존 자동차들과는 완전히 다른 차원의 감성을 보여주었다.

그 시기의 베이론은 기존 스포츠카의 한계를 뛰어넘는 배기량 8,000cc의 16기통 엔진과 최고 속도 407km/h를 자랑하는, 엔지니어들의 야심과 기술력이 집약된 상징적인 모델이었다. 베이론은 과거 르망 24시 내구 레이스에서 우승을 차지했던 피에르 베이론Pierre Veyron을 기리기 위해 붙여진 이름으로, 1998년 회사가 폭스바겐 그룹에 인수된 후, 부가티의 잃어버린 명성을 되찾기 위해 2005년에 선보인 작품이었다. 10년이 지난 2015년, 450번째 모델인 '라 피날레La Finale'를 끝으로 화려한 막을 내렸지만, 베이론은 혁신적인 디자인과 기술적 한계를 뛰어넘은 성능으로 슈퍼카 역사에 전설로 남아 있다.

비교할 수 있다면,
그것은 더 이상 부가티가 아니다

부가티의 창립자인 에토레 부가티Ettore Bugatti는 자동차 제작을 시작하면서부터 최고의 성능과 아름다움을 지닌 예술작품으로 만들겠다는 확고한 신념을 갖고 있었다. 그가 남긴 "비교할 수 있다면, 그것은 더 이상 부가티가 아니다."라는 말

하이엔드는 상품을 팔지 않는다

부가티 베이론, 2011

은 부가티가 다른 차량과 비교 불가능한 독보적 위치와 가치를 지닌 브랜드임을 상징적으로 보여준다. 이러한 브랜드 철학은 하이엔드가 지향하는 독창적인 디자인과 탁월한 기술력의 본질을 보여준다. 그는 회사의 재정이 어려웠던 시기에도 현실과 타협하지 않고 신념을 굽히지 않았다. 한때 명맥이 끊겼던 부가티가 부활해 전설적인 명성을 이어갈 수 있었던 것도, 그가 추구했던 최고의 미학과 완벽함을 향한 끝없는 열정과 신념 덕분일 것이다.

엔진과 나사까지도 아름다운 부가티의 역사

부가티는 이탈리아 출신 에토레 부가티가 1909년 프랑스 몰샤임Molsheim에 설립한 최고급 수제 자동차 제조사다. 브랜드 로고 'EB'는 그의 이름에서 따온 것으로 부가티의 정체성을 상징한다. 1881년 이탈리아 밀라노의 부유한 예술가 집안에서 태어난 에토레 부가티는 어린 시절부터 예술적 감각이 풍부한 환경에서 성장했다. 그의 할아버지인 루이지 부가티Luigi Bugatti는 건축가 겸 조각가였고, 아버지 카를로 부가티Carlo Bugatti는 가구 및 보석 디자이너였다. 남동생 렘브란트 부가티Rembrandt Bugatti는 조각가로 그의 작품 〈춤추는 코끼리Dancing Elephant〉는 부가티 차량의 후드 장식으로 사용되며 브랜드의 상징이 됐다.

그는 자동차 생산 업체를 운영하던 아버지의 영향을 받아 자동차의 구조와 기술을 공부하며 디자인에 대한 열정을 키우기 시작했다. 엔진과 나사까지도 아름다워야 한다는 신념과 철학을 바탕으로, 부가티 엔진룸 내부와 엔진 블록에 장미꽃 무늬의 로제트Rosette 패턴을 적용해 자동차를 예술의 경지로 끌어올렸다. 이러한 독창적이고 섬세한 디자인은 이후 부가티 베이론 16.4의 알루미늄 센터 페시아에 재현됐다.

에토레 부가티는 1901년 첫 자동차를 설계한 후, 1909년 몰샤임에 에토레 부가티 오토모빌Automobiles Ettore Bugatti을 설립하고 본격적으로 자동차 제작에 나섰다. 고향인 이탈리아가 아닌 프랑스 몰샤임을 택한 이유는 자동차 경주가 활발히 이루어지던 르망과 모나코의 영향을 받았기 때문이다. 또한 당시 독일령이었던 몰샤임에서는 엔지니어를 쉽게 확보할 수 있었던 것도 중요한 요인이었다. 에토레 부가티는 모든 부품을 수제로 제작하며 예술적 감각과 기술적 혁신을 결합해 고성능 스포츠카를 만들기 시작했다.

부가티는 1910년 퓌르 상Pur Sang을 첫 출시하며 시작부터 독창적이고 고급스러운 이미지로 소비자들의 관심을 모았다. 뒤이어 등장한 타입 13은 '브레시아Brescia'라는 별칭으로 불리며 유럽 시장에서 큰 인기를 끌었고, 다양한 모델과 구조 변경을 거쳐 1926년까지 생산됐다.

제1차 세계대전 중에도 부가티는 연합군을 위해 항공기 엔진을 생산하며 기계 공학 및 생산 프로세스에 대한 경험을 쌓아갔다. 이러한 경험은 부가티의 성장을 가속화했으며, 1924년 선보인 '부가티 타입 35'는 그해 8월 3일 리옹에서 열린 그랑프리에 첫 선을 보인 후, 이듬해부터 1931년까지 타르가 플로리오Targa Florio 대회를 비롯한 다양한 레이스에서 1,000번 이상의 우승을 기록하며 모터스

부가티 타입 35

포츠의 전설로 남았다.

　부가티의 독보적인 경험과 브랜드의 명성을 기반으로, 1929년에 부가티의 첫 번째 오너스 클럽이 설립됐다. 이는 전 세계에서 가장 오래된 오너스 클럽으로, 현재까지 명성을 이어오며 부가티의 역사적 유산을 상징하고 있다.

　이렇듯 제1차 세계대전은 부가티에게 새로운 성장의 발판을 마련하는 계기로 작용했으나 제2차 세계대전은 달랐다. 프랑스를 점령한 나치에 의해 공장이 강제 매입되고, 종전 후 전반적인 상황이 악화하면서 재정적 어려움을 겪기 시작했다. 1947년 에토레 부가티의 사망으로 부가티는 쇠퇴의 길을 걷게 되었고, 결국 1963년에 완전히 문을 닫게 된다. 이후 여러 기업의 경영 참여와 변화 과정을 거쳤으나, 1998년 폭스바겐 그룹에 인수되면서 부가티는 새로운 전환점을 맞았다.

　폭스바겐 그룹은 부가티의 명성을 되살려 초고성능 하이퍼카 브랜드로 도약시키기 위한 작업에 착수한다. 최고 기량의 엔지니어들을 모아 양산 차 최초로 최고 400km/h와 1,000마력을 달성하겠다는 대담한 목표를 세웠다. 이 혁신적인 비전을 달성하기 위해 몰샤임에 생산 공장을 세우고 '부가티 아틀리에'라고 명명했는데, 이는 자동차 제작을 예술품 창조 작업으로 보는 상징적인 표현이었다.

이러한 전략 아래 부가티는 16기통 엔진에서 1,001마력의 출력을 구현해 냈고, 미쉐린과 협력해 항공기 타이어 기술을 접목시켜 450km/h를 견딜 수 있는 타이어를 개발하는 데 성공했다. 그 결과, 2005년 세계에서 가장 빠르고 강력한 양산차인 부가티 베이론이 탄생했다.

베이론은 2015년 450대 생산을 끝으로 화려한 막을 내렸고, 이듬해 후속 모델인 부가티 시론Bugatti Chiron이 출시됐다. 1,500마력의 강력한 출력과 최고 450km/h를 자랑하며 부가티의 기술력을 다시한번 입증한 모델이었다. 2019년에는 부가티 시론 기반의 한정판 모델인 '부가티 시론 슈퍼 스포츠 300+'가 세계 최초로 시속 304마일(약 490km/h)을 돌파하며 새로운 기록을 세웠다. 이후 시론은 2024년까지 500대 한정으로 생산되었으며 '시론 슈퍼 스포츠 얼팀 에디션 Chiron Super Sport L'Ultime Edition'을 끝으로 유종의 미를 장식했다.

2021년, 부가티는 크로아티아의 전기 스포츠카 제조업체 리막 오토모빌리 Rimac Automobili와 포르쉐의 합작 회사인 부가티 리막Bugatti Rimac 산하로 편입됐으며, 이를 통해 리막의 전기차 기술을 융합한 차세대 하이퍼카 개발을 목표로 하고 있다.

부가티는 하이퍼카의 대명사로, 예술적 디자인과 첨단 기술을 결합한 차량 제작에 주력하고 있으며 극한의 퍼포먼스와 우아함을 동시에 느낄 수 있는, 세상에서 가장 빠른 예술작품을 창조하며 새로운 도전을 이어가고 있다.

누군가는 이러한 부가티의 스토리를 '과잉의 역사'로 바라볼 수도 있을 것이다. 하지만 기계적 아름다움을 극한 수준으로 끌어올린 결과물은 설렘과 깊은 경외감을 불러일으킨다. 이러한 비교 불가능한 부가티의 정체성은 앞으로도 반드시 지켜야 할 미래 유산이자 브랜드를 상징하는 본질적 가치라 할 수 있다.

부가티와 도자기의 만남, 로블랑

도자기와 자동차의 만남이라니, 언뜻 연관이 없을 것 같은 이들의 컬래버레이션이 과연 어떤 결과를 만들어냈을지 궁금증을 자아낸다. 스포츠카의 옵션으로 세라믹 브레이크가 사용된다는 점은 이미 잘 알려져 있어 다소 익숙하게 느껴질 수 있지만, 부가티는 그 이상을 상상하고 실현했다. 마치 도자기를 빚는 장인의 손길처럼, 예술적 감각과 정교함을 결합해 〈로블랑L'Or Blanc〉이라는 독창적인 모델을 탄생시켰다.

부가티의 〈로블랑〉은 1763년 독일 프로이센 제국의 황제 프리드리히가 설립한 베를린 왕립 도자기 회사 KPMKönigliche Porzellan Manufaktur과의 협업으로 완성된 특별한 작품이다. 도자기 예술의 정수를 담아 '화이트 골드'라는 의미를 담은 이 자동차는 세상에 단 하나밖에 없는 커스터마이징 모델로, 부가티의 전설적 스피드와 KPM의 예술적 감성을 결합한 장인 정신을 담고 있다.

부가티의 디자인 책임자인 아킴 안샤이트Achim Anscheidt가 이끄는 프로젝트 팀은 도자기를 빚듯 정교한 핸드 페인팅으로 화이트와 블루의 독특한 라인을 구현했고, 차체 표면을 은은한 광택과 독특한 질감으로 연출했다. 또한 중앙 휠 배지부터 시그니처 EB 배지, 연료 주입구 캡, 센터 콘솔에 이르기까지 도자기 소재를 폭넓게 사용해 기술과 예술의 완벽한 조화를 이루어냈다.

이러한 섬세한 수공예적 기법은 슈퍼카를 넘어 〈로블랑〉을 하나의 예술적 오브제로 만들어주었다. 2011년 프랑크푸르트 모터쇼에서 처음 공개된 이 자동차는, 부가티와 KPM 모두에게 괄목할 만한 시너지를 창출했으며, 이동 수단을 넘어 예술과 럭셔리의 새로운 기준을 제시하는 상징적 작품으로 평가받았다. 도자기와 자동차의 결합이라는 이 독창적 시도는 부가티만이 해낼 수 있는 혁신적인 도전일 것이다. 빠르고 강렬한 성능만을 강조하기보다 예술과 공예를 조화롭게 접목해 하이엔드의 새로운 기준을 제시한 점이 매우 인상적이다. 〈로블랑〉은 시간이 지나도 그 가치를 잃지 않을 부가티의 진정한 정수를 보여주며, 슈퍼카가 예술의 영역으로 어디까지 확장될 수 있는지 보여주는 대표적인 사례로 남았다.

KPM과 협업으로 탄생한 부가티 로블랑, 2011

압도적인 시간의 무브먼트, 부가티 워치

자동차와 시계는 닮았다. 수많은 부품이 맞물려 돌아가며 한 치의 오차도 허용하지 않는 정교한 시스템을 통해 비로소 그 진가가 발휘된다. 그렇다면 오늘날 손목시계는 어떤 의미를 지닐까? 스마트폰과 스마트워치로 시간을 확인하는 것이 일상이 된 시대에도, 클래식한 손목시계가 지닌 품격과 상징성은 여전히 강력한 가치를 지니며, 개인의 스타일을 표현하는 아이템으로 자리 잡고 있다.

부가티와 시계 브랜드 파르미지아니 플뢰리에Parmigiani Fleurier, 제이콥 앤 코Jacob & Co와의 협업은 시계라는 작은 공간에 스포츠카의 기술력과 예술성을 독창적으로 표현한 사례다. 이 브랜드들은 혁신적인 감각과 장인 정신으로 부가티 고유의 아이덴티티를 구현해내며 많은 주목을 받았다

파르미지아니 플뢰리에는 스위스의 저명한 시계 복원가이자 제작자인 미셸 파르미지아니Michel Parmigiani가 1996년 제네바 로잔에 설립한 하이엔드 시계 브랜드다. 복원 작업에 대한 그의 부단한 노력과 깊은 신념은 전 세계 박물관과 개인 컬렉터들의 인정을 받았고, 이는 부가티와의 협업을 가능하게 한 중요한 토대가 됐다.

부가티와 파르미지아니 플뢰리에의 첫 번째 협업 작품인 '부가티 타입 370'은 부가티 베이론 16.4에서 영감을 받아 2004년 첫선을 보였다. 5년간의 연구 끝에 탄생한 이 시계는 일반 시계에는 볼 수 없었던 횡단형 무브먼트를 사용해 마치 작은 엔진을 손목 위에 얹은 듯한 독특한 디자인으로 구현되어 엄청난 화제를 불러일으켰다.

이후 2010년에는 시론 슈퍼 스포츠의 날개에서 영감을 받은 '부가티 슈퍼 스포츠', 2018년에는 부가티 시론의 강력한 성능에서 영감을 받은 '부가티 타입 390', 2020년에는 '부가티 타입 390 사파이어'가 출시됐다. 모두 부가티 자동차의 엔진과 차체 디자인에서 영감을 받아 시계에 반영한 제품들로 마치 한 대의 스포츠카를 연상케 한다. 이러한 협업은 자동차와 시계의 경계를 허물며 두 브랜드의 정체성과 철학을 조화롭게 담아낸 예술작품이자, 기술력과 디자인 감각을 새로운 차원으로 끌어올린 획기적인 결과물이었다.

파르미지아니 플뢰리에와 협업한 부가티 타입 370, 2004

제이콥 앤 코는 1986년 다이아몬드 디자이너 제이콥 아라보Jacob Arabo가 창립한 미국의 프라이빗 보석 및 시계 브랜드다. 제이콥 아라보는 뉴욕 다이아몬드 디스트릭트에서 주얼리 레이블과 개인 고객을 대상으로 작은 부스를 운영하며 시작했지만, 그의 대담하고 혁신적인 디자인은 뉴욕의 힙합 아티스트들 사이에서 주목받기 시작했고, 2002년부터는 시계로 분야를 확장하면서 지드래곤, 리오넬 메시, 크리스티아누 호날두, 밀라 요보비치, 리한나와 같은 세계적인 셀러브리티들과의 협업을 통해 브랜드 영향력을 넓혔다.

2019년 부가티와의 협업을 시작으로, 2020년에는 파라마운트의 영화 「대부」와 「스카페이스」를 테마로 한 뮤지컬 시계를 출시하며 주얼리와 시계 업계에서 독보적인 입지를 구축했다. 이 시계는 푸시 버튼을 누르면 무브먼트가 120도 회전하면서 마치 오르골처럼 뮤지컬 연주를 들려준다. 주얼리와 시계의 경계를 넘어서 시각과 청각을 자극하는 예술적 감각을 담은 입체적인 오브제로 새로운 차

제이콥 앤 코와 협업으로 탄생한 부가티 시론 투르비용 바게트 화이트 다이아몬드, 2021

원의 디자인을 제시했다.

　제이콥 앤 코와 협업을 통해 탄생한 대표적 모델인 '부가티 시론 투르비용Bu-gatti Chiron Tourbillon'은 부가티 시론의 W16 엔진을 미니어처 무브먼트로 구현해, 시계 속에서 엔진이 움직이는 듯한 시각적 효과를 재현했다. 특히 시계 아래에 있는 3개의 크라운 중 오른쪽 버튼을 누르면, 실린더가 위아래로 움직이면서 실제 엔진의 작동을 떠올리게 하는 정교한 디테일을 보여주며 감탄을 자아낸다.

　'부가티 시론 투르비용'은 이중 회전 메커니즘을 통해 강렬한 퍼포먼스를 상징적으로 표현하며, 부가티만의 감각을 한층 더 돋보이게 한다. 또한 자동차의 우아한 곡선을 시계 케이스와 다이얼에 반영하고, 사파이어 크리스털과 티타늄 소재를 사용해 자동차의 견고함과 고급스러움을 재현했다. 화이트 바게트 다이아몬드, 화이트 다이아몬드, 로즈골드, 사파이어 크리스털, 사파이어 크리스털 블루로 구성된 5가지 에디션은 기존의 시계 디자인에서 볼 수 없었던 독창성과 기술의 정점을 보여준다. 속도와 성능만이 아닌, 정밀성과 아름다움의 균형을 추구하며 하이엔드의 새로운 경지를 개척한 '부가티 시론 투르비용'은 두 브랜드의 혁신적이고 고유한 정체성을 완벽하게 담아냈다.

파르미지아니가 부가티의 정밀한 기계적 미학을 시계에 녹여내기 위해 디자인, 기술적 디테일과 엔지니어링에 중점을 두었다면, 제이콥 앤 코는 화려하고 감각적인 요소를 강조해 부가티의 역동성과 속도감, 독창적 아름다움을 표현했다. 이 두 사례는 부가티가 지닌 기술과 예술성을 다채로운 방식으로 융합할 수 있는 가능성을 보여준다. 또한 기존 시계에서 찾아볼 수 없었던 정교한 움직임과 섬세한 기계 미학이 융합된 작품으로, 그 자체만으로도 브랜드 간의 시너지를 한층 빛나게 하고 있음을 알 수 있다.

시간을 초월한 전설의 만남, 에르메스와 부가티

에르메스는 1837년 프랑스 파리에서 티에리 에르메스Thierry Hermès에 의해 설립된 브랜드로, 초기에는 고급 마구 용품을 제작하는 장인 공방이었다. 창립 초기부터 장인 정신과 정교한 기술을 바탕으로 최고 수준의 가죽 제품을 제작하며 명성을 쌓아왔다. 시간이 흘러 교통수단이 말에서 자동차로 변화하자, 에르메스는 발상의 전환과 함께 새로운 도전에 나섰다. 자동차 여행의 시대를 맞아 가죽 지갑과 여행 가방을 선보이며 패션 분야로 영역을 확장했으며, 하이엔드 라이프스타일 브랜드로 기반을 다지기 시작했다.

부가티 가방, 볼리드
에르메스는 1920년에 가방 부문을 설립해 본격적으로 제작과 판매를 시작했고, 1923년에는 부가티와의 협업을 통해 세계 최초로 지퍼가 달린 가방 '부가티'를

에르메스 볼리드 1923-25

출시했다. 이 가방은 창업자의 손자이자 3대째 에르메스를 이끌던 에밀 모리스 에르메스Émile-Maurice Hermès가 미국 방문 중 우연히 본 지퍼 잠금장치를 도입한 제품으로, 당시에는 매우 파격적인 발상이었다. 이 지퍼 달린 가방이 바로 오늘날 '볼리드Bolide'의 시초가 되었다. 대부분의 가방이 벨트로 열고 닫히던 시대에 볼리드 백은 둥근 모서리와 지퍼 잠금장치로 내용물을 편리하게 꺼낼 수 있어 운전자와 장거리 여행객들 사이에서 큰 호응을 얻었다. 이는 에르메스가 고급 가죽 제품의 선두주자로 자리 잡게 된 중요한 계기가 됐다.

에르메스는 창립자의 자손들이 대대로 운영하고 있으며 프랑스 전통의 장인 정신과 휴머니즘을 기업 가치로 삼고 있다. 에르메스는 창작의 자유, 아름다운 소재의 탐구, 지속가능한 품질을 강조하며, 오랜 시간이 지나도 변치 않는 고급스러움과 실용성을 추구하는 제품을 만들어왔다. 에르메스는 프랑스 내에서 집중적으로 제품을 생산하며, 가족 경영 체제를 유지하고 있다. 이와 같은 경영 방침은 에르메스의 고유한 정체성을 지켜주는 중요한 요소로 작용하며, 대량생산과 유행을 따르기보다 시간을 초월한 가치를 추구하는 브랜드로 자리 잡게 했다.

에르메스의 대표 상품으로는 그레이스 켈리와 제인 버킨의 이름을 딴 '켈리백Kelly Bag'과 '버킨 백Birkin Bag'이 유명하다. 그러나 일반 매장에서 버킨 백이나 켈리 백을 바로 구입하는 것은 거의 불가능하며, VIP 고객만이 프리오더 방식으로 주문 제작 가능하다. 이런 이유로 이 제품들은 리셀 시장에서도 높은 가격에 거래되며, 때로는 매장가의 두 배 이상에 달하는 프리미엄이 붙기도 한다.

에르메스는 마케팅 전략에서도 차별점을 두고 있다. 전통적인 마케팅 부서나 앰배서더 시스템을 활용하지 않으며, 모든 직원이 브랜드의 가치를 전달하는 마케팅 담당자의 역할을 한다. 이러한 전략은 에르메스의 희소성과 독창성을 강조하며 '아무나 가질 수 없는 명품'이라는 브랜드 이미지를 강화하는 데 기여하고 있다.

에르메스는 LVMH의 인수 시도에도 굴하지 않고 독립성을 지켜낸 브랜드로 잘 알려져 있다. LVMH가 에르메스의 지분을 매입하려 하면서 소송전이 벌어졌으나, 에르메스는 악셀 뒤마Axel Dumas를 CEO로 임명하고 오너 경영 체제를 강화하면서 2014년 승소했다. 이를 통해 가족 경영과 자립적 운영의 원칙을 고수하며 현재까지 독립성을 유지하고 있다.

이처럼 에르메스는 단지 오랜 역사와 높은 가격에 머무르는 브랜드가 아니라 창립 이후 여러 위기를 극복하며 장인 정신과 독립적 경영, 그리고 강한 책임감을 바탕으로 꾸준히 성장해 온 브랜드다. 대량생산이 보편화된 지금도 에르메스는 여전히 고유의 장인 정신을 지키며 품질과 가치를 전달하는 데 전념하고 있다. 또한 에르메스 제품은 어디에서, 어떤 장인의 손길을 거쳤는지부터 제조 날짜까지 세세하게 각인되어 있어, 사후 관리까지 완벽하다는 점에서 높은 평가를 받는다. 이로 인해 제품 하나하나가 고객과 오랫동안 동행할 수 있는 의미 있는 오브제로 자리 잡을 수 있었던 것이다. 에르메스는 장인 정신과 예술성이 조화를 이루는 브랜드로, 고객에게 제품 이상의 가치와 의미 있는 스토리를 선사하고 있다.

부가티 시론 에르메스 에디션

패션과 자동차의 전설이 만났다. 1923년 협업으로 시작된 부가티와 에르메스의 인연은 고유한 장인 정신과 함께 현재까지 이어지고 있다. 두 브랜드의 협업을 통해 탄생한 특별한 커스터마이징 모델인 〈시론 아비예 파르 에르메스Chi-ron habillé par Hermès〉는 외관, 내부 디자인, 색상, 패브릭, 재료 등 모든 디테일을 맞춤형으로 제작한 유일무이한 작품이다. 이 특별한 에디션은 부가티의 전설적인 성능에 에르메스의 독창적인 디자인 감각이 더해진 결과물로, 전 세계에서 단 1대만 제작됐다.

부가티 시론은 2016년 3월 제네바 모터쇼에서 처음 선보인 스포츠카로, 시론 에르메스 에디션은 미국의 부동산 투자자이자 자동차 수집가인 매니 코슈빈Manny Khoshbin의 요청에 따라 주문 제작됐으며, 2019년 12월에 완성되었다. 그는 아들의 이름을 에토레로 짓고 싶었지만, 아내가 반대했다고 할 만큼 부가티 애호가로 유명하다.

차의 외관은 상징적인 가죽 색상인 크레이Craie라는 오프 화이트 톤으로 완성되었으며 후면 범퍼, 메시 커버, 트림, 합금 휠까지 모두 동일한 크레이 색상으로 정교하게 마감되었다. 전면 그릴에는 에르메스의 시그니처 'H' 패턴이 적용되었고, 리어윙의 아래 면에는 에르메스의 전통 쿠르베츠Courbettes 모티프가 장식돼 있다. 이 쿠르베츠 디자인은 말이 두 발로 서있는 스케치로, 1,500마력의 강력한 출력을 강조하며 에르메스 특유의 클래식한 감성과 부가티의 강렬한 이미지를 조화롭게 결합시켰다. 내부에 사용된 거의 모든 소재는 에르메스에서 제작됐으며 쿠르베츠 디자인은 중앙 콘솔과 도어 패널에도 적용돼 있어 차량 안에서도

부가티 시론 아비예 파르 에르메스, 2019

에르메스의 섬세한 예술적 감각을 느낄 수 있다.

소유주인 매니 코슈빈은 3년에 걸친 제작 기간 동안 수백 통의 이메일을 주고받으며 의견을 조율했다고 한다. 세상에 하나뿐인 작품을 소유하기 위해 쏟은 그의 에너지와 열정은 실로 대단하며, 브랜드와 고객 간의 깊은 공감과 신뢰를 보여주는 사례다.

이 에디션은 자동차와 패션의 협업을 넘어선 예술적 경지를 보여주는 상징적인 모델로 평가받는다. 부가티의 상징적인 디자인과 성능, 그리고 에르메스의 장인 정신이 하나된 〈시론 아비예 파르 에르메스〉는 최고급 라이프스타일을 상징하는 예술작품이라고 할 수 있다. 이후 2023년 6월에 공개된 두 번째 시론 에르메스 에디션은 그 특별함을 다시 한번 세상에 선보이며, 자동차와 예술의 경계를 초월한 협업의 새로운 가능성을 증명했다.

부가티가 창조하는 삶의 예술, 부가티 홈 & 레지던스

'부가티 라이프스타일'은 부가티만의 독보적인 DNA가 담긴 다양한 상품과 서비스를 선보이며 브랜드를 확장해 나가고 있다. 부가티 자동차를 소유하지 않더라도 브랜드 고유의 독창적인 스타일을 경험할 수 있도록 한 이 전략은 2024년 기준으로 전년 대비 두 자릿수 성장률을 기록하며 성공적인 행보를 이어가고 있다.

2023년, 부가티는 두바이에서 첫 부동산 프로젝트인 '부가티 레지던스Bugatti Residences'를 공개하며, 자동차의 성능과 미학을 주거 공간에 녹여낸 새로운 라이프스타일을 제안했다. 또한 타이달Tidal 럭셔리 리빙 그룹과의 협업을 통해 최첨단 오디오 시스템과 부가티 가구 컬렉션을 선보이며 혁신적인 공간 디자인을 구현하고 있다.

부가티는 아디다스와도 협업하여 리미티드 에디션 '아이다스 X 크레이지 패

아이다스 X 크레이지 패스트 부가티 (좌), 아스프리 부가티 에그 컬렉션 (우), 2023

스트 부가티Adidas X Crazyfast Bugatti' 축구화를 출시하고, 트랙 전용 하이퍼 스포츠 카를 기반으로 한 레고 테크닉 시리즈를 선보이는 등 다양한 분야에서 브랜드의 전통과 혁신을 결합해 나가고 있다. 프리미엄 오디오 브랜드인 마스터 앤 다이 나믹Master & Dynamic과 함께한 휴대용 오디오 기기 역시 부가티의 감각을 일상으로 확장하고 있는 상품으로 주목받고 있다. 특히 240년의 역사를 자랑하는 영국 럭셔리 브랜드 아스프리Asprey와의 협업으로 탄생한 '아스프리 부가티 에그 컬렉 션Asprey Bugatti Egg Collection'은 예술과 NFT를 결합한 독창적인 작품으로, 부가티의 예술적 감각과 장인 정신을 상징적으로 보여주는 대표적인 사례다.

이와 함께 부가티는 2021년 스페인의 탄소 섬유 기술회사 IXOIconic Xtrem Ob-jects와 손을 잡고 디자인 영역을 더욱 확장하면서 30개 한정의 리미티드 에디션 당구대를 선보였다. 부가티와 당구대라는 의외의 조합이었지만, 고객들이 대부 분 항공기나 요트를 소유하고 있다는 점에서 이 제품의 탄생이 이해가 되었다.

하이엔드는 상품을 팔지 않는다

탄소 섬유 기술회사 IXO와 협업으로 탄생한 부가티 당구대, 2021

이 당구대는 기내나 요트 위에서도 흔들림 없이 편안하게 게임을 즐길 수 있도록 자이로스코프Gyroscope 센서와 서보Servo 구동 시스템을 갖추고 있다.

부가티에 사용하는 티타늄과 가공 알루미늄이 그대로 적용되었고, 큐대와 큐 서포트도 탄소 섬유 마감 처리로 고급스러움을 더했다. 또한 13인치 고해상도 터치스크린을 통해 점수를 체크할 수 있고, 테이블과 램프를 원격으로 제어할 수 있는 섬세함도 돋보인다. 큐 끝단에는 부가티 시론 및 디보Divo의 디자인을 연상시키는 알루미늄 마감이 적용돼 섬세한 장인의 디테일도 엿볼 수 있다. 이러한 독창적인 제품들은 예술적 감각과 기술적 혁신이 결합된 새로운 라이프스타일을 제안하며, 브랜드의 아이코닉한 DNA를 다양한 형태로 구현하고 있음을 보여준다.

미학적 공간, 부가티 홈 컬렉션

부가티는 자동차 디자인뿐만 아니라 가구 디자인에서도 특별한 역사를 갖고 있다. 그 기원은 창립자 에토레 부가티의 아버지인 카를로 부가티로 거슬러 올라간다. 그는 1880년부터 밀라노에서 가구 디자인을 시작하여 자연의 유기적인 곡선을 모티프로 한 아르누보 스타일 디자인으로 유명했으며, 이러한 예술적 감각은 그의 아들이자 부가티의 창립자인 에토레 부가티에게도 전해져 브랜드의 디자인 철학에도 큰 영향을 미쳤다.

이러한 유산을 바탕으로 부가티는 이탈리아의 럭셔리 리빙 그룹Luxury Living Group과 협업하여 '부가티 홈 컬렉션'을 출시했다. 이 컬렉션은 2019년 밀라노 가구 박람회에서 처음 공개됐으며, 부가티의 상징적인 곡선미와 세심한 디테일을 가구 디자인에 담아냈다. 특히 이 컬렉션의 대표작인 '코브라 체어Cobra Chair'는 카를로 부가티가 1902년에 디자인하고 제작한 오리지널 버전을 현대적인 감각으로 재해석해 부가티 110주년 기념 모델로 제작된 작품이다. 부가티 홈 컬렉션은 자동차의 디자인 아이덴티티를 반영한 소파, 테이블, 침대 등 다양한 가구로 구성되며 특수 가죽, 소달라이트Sodalite 보석, 스트리아토 올림피코Striato Olimpico 대리석 등 특별한 소재를 사용하여 차별화를 시도했다.

2024년, 부가티 홈은 밀라노 디자인 위크가 열리는 팔라초 키에사[14]와 사라이 밀라노Sahrai Milano 두 장소에서 더욱 진화된 가구 컬렉션을 선보였다. 팔라초 키에사의 중앙에는 '부가티 로드스터 미스트랄Bugatti Roadster Mistral'을 배치해 압도적인 자태로 관람객들의 많은 관심을 받았으며, 정원까지 이어진 전시에서는 다양한 가구 제품을 선보였다.

이 컬렉션은 부가티 자동차의 'C 라인'과 같은 상징적 디자인 요소에서 영감을 받았다. 모듈형 소파, 다이닝 테이블, 셰즈 롱그[15] 등으로 구성된 '타입 1'은 오픈 포어 참나무, 샌드블라스트 알루미늄, 카본 파이버 같은 고급 소재에 부가티 블루 색상이 더해져 자연의 순수함과 현대적 강렬함을 동시에 선사했다. '타입4' 다이닝 테이블은 유리 상판과 크롬 알루미늄 다리가 곡선으로 연결된 형태로, 디자인 디테일의 정교함이 돋보이며 새로운 부가티 홈의 특징을 잘 보여줬다. 특히 '타입3' 소파는 1970년대 우아함을 현대적 감각으로 재해석한 작품으로, 깊고 풍성한 주름이 특징적이며 광택 소재의 가죽과 패브릭으로 마감이 돋보였다. 여기에 부가티의 상징적인 블루 컬러의 금속 태그가 적용돼 브랜드의 상징성을 강

하이엔드는 상품을 팔지 않는다

부가티 홈 컬렉션, 타입1 (상), 타입3 (중), 타입4 (하), 밀라노 푸오리 살로네, 2024

조했다.

　부가티 가구 컬렉션은 자연 소재와 첨단 소재의 조화를 통해 순수함과 강렬함을 모두 담아내며, 마치 부가티 스포츠카의 미학적 DNA를 집 안에 옮겨 놓은 듯한 인상을 준다. 이렇듯 부가티 홈은 자동차와 가구 디자인의 경계를 허물며, 하이엔드 자동차 브랜드의 철학과 미학을 일상 공간으로 확장하는 새로운 차원의 라이프스타일을 제시하고 있다.

라이프스타일의 정수, 부가티 레지던스

2023년 5월, 부가티는 두바이 비즈니스 베이Business Bay에 프렌치 리비에라French Riviera의 라이프스타일을 종합적으로 반영한 첫 주거 프로젝트인 '부가티 레지던스'를 선보였다. 두바이 고급 부동산 시장에서 명성을 쌓아온 빙하티Binghatti Properties와의 협업을 통해 탄생한 이 프로젝트는 부가티 고유의 디자인 감각과 빙하티의 혁신적 건축 기술이 결합된 하이엔드 라이프스타일의 정수를 보여준다. 두바이 국제공항, 두바이 마리나, 그리고 고속도로와 가까운 곳에 위치하고 있어 부가티 애호가들의 드라이빙에 최적화된 장소라는 점에서도 많은 주목을 받고 있다.

　'부가티 레지던스'는 45층 규모의 171개의 리비에라 맨션과 11개의 스카이 맨션 펜트하우스로 구성돼 있으며, 2026년에 오픈할 예정이다. 모든 유닛은 마치 부가티 차량을 주문하듯 맞춤형 레이아웃으로 설계됐다. 높은 천장, 대형 유리 프레임, 그리고 플렉시블한 도어 시스템은 도시의 탁 트인 전망과 자연 채광을 극대화하며 쾌적한 주거 환경을 선사한다.

　또한 리비에라의 정취를 느낄 수 있는 비치, 개인 수영장, 자쿠지 스파, 피트니스 클럽, 셰프의 주방, 발레파킹 서비스, 프라이빗 멤버스 클럽 등 최상의 어메니티 시설을 갖추고 있어 건물 안에서 생활에 필요한 모든 서비스를 누릴 수 있는 섬세한 구성이 돋보인다. 특히 2개의 차고에서 펜트하우스까지 연결되는 전용 카 엘리베이터는 입주민이 자신의 차량을 거주 공간 옆에 안전하게 주차할

부가티 레지던스, 두바이

수 있도록 설계됐다. 이 시스템은 자동차 마니아들의 기대를 완벽히 충족시키며, 슈퍼카를 위한 혁신적인 설계로 평가받고 있다.

이 레지던스는 '삶의 예술L'Art de Vivre'이라는 컨셉으로 자동차와 주거 공간의 경계를 허물며 브랜드의 예술성과 장인 정신을 일상에서 경험할 수 있게 한다. 모든 세부 요소는 부가티 디자인 팀의 섬세한 감각으로 완성됐으며, 부가티의 시그니처 스타일인 'C 라인'의 곡선을 모티프로 한 역동적이고 유기적인 건축 매스로 탄생했다. 우아한 곡선이 조화를 이루는 인테리어도 부가티의 상징적 스타일과 조화를 이루며, 거주 공간의 커스터마이징 옵션과 독창적인 색감 팔레트 및 마감 소재는 개인의 취향을 섬세하게 반영하고 있다.

부가티 스포츠카는 혁신적인 디자인과 성능에 비례하는 엄청난 가격과 유지비로도 유명하다. 예를 들어 엔진 오일 교체 시에도 전문가의 관리가 필수이며, 이를 위한 어드바이저 초청에는 비즈니스 클래스 항공권, 서울의 4~5 성급 호텔 예약, 그리고 엄격한 정비 조건이 갖춰진 환경이 필요하다. 이 과정에서 2,000만~3,000만 원이 소요된다고 하니, 부가티는 구매뿐 아니라 유지 또한 평범하지 않은 자동차인 건 사실이다.

그럼에도 부가티가 풍기는 독보적인 매력은 이러한 제약을 뛰어넘을 만큼 강렬하다. 예술적 경지의 대체 불가능한 장인 정신에서 비롯된 브랜드의 역사는 누구도 범접할 수 없는 예술적 디테일로 승화됐기 때문이다. 이러한 측면에서 부가티가 자신들의 디자인 철학을 라이프스타일 영역으로 확장하며 고객과 연결하는 전략은 매우 효과적이라고 할 수 있다. 앞으로 이 특별한 헤리티지를 어떻게 활용하여 새로운 시장을 개척하고, 하이엔드 시장에서 브랜드의 영향력을 확장해 나갈지 그 전략적 행보가 더욱 주목된다.

하이엔드는 상품을 팔지 않는다

부가티 레지던스 두바이, 리빙룸 (상), 카 갤러리 (하)

부가티의 브랜드 혁신 코드

부가티는 기술적 한계를 뛰어넘는 혁신과 예술적 디자인을 결합한 독보적인 하이엔드 브랜드로, 자동차를 넘어 라이프스타일 전반에 걸쳐 브랜드 가치를 확장하고 있다. 부가티의 차별화된 마케팅 전략은 기술적 혁신, 장인 정신, 예술적 감각이 융합된 디자인을 기반으로 한다. 특히 베이론은 부가티의 기술력과 하이퍼카 시장의 새로운 기준을 정립한 모델로, 이후 출시된 시론, 디보, 볼리드, 미스트랄 등은 더욱 발전된 성능과 디자인을 선보이며 브랜드의 독보적인 위치를 확고히 했다. 부가티는 브랜드 DNA를 기반으로 시계, 패션, 가구, 건축 등 다양한 분야와의 협업을 통해 독창적인 가치를 창출하며, 그 진가를 발휘하고 있다.

자동차를 예술적 오브제로 승화시킨 부가티는 도자기 명가 KPM과 협업한 르블랑을 통해 하이퍼카의 미학적 가치를 끌어올렸다. 또한 에르메스와의 협업을 통해 럭셔리 브랜드 간 시너지를 극대화한 커스터마이징 모델을 선보이며, 자동차 디자인과 패션이 결합된 새로운 형태의 예술을 창조했다. 이러한 협업은 부가티의 디자인 철학이 예술과 럭셔리 라이프스타일 전반으로 확장되고 있음을 보여준다.

파르미지아니 플뢰리에와의 협업으로 제작된 시계는 부가티의 독창적인 디자인과 기술적 디테일을 담아냈으며, 제이콥 앤 코와의 협업으로 탄생한 시계는 부가티의 역동성과 속도감을 반영하여 화려하고 감각적인 디자인을 완성했다. 이외에도 스페인의 IXO와 협력하여 제작한 탄소 섬유 당구대, 그리고 아스프리와 협업한 NFT 컬렉션은 '예술과 기술의 새로운 가능성'을 제시하며 브랜드의 세계관을 더욱 입체적으로 구현하고 있다.

부가티는 주거 공간과 가구 디자인으로도 영역을 넓혔다. 두바이의 부가티 레지던스는 자동차와 주거의 경계를 허물며, 'C 라인'과 같은 브랜드의 디자인 정체성을 건축에 반영하였다. 또한 럭셔리 리빙 그룹과 협업해 출시한 부가티 홈 컬렉션은 자동차의 미학적 요소를 일상 공간으로 확장시켜 독창적인 라이프 스타일을 제안하고 있다.

부가티의 이러한 전략은 고객들에게 브랜드의 철학과 감성을 경험할 수 있는 깊이 있는 접점을 제공하는 데 중점을 두고 있다. **'삶의 예술'이라는 부가티의 철학은 예술과 기술, 전통과 혁신이 조화를 이루는 새로운 기준을 제시하며, 자동차와 일상 공간의 경계를 허무는 도전적인 시도를 보여준다.** 고객의 감성을 자극하는 디자인과 기술적 혁신, 그리고 독보적인 브랜드 스토리는 부가티가 전통과 현대를 아우르며 미래의 라이프스타일을 선도하는 원동력이 되고 있다. 부가티는 이러한 브랜드 헤리티지를 바탕으로 하이엔드 브랜드로서의 예술적 경지를 확장하며, 새로운 도전을 통해 하이엔드 시장에서의 선구자적인 위치를 더욱 공고히 하고 있다.

3. 드림카, 거실로 들어오다

최근 포르쉐 캐나다는 '카이엔 테이스트 드라이브Cayenne Taste Drive'라는 독특한 캠페인을 선보였다. 카이엔 SUV의 시승 경험을 '핫소스'와 연결한 이벤트로, 고객과 인플루언서들을 초대하여 특별한 행사를 열었다. 이 시승식은 참가자들의 심박수, 운전 강도 등의 생체 데이터와 운전 데이터를 알고리즘과 연동해 맞춤형 핫소스를 만드는 방식으로 진행됐다. 시승식과 핫소스라니, 어떻게 보면 전혀 어울리지 않는 조합이지만, 오히려 그런 점이 신선하고 기발한 발상으로 다가온다. 참가자의 운전 강도에 따라 스코빌 지수[17]가 정해지는데, 운전이 스릴 넘칠수록 더 매운 소스를 받게 된다. 이 캠페인이 진행된 장소 역시 핫소스와 관련된 고추 농장이라서 더 많은 주목을 받았다.

시승식에서는 다양한 운전 강도를 구성하기 위해 슬라럼, 언덕 오르기, 제동 챌린지 등 여러 조건의 역동적인 코스가 마련되었다. 포르쉐는 각 카이엔 트림을 대표하는 한정판 핫소스를 제작해 딜러들에게 배포했으며, 기본 모델에는 순하고 달콤한 매운 맛을, 터보 GT 모델에는 강렬한 고스트 페퍼Ghost pepper 소스를 선보여 재미를 더했다. 이를 통해 포르쉐는 운전자들에게 '카이엔의 매운맛을 선사합니다. 당신의 드라이브는 얼마나 매울까요?'라는 메시지를 전달하고 싶었다고 한다. 말 그대로 포르쉐의 '매운맛'을 드라이브 경험으로 연결해 차별화된 방식으로 고객들과 만난 것이다. 운전과 매운맛은 소비자의 감각을 자극한다는 공통점을 가지면서도, 한편으론 전혀 다른 요소들의 조합이기도 하다. 단순한 시승 이벤트를 새롭고 흥미로운 경험으로 변모시켜, 브랜드 메시지를 창의적이고 감각적으로 전달한 점은 매우 성공적인 마케팅 사례로 평가된다.

포르쉐는 이러한 소비자의 감성적 경험과 라이프스타일을 반영한 다양한 디자인 협업을 선도하는 독보적인 자동차 브랜드다. 특히 자동차 브랜드 최초로

하이엔드는 상품을 팔지 않는다

포르쉐 스튜디오 분당

선보인 하이엔드 레지던스 '포르쉐 디자인 타워'는 자동차를 타고 직접 고층 아파트에 주차할 수 있는 혁신적인 주거 공간을 구현했다. 이는 포르쉐가 소비자의 라이프스타일과 밀접하게 연결되길 바라는 기대와 열망을 반영한 것으로, 브랜드가 추구하는 디자인 철학을 상징적으로 보여준다. 또한 포르쉐의 미래 리테일 전략을 반영한 '포르쉐 스튜디오'는 브랜드 철학과 라이프스타일을 체험할 수 있는 몰입형 공간으로, 청담, 한남, 성수, 송파, 분당 등 국내 주요 지역을 비롯해 전 세계 여러 도시에서 운영되고 있다. 이곳은 전시와 이벤트를 통해 고객, 예술, 브랜드를 연결하는 커뮤니케이션 허브의 역할을 수행하고 있다.

　이처럼 포르쉐의 하이엔드 전략을 실현하는 핵심적인 요소는 브랜드 고유의 원칙을 지키면서도, 시대 변화에 맞춰 고객이 기대하는 그 이상의 감동과 경험을 제공함으로써 지속적인 신뢰를 구축해 나가는 데 있다.

형태는 기능을 따른다.
포르쉐

"포르쉐는 나의 로망이지!" 누구나 한 번쯤 꿈꾸는 '드림카'라는 표현이 잘 어울리는 포르쉐는, 일반 자동차 브랜드와는 차별화된 특별한 역사를 가지고 있으며, 하나의 거대한 패밀리와도 같다. 창업자 가문의 영향력이 현재까지 이어지고 있는 브랜드이기 때문이다. 이러한 소속감은 포르쉐 커뮤니티에서 느낄 수 있다. 1952년 설립된 클럽은 현재 세계 86개 국가에 걸쳐 700여 개로 구성돼 있으며, 총 회원 숫자는 약 240,000명이다. 가장 큰 규모의 클럽은 미국에 있으며 150,000여 명의 회원이 가입돼 있다. 이처럼 포르쉐 클럽은 전 세계의 자동차 애호가 협회 중 가장 규모가 크고 유서 깊은 커뮤니티로 알려져 있다.

포르쉐의 전설

포르쉐가 거대한 팬덤을 형성한 이유 중 하나는 설립자인 페르디난트 포르쉐 Ferdinand Porsche 박사의 전설도 한 부분을 차지한다. 그는 디자인부터 기술 분야까지 자동차에 관한 모든 부분에서 천재적인 재능을 갖고 있었다. 14세부터 전기 회사의 엔지니어로 일했던 그는 1900년, 25세의 나이로 파리 국제박람회에 자신이 직접 만든 차를 출품했고, 1906년에는 직접 설계한 자동차를 몰고 장거리 레이스에서 우승을 차지했다. 그리고 1931년, 마침내 자신의 이름을 딴 포르쉐 엔지니어링 사무소를 설립했다. 이후 아돌프 히틀러의 요청으로 국민차인 '카데에프 바겐KdF-Wagen'을 선보였는데, 제2차 세계대전이 발발하면서 민간 생산은 거의 중단됐다가, 종전 후 대중 친화적인 자동차인 폭스바겐 비틀로 발전하게 되었다. 비틀은 훗날 포르쉐 브랜드 탄생의 기반이 된다. 이렇듯 포르쉐 역사에는 아돌프 히틀러와 폭스바겐, 라인강의 기적까지 20세기 독일의 현대사가 고스란히 투영돼 있다.

포르쉐 브랜드의 역사적인 첫 차인 356 No.1 로드스터는 1948년 오스트리

포르쉐 356, 1953

아 그뮌트에서 탄생했다. 이 356을 만든 인물은 설립자의 아들인 페리 포르쉐^{Ferry} Porsche였다. "처음에 주위를 둘러보았지만 내가 꿈꾸던 자동차를 찾을 수가 없었어요. 그래서 내가 직접 만들기로 결심했습니다". 그의 노력으로 포르쉐라는 이름의 스포츠카가 세상에 첫 등장한 후 밝힌 소감이다. 이 말은 포르쉐의 창립 배경을 설명할 때 자주 인용되는 문구로 관련 인터뷰, 다큐멘터리, 역사책 등에 등장한다. 356은 세대를 거듭하며 디자인과 성능을 향상시켜 전 세계적으로 큰 성공을 거두었고, 1965년까지 총 7만 8,000여 대가 판매되는 성과를 이루었다.

이후 1964년 출시된 후속 모델 911은 포르쉐 브랜드를 대표하는 아이콘으로 자리 잡아 현재까지 그 명성을 이어가고 있다. 1986년에는 959로 파리 다카르 랠리 우승을 차지하며 포르쉐의 기술력을 전 세계에 입증했고, 2002년에는 브랜드 최초의 SUV 카이엔을 발표했다. 카이엔은 출시 당시 포르쉐 고유의 스포츠카 이미지와 맞지 않는다는 이유로 일부 마니아들 사이에서 논란이 되기도 했지만, 지금은 포르쉐를 대표하는 인기 모델로 자리 잡았다. 핵심 모델인 911, 박스터Boxster, 카이맨Cayman과 같은 스포츠카를 비롯하여, 파나메라Panamera 패스트백 세단, 타이칸Taycan 전기 스포츠카, 카이엔Cayenne, 마칸Macan SUV, 하이브리드 슈퍼카 918 스파이더918Spyder918까지 다양한 라인업을 선보이고 있다.

현재 포르쉐 AG의 대주주는 폭스바겐 그룹이지만, 여전히 포르쉐 가문과 피에히Piëch 가문이 주요 지분을 보유하고 있으며 이사회에서 영향력을 행사하고 있다. 포르쉐의 여정을 들여다보면 순탄치 않은 사건들이 함께한다. 세계대전, 가족 간의 유산 분쟁, 세계적인 경기불황 등 수많은 도전과 시련 속에서도 끈질긴 생명력으로 오늘날까지 성장해왔다. 세계적인 브랜드의 서사에는 굴곡진 역사가 존재하기 마련이다. 그러나 포르쉐는 이러한 역경 속에서도 기업 정신, 창의성, 도전 정신을 바탕으로 하이엔드 브랜드로서의 핵심 가치를 확립하며 오늘날의 독보적인 위치로 자리매김하게 되었다.

포르쉐 디자인의 진화

포르쉐는 자동차뿐만 아니라 시계, 패션, 사무용품, 가구, 조명 등 라이프스타일을 반영한 다양한 제품 디자인으로도 잘 알려져 있다.

2024년에는 이탈리아 에스프레소 머신 브랜드 라 마르조코La Marzocco와 손을 잡고 '리네아 미크라Linea Micra'를 출시했다. 이 제품은 911개 한정 리미티드 에디션으로 제작됐다. 특히 '마티니 레이싱 에디션Martini Racing Edition'은 1973년 전설적인 타르가 플로리오Targa Florio 내구 레이스에서 우승한 포르쉐 911 카레라Carrera RSR에서 영감을 받아 디자인되었다. 포르쉐의 속도계를 떠오르게 하는 스팀 및 온수 손잡이와 아날로그 압력 게이지가 특징인 이 모델은 출시 당일 8시간 만에 전량 매진되었다.

스튜디오 F. A. 포르쉐는 페르디난트 알렉산더 포르쉐Ferdinand Alexander Porsche가 설립한 독립적인 디자인 회사로, 포르쉐의 자동차에서 영감을 받은 라이프스타일 제품, 가구, 소비재 등 다양한 분야에서 혁신적이고 포괄적인 디자인 철학

리네아 미크라 에스프레소 머신, 마티니 레이싱 에디션, 상하이 커피 페스티벌, 2024

을 구현하고 있다.

페르디난트 알렉산더 포르쉐는 브랜드 역사상 가장 상징적인 모델 중 하나인 911을 디자인한 핵심 인물이다. 그러나 1970년대 초, 포르쉐가 상장 기업으로의 전환 과정을 거치며 오너 일가는 사업 운영에서 한발 물러나야만 했다. 이때 페르디난트 알렉산더 포르쉐도 새 규정에 따라 수석 디자이너 자리를 내려놓았고, 감독 위원회직만 유지하게 되었다. 이후 그는 1972년 슈투트가르트에 스튜디오 F. A. 포르쉐를 설립하며 독립적인 디자인 활동을 시작했으며, 그의 철학과 디자인 언어는 오늘날 포르쉐의 다양한 디자인 제품에서도 여전히 찾아볼 수 있다.

현재 이곳은 포르쉐 디자인 프로젝트뿐만 아니라 다양한 산업 분야로부터 의뢰를 받으며, 그 활동 범위를 지속적으로 넓히고 있다. 설립 후 지난 53년간 이 스튜디오가 디자인하지 않은 분야는 거의 없다고 해도 과언이 아닐 정도로 안경, 필기도구, 가구를 비롯해 트램, 페인트 건, 제약용 캡슐 충전 기계까지 폭넓은 영역에서 독창적인 디자인을 선보여 왔다.

특히 버튼 하나만 누르면 의자가 침대로 변신하는 캐세이 퍼시픽 항공사의 비즈니스 클래스 좌석, 클래식 콘서트 피아노의 미학적 강점을 고스란히 담아낸 알파 피아노사의 전자 피아노, 그리고 하이엔드 주택인 포르쉐 디자인 타워의 인테리어 등은 스튜디오의 창의성과 기술력을 잘 보여주는 대표적인 사례들이다.

이처럼 스튜디오 F. A. 포르쉐는 브랜드 디자인 철학을 기반으로 다양한 산업 분야에서 독창적인 솔루션을 제시하고 있다. 특히 리미티드 에디션을 통해 희소성과 고급스러움을 부각시켜 하이엔드 고객층의 충성도를 높이는 전략을 구사하며, 포르쉐 디자인의 독보적인 위상을 확립하고 있다.

라이프스타일의 정점을 찍다.
포르쉐 디자인 타워

'포르쉐 디자인 타워 마이애미'는 2017년에 완공된 브랜드 최초의 주거 프로젝트로 브랜드의 독창적인 스타일과 첨단 기술, 그리고 디자인 철학을 반영한 하이엔드 레지던스 타워다. 60층 높이에 132개의 특별한 주거 유닛으로 구성된 이 타워의 가장 주목할 만한 특징 중 하나는 혁신적인 주차 시스템이다. 입주민은 자신의 자동차와 함께 지상 1층 로비에서 고층 아파트까지 편리하게 이동 가능하며, 거실에 앉아 해변을 바라보며 자신의 슈퍼카도 함께 감상할 수 있다. 이러한 설계는 자동차 애호가들에게 최상의 환경을 제공하며, 하이엔드 라이프스타일의 새로운 기준을 제시하고 있다.

독창적인 자동차 엘리베이터 시스템인 '데저베이터Dezervator'는 독일 데지 디벨롭먼트Dezer Development와 시거 수아레스 아키텍츠Sieger Suárez Architects의 협업으로 탄생되었다. 각 세대에는 2~4대 차량을, 펜트하우스는 최대 11대까지 주차할 수 있도록 설계됐다. 어메니티 시설로는 테라스와 전용 스파, 최첨단 피트니스 센터를 비롯해 영화관, 골프 시뮬레이터를 갖춘 게임룸, 멀티 클럽룸 등의 시설을 갖추고 있어 입주민들의 라이프스타일을 더욱 풍요롭게 만든다. 또한 포르쉐가 디자인한 주거 시설답게 '카 컨시어지' 서비스도 제공하며 정비, 타이어 관리, 세차 등 차량 관리 전반에 걸친 맞춤형 서비스를 지원한다.

미국 프로축구 리그로 이적한 세계적인 축구선수 리오넬 메시가 선택해서 더 유명해진 포르쉐 디자인 타워는 그 이름에 걸맞게 포르쉐 고객들의 꿈을 실현하는 상징적인 공간이다. 브랜드의 독창적 감각과 자동차 문화에 대한 깊은 이해를 하이엔드 주거 경험에 접목한 포르쉐 디자인 타워는 브랜드의 독창적 감각과 자동차 문화에 대한 깊은 이해를 바탕으로 하이엔드 라이프스타일을 구현한 혁신적인 공간을 제시했다는 점에서 특별한 의미가 있다.

포르쉐 디자인 타워 마이애미, 2017

하이엔드 주거의 새로운 기준, 포르쉐 디자인 타워 방콕

2024년 8월, 포르쉐 AG는 2번째 하이엔드 레지던스 '포르쉐 디자인 타워 방콕'을 공개했다. 포르쉐와 태국의 부동산 개발 기업 아난다 디벨롭먼트^{Ananda Development}가 협력한 이 타워는 방콕의 수쿰빗 소이^{Sukhumvit Soi} 38 지역에 위치하며, 525~1,135㎡의 면적으로 22개의 듀플렉스 및 쿼드플렉스 유닛으로 구성된다. 가격대는 약 1,500만 달러에서 최대 4,000만 달러에 이르며, 2028년 말 완공을 목표로 하고 있다.

이 타워는 포르쉐 창립자 페르디난트 포르쉐의 "형태는 기능을 따른다."[17]는 디자인 철학을 반영하며, 입주자 개개인의 취향과 생활 방식을 고려한 맞춤형 공간으로 설계됐다. 특히 '패션 스페이스^{Passion Spaces}'라는 럭셔리 개인 차고는 주차 공간의 기능뿐만 아니라 자동차 컬렉션을 보관하고, 특별한 이벤트나 사교 모임, 다양한 취미 활동을 즐길 수 있는 다용도 공간으로 만들어졌다. 건물 중앙에 있는 나선형 차량 진입로 '더 루프^{The Loop}'는 패션 스페이스와 연결되며 마이애미 타워의 엘리베이터 시스템에서 더 진화한 형태로 구현되었다.

타워 외관은 포르쉐 911 타르가의 루프 메커니즘에서 영감을 받아 설계된 키네틱 무브^{Kinetic Move}를 적용한 자동화 도어 시스템을 특징으로 한다. 이 시스템은 실내외 공간을 자연스럽게 연결하며, 탁 트인 개방감을 느낄 수 있게 한다. 또한 건물의 '엑스 프레임^{X-Frame}' 기단 구조는 포르쉐의 미션 R 컨셉카[18]의 외골격 구조를 적용한 디자인으로 주 출입구에 강렬한 첫인상을 더한다.

21층, 95m 높이의 타워 상단에는 포르쉐 스포츠카의 상징적인 라이트 디자인을 모티브로 한 '더 크라운^{The Crown}'이 설치돼 건물의 스카이라인을 더욱 돋보이게 만들어준다. 내부 주거 공간은 포르쉐의 디자인 철학을 섬세하게 구현했으며, 주방은 맞춤형 가전과 함께 전동 서랍 및 캐비닛 도어를 적용해 손을 사용하지 않고도 작동할 수 있도록 설계됐다. 어메니티 시설로는 수영장, 퍼포먼스 피트니스 센터, 스파, 소셜 라운지, 비즈니스 라운지 등이 갖춰져 있어, 입주자를 위한 서비스 디자인의 완성도를 한층 더 높였다는 평가를 받고 있다.

포르쉐 디자인 타워 방콕

포르쉐 디자인 타워 방콕의 주거 유닛 (상)
패션 스페이스 (하)

포르쉐 타워가 위치한 곳은 최근 방콕에서 가장 트렌디한 거리로 떠오르고 있는 통로Thonglor 지역으로, 럭셔리 콘도와 호텔들이 즐비하며 골목마다 카페, 레스토랑, 바, 상점 등 복합 문화 공간들이 밀집해 있다. 또한 이 지역은 BTSBangkok Mass Transit System역과 인접해 있어 편리한 교통 환경을 갖추고 있다.

하이엔드 주거는 최적의 입지, 정교한 설계와 디자인, 혁신적인 기능, 맞춤형 서비스가 조화를 이루며 소비자에게 차별화된 라이프스타일을 제공할 수 있어야 한다. 포르쉐 디자인 타워는 이러한 요소를 충족시키며, 도시와 인근 거주자들에게 새로운 영감을 주는 공간으로 주목받고 있다.

커뮤니티 허브, 커비스탄

'커비스탄Curvistan'은 포르쉐 애호가들을 위한 독창적인 문화 공간으로 자동차 문화, 예술, 디자인 등 다채로운 라이프스타일이 어우러진 특별한 경험을 선사한다. 이곳은 커브스Curves 매거진의 창립자이자 포르쉐 애호가인 슈테판 보그너 Stefan Bogner와 태국 기업가 차논드 루앙크릿야Chanond Ruangkritya의 협력으로 탄생한 공간이다. 두 사람은 아시아 최대의 포르쉐 커뮤니티 모임인 다스 트레펜Das Treffen을 계기로, 자동차뿐만 아니라 예술, 디자인을 논하고 영감을 나눌 수 있는 공간의 필요성을 느꼈고, 커비스탄의 설립으로 이어지게 되었다.

이 커뮤니티 공간의 활성화 전략에는 현지 디자인 파트너들의 탄탄한 네트워크가 핵심적인 역할을 하고 있다. 다스 트레펜은 희소성이 높은 클래식카와 한정판 슈퍼카를 선보이는 이벤트를 개최하며, 태국 내 포르쉐 커뮤니티의 성장을 지원하는 독립 매거진을 발행해 포르쉐의 세계관을 널리 알리고 있다.

또한 방콕에서 다양한 바를 운영하는 소크라테스 딜리셔스 시럽 컴퍼니와 스페셜티 커피 업계를 선도해 온 더 커피 아카데믹스는 커비스탄의 음료 서비스를 총괄하면서 방문객들에게 수준 높은 미식 경험을 제공하고 있다. 스위스의 디자인 브랜드 비트라Vitra는 포르쉐와의 협업을 통해 타임리스 한 가구와 라이프스타일 제품을 선보이고 있으며, 첫 번째 전시회인 《포르쉐: 디자인 매니페스토

포르쉐 복합문화 공간 커비스탄 방콕

Porsche: A Design Manifesto》에서는 스포츠카뿐만 아니라 시계, 선글라스, 건축 등 포르쉐의 디자인 철학과 브랜드 미학을 다양한 분야로 확장한 통합적 비전을 보여주었다.

이렇듯 커비스탄은 포르쉐의 라이프스타일과 예술, 디자인을 아우르는 중요한 전략적 허브 역할을 하고 있다. 이 공간은 포르쉐 팬들에게 브랜드 철학을 경험할 수 있는 독창적인 플랫폼을 제공하며, 현지화된 접근을 통해 포르쉐의 새로운 영향력을 넓히는 데 기여하고 있다.

포르쉐는 자동차 디자인을 넘어 라이프스타일 제품, 가구, 산업 디자인, 레지던스, 호텔에 이르기까지 디자인 영역을 확장하며 소비자와 다각도로 소통하고 있다. 특히 예술과 융합된 혁신적인 건축과 공간을 통해 진보적이고 독창적인 비전을 구현하며, 브랜드의 여정을 이어가고 있다. 이와 같은 비즈니스 확장 전략은 새로운 라이프스타일 영역에서 소비자와의 관계를 공고히 하며, 브랜드의 미래 가치를 강화하는 핵심적인 역할로 자리잡고 있다.

포르쉐의 예술적 진화,
아트카

자동차 그 자체로 아트를 표방하는 포르쉐는 다양한 아티스트들과의 협업을 통해 새로운 예술적 가치를 창출하고 있다. 이러한 협업을 통해 탄생한 아트카는 컨셉카로 발표되거나 디지털 아트 작품과 고객 맞춤형 한정판으로 제작돼 소장 가치를 극대화하고 있다. 또한 실제 레이싱에 참가하는 자동차에 예술적 요소를 더해 모빌리티 디자인의 새로운 가능성을 제시한다. 이처럼 포르쉐는 예술과 디자인의 융합을 통해 고유의 브랜드 아이덴티티를 더욱 깊이 있게 전달하며, 고객들에게 특별한 경험과 가치를 선사하고 있다.

하이퍼리얼리즘 아티스트 리처드 필립스Richard Phillips는 포르쉐와의 협업을

하이엔드는 상품을 팔지 않는다

리처드 필립스의 포르쉐 타이칸 아트카, 2020

통해 예술과 자동차의 융합을 독창적으로 표현해 왔다. 2020년, 그는 포르쉐 타이칸 4S를 위해 스위스 풍경화가 아돌프 디트리히Adolf Dietrich의 작품에서 영감을 받은 작품 〈밤의 여왕Queen of Night〉을 새로운 방식으로 재해석해 차량에 구현했다. 이는 필립스의 두 번째 포르쉐 아트카로, 2019년에는 드라이버 외르크 베르그마이스터와 함께 〈Porsche 911 RSR Art Car〉를 디자인하여 르망 24시 내구레이스 GTE Am 클래스에서 우승을 차지하며 많은 화제가 되었다.

2021년에는 포르쉐 호주 진출 70주년을 기념해 디자이너 나이젤 센스Nigel Sense와 협업해 디지털 타이칸 에디션을 선보였고, 2023년에는 영국 예술가 베네딕트 래드클리프Benedict Radcliffe가 포르쉐 911을 재해석한 와이어프레임 조형 작품을 발표했다. 이 작품은 디지털 디자인과 실제 조형 예술을 결합한 독창적인 아트카로서 브랜드의 예술적 확장을 보여주는 대표적인 사례로 주목받았다.

디지털 아티스트, 크리스 라브루이

크리스 라브루이Chris Labrooy는 스코틀랜드 출신의 디지털 아티스트로, 자동차를 주제로 한 독특하고 상상력 넘치는 작품을 선보이는 작가다. 산업 디자인을 전공하며 제품 디자인에 대한 기초를 다진 그는 디지털 시각화와 예술적 표현을 결합해 몽환적이고 독창적인 스타일을 확립했다. 특히 자동차를 유머러스하면서도 비현실적인 방식으로 재해석해 독창적인 작품 세계를 구축했다.

어린 시절 크리스 라브루이는 자동차를 가지고 놀며 그림을 그리거나 레이싱 게임을 하면서 디자인에 자연스럽게 매료됐다고 한다. 그는 자동차를 '궁극적인 욕망의 대상'이라고 표현하며, 작품 속에서 자동차를 할리우드 스타와 같은 독특한 개성과 다재다능함을 지닌 존재로 그려낸다.

〈포 핑크 포르쉐 카레라 RSFour Pink Porsche Carrera RS〉는 4대의 핑크색 포르쉐 카레라 RS를 중심으로 초현실적인 장면을 연출하며 시각적으로 강렬한 임팩트를 준다. 또한 포르쉐 996 모델을 백조 형상으로 재해석한 〈996 스완 카996 Swan Car〉는 자동차의 기능적 아름다움과 조형적 자유로움을 동시에 표현한 상징적인 작품으로 눈길을 사로잡는다. 유년 시절 꿈을 담은 〈드림 빅Dream Big〉은 포르쉐 911의 60주년을 기념해 제작됐으며, 글로벌 투어를 거쳐 2023년 서울 송파구 롯데월드타워의 《911 드림 파크》에서 마지막으로 전시됐다. 이 작품은 작가의 어린 시절 환상을 모티프로 구현했는데, 헬멧을 쓴 사람이 포르쉐 911 카레라 4 쿠페를 장난감처럼 가지고 노는 장면을 표현했다. 실제로 보면 더욱 친근하고 유쾌한 분위기의 이 전시는 어린아이들에게 드림카에 대한 상상력을 심어줄 수 있는 흥미로운 경험을 선사했다.

그는 자동차를 문화적 아이콘이자 예술적 오브제로 바라보며, 이를 독창적인 형태로 재해석한다. 이러한 접근 방식은 포르쉐의 감성적인 브랜딩 전략과도 맞닿아 있다. 그의 작품은 자동차 애호가뿐만 아니라, 예술과 디자인을 사랑하는 많은 이에게 깊은 감동과 영감을 선사하며, 포르쉐의 감각적인 마케팅 전략에 강렬한 상징성을 부여했다.

크리스 라브루이의 포 핑크 포르쉐, 카레라 RS (상)
크리스 라브루이의 드림 빅, 포르쉐 911 (하)

미래의 유산, 다니엘 아샴

역사와 시간을 초월한 미래 유산을 표현하는 현대미술가 다니엘 아샴Daniel Arsham 의 포르쉐 911 작품이 2020년 6월 서울에서 전시됐다. 포르쉐 911 카레라 4S를 기반으로 제작된 이 작품은 전체 바디에 섬세하게 녹아든 크리스털과 함께, 시간을 초월하는 그의 예술 철학을 담아냈다. 단순한 전시 작품이라고 생각하기 쉽지만, 놀랍게도 실제 주행이 가능하도록 제작되었다. 미래에서 온 듯한 이 작품을 타고 달린다면, 마치 타임머신을 타고 시공간을 여행하는 듯한 감각을 선사할 것이다. 다니엘 아샴의 '911 터보 930A 프로젝트'도 큰 주목을 받았다.

그는 어린 시절부터 운동화, 카메라를 비롯해 포르쉐의 여러 모델을 그리며 시간을 보냈으며, 특히 전설적인 자동차 911 터보에 남다른 애정을 가졌다고 한다. 이 열정은 작품 세계로도 이어져, 1986년 포르쉐 911 터보(타입 930)의 복원과 재해석을 통해 〈930A〉라는 독창적인 결과물로 완성됐다. 이 프로젝트는 그의 오랜 꿈을 실현하는 과정이었으며, 2년여의 여정 끝에 원형을 보존하면서도 디테일 하나하나에도 심혈을 기울여 완성도 높은 작품을 탄생시켰다. 이제 그의 911 터보는 역사와 시간을 아우르는 포르쉐 레이싱의 유산이자, 주행 가능한 예술작품으로 남게 되었다.

2023년, 다니엘 아샴은 1978년식 포르쉐 928을 기반으로 한 레트로 퓨처리즘 작품 〈네뷸러 928Nebula 928〉을 오스틴에서 열린 세계 최대 창조산업 축제 SXSWSouth by Southwest의 포르쉐 X 스페이스에서 선보였다. 다니엘 아샴은 빈티지 포르쉐 모델에 부식되고 시간이 흐른 듯한 질감을 적용해 역사와 미래가 교차하는 신비로운 유산으로 재탄생시켰다. 외관은 보라색 금속 소재로 마감했으며, 맞춤형 멀티 스포크 휠, 과장된 후면 스포일러로 미래적인 분위기를 표현했다. 실내는 벨벳, 가죽, 패브릭이 조화를 이루며 풍부한 질감을 완성했다. 전면과 후면 범퍼 디자인은 영국 아티스트 키질 살림Khyzyl Saleem이 참여해 클래식한 포르쉐 모델에 신선한 매력을 더했다.

이러한 다니엘 아샴의 프로젝트들은 포르쉐 디자인에 새로운 미학적 정체성

하이엔드는 상품을 팔지 않는다

다니엘 아샴의 포르쉐 911, 포르쉐 스튜디오 청담, 2020

을 부여함과 동시에, 그의 예술 세계를 통해 고전과 현대, 현실과 미래의 경계를
넘나드는 독특한 경험의 세계로 이끌었다.

다니엘 아샴은 1980년 미국 오하이오주 클리블랜드 출생으로 현재 뉴욕을
기반으로 활동하고 있는 현대미술 작가다. 뉴욕 쿠퍼 유니언대학에서 회화를 전
공한 후, 2007년 마이애미에서 '더 하우스The House'를 창립하면서 본격적으로 작
품 활동을 시작했다. 색맹이라는 불리한 조건을 극복하며 예술적 여정을 이어온
그는 초기 작품에서 무채색을 활용한 작업으로 주목받았다. 이후 색감 교정 안
경의 도움을 받아 더욱 풍부한 색채를 사용하며 작품 세계를 넓혔고, 현대 문명
과 유적 발굴을 새로운 시각으로 풀어내는 '상상의 고고학Fictional Archaeology' 개념
을 통해 예술계에서 독보적인 위치를 구축하고 있다.

다니엘 아샴의 작품은 2024년 7월 한국에서도 소개됐다. 서울의 천 년 후 미
래를 배경으로 한 《다니엘 아샴: 서울 3024 발굴된 미래》전은 총 250점에 달하

는 작품을 선보이며 관객의 시선을 사로잡았다. 조각 박물관, 포켓몬 동굴, 분절된 세계, 발굴 현장, 기묘한 벽, 드로잉 호텔, 21세기 시네마, 아카이브 스튜디오, 퓨처 스테이지의 9개 섹션으로 구성된 다니엘 아샴의 작품들은 마치 미래에서 발굴한 듯한 유물 형태로, 과거, 현재, 미래를 초월한 세계에 와 있는 듯한 신비로운 경험을 안겨주었다.

어린 시절 마이애미에서 허리케인을 경험하면서 폐허가 된 도시에서 인간의 무력함과 문명의 덧없음을 느꼈던 다니엘 아샴은 2010년 남태평양 이스터섬을 방문해 유물발굴 현장을 보면서 깊은 영감을 받았다고 한다. 그의 미래 유산 작품은 다양한 시대와 문화, 장르를 아우르며 고전 조각상부터 옷, 가방, 카메라, 전화기 등 다양한 오브제에 광물을 주조하거나 금속을 부식시켜 독특한 아름다움을 보여준다. 특히 조각상들의 주형을 본떠 만든 〈밀로의 비너스Venus of Milo〉와 〈아를의 비너스Venus of Arles〉는 기념비적인 조각상을 화산재, 방해석, 황철석 등 지질학적 시간을 상징하는 광물과 수정을 융합해 고전과 현대, 과거와 미래를 아우르는 새로운 시각으로 재조명되었고, 작품의 섬세한 디테일은 감동을 자아냈다.

그의 작품 중 건축의 왜곡과 해체를 표현하는 〈건축적 변칙Architecture Anomalies〉은 고무처럼 늘어나거나 부드러운 천처럼 흘러내리는 형상을 통해 기존 물성을 재해석했으며, 〈추락하는 시계Falling Clock〉는 마치 혜성처럼 떨어지는 시계 형상을 벽에 걸어 시간의 흐름과 상실을 은유적으로 표현했고, 〈숨겨진 형상Hidden Figures〉도 천으로 둘러싸인 사람들의 형상을 통해 현실의 왜곡을 상징적으로 나타냈다.

다니엘 아샴의 다양한 아트 컬래버레이션도 주목할 만하다. 2004년 미국의 전설적인 안무가 머스 커닝햄Merce Cunningham의 무대 디자인으로 시작으로, 뮤지션 퍼렐 윌리엄스Pharrell Williams, 더 위켄드The Weeknd를 비롯한 여러 아티스트들과 협업하며 그 영역을 확장해 왔다. 또한 포르쉐를 비롯하여 디올, 티파니앤코 등 자동차, 쥬얼리, 패션 분야의 다양한 브랜드와 협업을 통해 그의 독창적인 비전을 담아냈다. 포르쉐와 다니엘 아샴의 아트 컬래버레이션은 브랜드의 헤리티지

하이엔드는 상품을 팔지 않는다

다니엘 아샴: 서울 3024 발굴된 미래, 숨겨진 형상, 서울 롯데 뮤지엄, 2024

와 미래 비전을 예술적으로 전달하며, 브랜드 가치를 한층 더 높이는 중요한 밑거름이 됐다. 이러한 독창적인 예술작품들은 포르쉐가 기존 고객의 충성도를 강화하는 동시에, 새 고객층을 늘리고 시장 접근성을 확장하는 데 기여했다.

예술과 공간 디자인의 융합은 고객에게 차별화된 감각적 경험을 제공하며 브랜드와의 정서적 연결을 강화하는 핵심 요소로 작용한다. 이를 통해 포르쉐는 고유한 디자인 철학을 바탕으로 새로운 비즈니스 가치를 창출하며, 브랜드의 정체성과 경쟁력을 한층 더 견고히 하고 있다.

포르쉐의 브랜드 혁신 코드

포르쉐는 브랜드 고유의 아이덴티티를 예술적 방식으로 재창조하며, 하이엔드 시장에서 선도적인 위치를 확립하고 있다. 포르쉐의 브랜드 전략은 라이프스타일 디자인, 예술적 협업, 기술 개발, 고객 경험에 이르기까지 전방위적으로 적용된다.

포르쉐의 디자인 철학은 '형태는 기능을 따른다'는 원칙을 기반으로, 기술적 성능과 디자인 미학의 균형을 추구하며 브랜드의 유산과 혁신을 담아낸다. 전통적인 스포츠카 911을 비롯해 SUV 카이엔, 전기 스포츠카 타이칸, 하이브리드 슈퍼카 918 스파이더에 이르기까지 포르쉐는 기술 혁신과 감성적 디자인을 통해 고객의 다양한 니즈를 충족시키고 있다. 특히 타이칸은 포르쉐의 전동화 전략을 대표하는 모델로, 2024년 출시된 신형 모델에서는 성능과 주행거리가 대폭 향상되며 미래지향적인 브랜드 비전을 구현하고 있다.

다양한 예술 및 문화 프로젝트를 바탕으로 예술적 정체성을 강화하고 있는 포르쉐는 다니엘 아샴, 크리스 라브루이, 리처드 필립스와 같은 세계적인 아티스트와의 협업으로 탄생한 아트카를 통해 자동차 디자인의 새로운 가능성을 보여주며, 브랜드의 문화적 가치를 확장하는 데 중요한 역할을 하고 있다.

또한 자동차 시장을 넘어 건축, 예술, 패션, 라이프스타일 디자인에 이르는 다양한 분야로 영역을 확장하며 새로운 시장 개척에 중점을 두고 있다. 스튜디오 F. A. 포르쉐는 이러한 비전의 중심에 서서, 독창적이고 혁신적인 디자인을 통해 다양한 제품군에서 브랜드 정체성을 구현하고 있다. 가구, 시계, 전자제품 등에 적용된 '한정판 전략'은 희소성과 차별된 디자인을 통해 고객 충성도를 높이고 있으며, 포르쉐 디자인 타워와 같은 혁신적인 주거 프로젝트는 포르쉐의 라이프스타일 전략을 극대화하는 사례로 주목받고 있다. 자동차와 주거 공간의 경계를 허문 포르쉐 디자인 타워는 혁신적인 카 엘리베이터 시스템을 구현하여 슈퍼카를 펜트하우스 거실에서 감상할 수 있는 특별한 경험을 선사하며, 브랜드 철학을 담은 상징적인 공간으로 자리 잡았다. 이는 소유의 개념을 넘어선 '새로운 경험적 가치'를 제시한다.

글로벌 커뮤니티는 포르쉐의 중요한 전략적 자산 중 하나로, 포르쉐 클럽과 커비스탄, 그리고 포르쉐 스튜디오는 고객들이 브랜드 철학을 공유하고 디자인과 예술적 경험을 나눌 수 있는 커뮤니티 허브로 자리 잡고 있다. 이는 브랜드와 고객 간의 정서적 유대감을 강화하며, 고객 충성도를 높이는 데 중요한 역할을 하고 있다.

감각적인 마케팅 캠페인 또한 포르쉐의 경쟁력을 높이는 핵심 요소다. 카이엔 테이스트 드라이브와 같은 독창적인 시승 이벤트는 운전과 핫소스라는 감각적 경험을 연결해 브랜드 메시지를 창의적이고 감성적으로 전달한다. 이러한 전략을 통해 **포르쉐는 자동차 브랜드를 넘어 시대를 초월하는 라이프스타일 아이콘으로 자리매김하며, 고객들에게 특별한 감동과 가치를 제공하는 브랜드로서의 독보적인 입지를 공고히 하고 있다.**

호텔,
미술관이 되다

| 미술관에서 맞이하는 가장 특별한 하룻밤 |

세계 3대 박물관으로 손꼽히는 파리의 루브르 박물관은 전 세계에서 가장 많은 방문객이 찾는 명소 중 하나다. 총 38만여 점에 이르는 방대한 소장품을 보유하고 있으며, 현재 전시 중인 작품만 해도 3만여 점으로, 하루 8시간씩 일주일 내내 관람해야 모든 작품을 둘러볼 수 있을 정도의 규모를 자랑한다. 나 역시 루브르를 여러 차례 방문했지만, 그때마다 수많은 관람객들로 가득했었고, 특히 가장 많은 사랑을 받는 〈모나리자Mona Lisa〉 앞은 늘 인파로 가득해 여유롭게 감상하기가 쉽지 않다. 그런데 만약, 이 루브르에서 하룻밤을 보낼 수 있다면 어떤 느낌일까?

2019년 봄, 루브르 박물관은 에어비앤비와 함께 유리 피라미드 오픈 30주년을 기념하는 특별한 이벤트를 개최했다. '모나리자에게 가장 완벽한 게스트가 될 수 있는 이유'라는 주제로 공모전이 진행되었고, 당첨자에게는 루브르에서 하룻밤을 보내는 특별한 경험을 선사했다. 182,000:1의 치열한 경쟁률을 뚫고 당첨된 행운의 주인공은 영국에서 미술품 복원을 공부하고 있는 캐나다 출신의 다니엘라 몰리나리Daniela Molinari로, 루브르에서만 가능한 환상적인 예술적 경험을 만끽했다.

그녀는 〈모나리자〉 앞에서 와인을 마시고, 〈밀로의 비너스Venus De Milo〉 앞에서 저녁 식사를 즐기며, 나폴레옹 3세의 화려한 방에서 어쿠스틱 콘서트를 감상한 후, 피라미드 아래에 준비된 침실에서 파리의 밤하늘을 바라보며 하룻밤을 보내는 특별한 선물을 받았다. 루브르라는 역사적 공간에서의 프라이빗한 예술적 경험은 그녀에게 잊지 못할 감동이 되었을 것이다.

에어비앤비는 문화 체험 프로그램인 '컬처 아이콘'의 일환으로, 2024년 파리 오르세 미술관Musee d'Orsay의 상징적인 시계탑을 초호화 객실로 변신

하이엔드는 상품을 팔지 않는다

시킨 '오르세 미술관에서 맞이하는 아침'을 선보였다. 이 객실은 2024 파리 올림픽 성화봉과 성화대 디자인으로 주목받은 디자이너 마티외 르아뇌르 Mathieu Lehanneur가 디렉팅하여 화제가 되었다. 당첨된 게스트는 센 강변에서 개최되는 올림픽 개막식을 옥상 테라스에서 관람하며 특별한 저녁을 보냈으며, 대중에게 공개되지 않은 인상주의 작품 컬렉션을 둘러볼 수 있는 전용 입장권을 제공받으며 매혹적인 하루를 경험했다.

| 호텔, 예술로 빚어낸 경험의 공간 |

예술에 대한 대중의 관심이 높아지면서, 호텔과 미술관도 다채로운 예술적 이벤트를 통해 고객들에게 독창적인 체험을 선사하는 혁신적인 장소로 변모하고 있다. 고객에게 새로운 경험을 선사하기 위해 호텔 로비나 객실에 조각과 회화를 전시하거나, 전용 갤러리를 운영하고, 다양한 전시회와 이벤트를 진행하는 것이 이제 하나의 트렌드로 자리 잡고 있다.

예술적 감성을 브랜드 이미지와 결합해 그 가치를 높이고, 여행객들에게는 새로운 감동을 선사하는 중요한 요소가 되고 있는 것이다. 대표적인 사례들로 데미언 허스트가 디자인한 팜스 카지노 리조트의 더 엠퍼시 스위트, 알레산드로 멘디니가 디렉팅한 비블로스 아트 호텔, 자하 하디드가 건축부터 가구와 조명까지 설계한 오퍼스 빌딩의 미 호텔과 모르페우스 호텔 등을 들 수 있다.

호텔과 예술의 컬래버레이션은 예술작품이 공간의 일부가 되고, 호텔 자체가 하나의 예술작품으로 재탄생하는 과정으로 이어진다. 이를 통해 호텔은 고객이 예술을 감상하고 경험하는 몰입형 환경으로 진화하며, 브랜드

루브르 박물관 피라미드 아래 설치된 침실, 에어비앤비, 2019

의 스토리텔링을 강화하는 중요한 전략적 플랫폼이 된다. 또한 예술적 요소가 호텔의 브랜드 아이덴티티와 결합하면서 고객의 감성을 자극하는 '경험 마케팅'의 핵심 요소로 작용하며, 궁극적으로 브랜드 충성도를 높이는 강력한 수단이 된다. 이러한 전략적 접근으로 호텔은 예술과 일상의 경계를 허무는 특별한 장소로 거듭나며, 숙박 시설을 넘어 '메타 밸류'를 구현하는 새

하이엔드는 상품을 팔지 않는다

오르세 미술관 시계탑 침실, 에어비앤비, 2024

로운 차원의 가치를 창출해내고 있다.

1. 아트 스테이, 예술 속에서 머물다

데미언 허스트는 현대미술을 논할 때 반드시 등장하는 작가로, 그의 예술적 행보는 우리가 생각해 온 미술에 대한 통념을 재정립하게 만든다. 탁월한 비즈니스 감각을 지닌 데미언 허스트는 예술가로서의 활동뿐만 아니라 예술작품의 판매와 유통에도 적극적으로 참여하는 작가다. 이는 현대미술이 경제적 기반과 어떻게 연결되어 있는지를 잘 보여준다.

그의 작품은 삶과 죽음, 과학과 예술의 경계를 탐구하는 독창적인 철학을 기반으로 하며 패션, 건축, 호텔, 미식 등 다양한 분야와의 협업을 통해 예술의 확장을 시도하고 있다. 데미언 허스트 특유의 도발적이면서도 사유를 자극하는 표현 방식은 상업 공간에서도 강렬한 인상을 남기며 다층적인 경험을 선사한다.

2024년 6월, 밀라노에서 오랜만에 마주한 데미언 허스트 작품은 1997년 작 〈모두가 당신을 바라보는 눈물Tears for Everybody's Looking at You〉이었다. 무척 화창했던 날씨와 대비되는 빗물과 우산이 더 처연하게 느껴지면서 오랫동안 기억에 남았다. 이 작품은 얼굴 없는 인물 위에 검은 우산을 묘사한 프랜시스 베이컨Francis Bacon의 1946년작 〈회화Painting〉에서 영감을 받았다. 현대인의 불안과 고립, 사회적 감시와 정체성의 문제를 탐구하며, 주변 세계와 연결된 복잡한 관계성을 이야기한다. 그 외에도 화이트 가운을 입은 과학자가 담배를 피우며 일하는 모습이 담긴 2000년 작 〈시각의 방식A Way of Seeing〉, 죽음에 대한 은유를 파리의 생애로 표현한 1994년작 〈영감을 기다리며Waiting for Inspiration〉가 전시돼 있었다. 밀라노의 아름다운 전경이 보이는 전시장은 조금은 무거운 주제인 죽음의 의미를 되새기는 작품과 오버랩 되며 더욱 인상 깊게 남았다.

예술을 향유하는 방식은 사람마다 다르며, 같은 작품이라도 그 작품이 놓인 공간에 따라 전혀 다른 분위기를 연출할 수 있다. 그러므로 전시 공간이 아닌 상

데미언 허스트, 모두가 당신을 바라보는 눈물, 1997

업 공간에서의 예술적 협업은 완전히 새로운 맥락에서 해석될 수 있다. 단순히 세계적인 작가라는 이름만으로 맥락에 맞지 않는 작품을 공간에 배치한다면, 본래 의도와는 전혀 다르게 전개될 수도 있다는 의미다. 그만큼 작가의 철학과 작품의 의미를 깊이 이해하는 과정이 반드시 필요하며, 이를 통해 공간과 작품이 시너지를 발휘하여 고객의 공감을 이끌어낼 수 있는 것이다. 문득 몇 년 전 방문했던 런던의 '파머시Pharmacy' 레스토랑이 떠오른다. 데미언 허스트의 다양한 작품으로 디자인된 공간은 예술과 미식이 결합된 독창적인 분위기를 자아냈다. 팝아트적 감성이 돋보이는 인테리어와 그의 대표작인 〈약국Pharmacy〉 시리즈가 어우러져 강렬한 인상을 남겼으며, 예상보다 훌륭한 음식과 세심하게 디자인된 영수증까지 완성도 높은 브랜드 경험을 전달하며 차별화된 가치를 선사했다.

데미언 허스트는 예술가를 넘어 그 이름 자체가 하나의 브랜드가 된, 하이엔드 분야에서 독보적인 위상을 구축하고 있다. 그는 자신의 철학을 담은 실험적인 작품과 공간을 구현하며, 고객과 예술적 경험을 공유하는 과정을 통해 '메타밸류'라는 다층적 가치를 창출해 냈다. 작품 활동과 전시에만 머무르지 않고 사업체를 설립해 다양한 비즈니스 영역으로 확장을 시도한 데미언 허스트의 행보는, 예술가의 창의성과 기업가적 감각을 결합했을 때 어떠한 시너지가 발생할 수 있는지를 보여준다. 그의 실험적인 작품 활동과 하이엔드 브랜드와의 협업은 예술과 상업의 경계를 넘나들며 현대 예술의 역할과 가능성을 재정의하는 데 기여하고 있다.

브랜드가 된 예술가, 데미언 허스트

허스트는 1965년 영국 브리스톨Bristol에서 태어나 잉글랜드의 문화 중심지인 리즈Leeds에서 성장했다. 부모님의 이혼 후 그는 어머니와 외할머니 손에 자랐으며,

홀로 성당에서 시간을 보내며 성화에 깊은 감명을 받았다. 특히 『성경』속 이야기와 그림 속에 등장하는 피의 이미지에 강한 흥미를 느꼈고, 7살이란 어린 나이에 이미 삶과 죽음의 본질에 대해 생각했다고 한다. 비록 그는 가난한 환경에서 자랐지만, 어머니와 외할머니의 따뜻한 사랑 속에서 성장할 수 있었고, 그 사랑은 훗날 그의 가족과 자식을 향한 애정으로 이어졌다.

성당에서의 경험과 함께 대학시절 영안실에서의 아르바이트는 그에게 죽음의 공포와 그 의미에 대해 고민하게 했으며, 이는 작품 전반에 투영되어 나타난다. 〈약장Medicine Cabinets〉 시리즈의 첫 작품인 1988년작 〈죄인Sinner〉은 외할머니가 사용하던 약장을 대상으로 삼았으며, 백금 해골에 다이아몬드를 세공한 작품으로 2007년에 발표한 〈신의 사랑을 위하여For the Love of God〉는 어머니에게 작품 구상을 이야기했을 때 그녀가 무심코 내뱉은 "오, 주님의 사랑을 위하여."라는 말에서 제목을 인용했다. 벚꽃을 주제로 한 작품 역시 그의 어머니가 가장 사랑한 꽃에서 영감을 받은 것이다.

그의 작품들은 죽음을 주제로 해 다소 무거운 분위기를 띠지만, 단순히 어두운 면만을 이야기하지 않는다. 오히려 죽음이라는 모티프를 통해 삶과 사랑, 존재의 소중함을 되새기게 한다.

삶과 죽음의 예술

데미언 허스트는 그의 독창적인 작품 세계를 통해 우리가 예술이라고 생각하지 않았던 것을 예술의 영역으로 끌어들였다. 그의 종교적 믿음이 예술로 전이되면서 구원의 주체로서 예술을 말하고 있으며, 인간의 죽음 이후 세계와 교리에 대한 의문을 작업 속에 녹여냈다.

데미언 허스트의 대표작 중 하나로 가장 큰 화제를 모은 〈신의 사랑을 위하여〉는 신의 관점에서 죽음을 찬미한 작품으로, 그가 멕시코의 '죽은 자의 날'에 본 터키석이 박힌 해골과 그 장식에서 영감을 받아 완성되었다. 멕시코인들은 이날 설탕, 초콜릿 등으로 해골 모양의 조형물과 뼈 모양 사탕을 만들고, 여기에

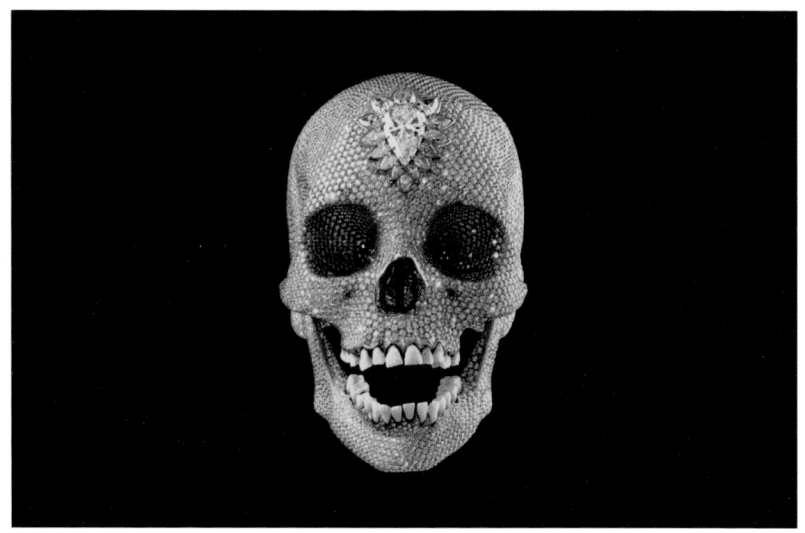

데미언 허스트, 신의 사랑을 위하여, 2007

죽은 사람의 이름을 적어 제단에 올린다. 그리고 생전에 고인이 좋아한 음식과 음악을 즐기며 추모하는 시간을 보낸다. 이 특별한 장례 문화는 죽음이 곧 천국에서 자유롭고 영원한 삶을 시작하는 것이라는 믿음을 반영하고 있다.

이러한 문화에 영향을 받아 탄생한 〈신의 사랑을 위하여〉는 백금으로 주조한 해골에 8,601개의 다이아몬드를 장식하여 삶과 죽음의 경계를 표현했다. 이 작품에 사용된 다이아몬드는 총 1,106.18캐럿에 달하며, 제작비용만 약 190억 원이 소요되었고, 판매가는 918억 원에 달했다. 다이아몬드 해골은 죽음을 향한 궁극의 장식으로 남은 것이다. 이 천문학적인 금액도 결국 해골로 남겨진 죽음 이후에 어떤 의미로 남을 수 있을까. 데미언 허스트는 결국 다이아몬드의 영원성을 통해 삶과 죽음을 향한 본질적인 질문을 던지고 있음을 알 수 있다.

하이엔드는 상품을 팔지 않는다

YBA, 찰스 사치와 만나다

찰스 사치Charles Saatchi와 데미언 허스트의 만남은 현대미술사에서 주목할 만한 순간으로, 1988년 런던 골드스미스대학 재학 시절에 데미언 허스트가 큐레이팅한 첫 번째 전시였던 《프리즈Freeze》가 중요한 계기가 되었다. 당시 그는 런던 항만 근처의 허름한 창고에서 동기생과 졸업생 등 16명과 함께 도전적인 주제와 소재들로 전시를 기획했다.

이 전시를 계기로 찰스 사치는 데미언 허스트와 그의 동료들의 작품을 컬렉팅하기 시작했다. 그는 영국의 광고 재벌이자 사치 갤러리Saatchi Gallery의 설립자로, 데미언 허스트의 〈천년A Thousand Years〉을 보고 즉시 구매 결정을 했고, 〈살아 있는 자의 마음속에 있는 죽음의 물리적 불가능성The Physical Impossibility of Death in the Mind of Someone Living〉을 제작할 수 있도록 지원했다. 이 상어 작품은 최종적으로 2005년에 134억 원에 판매됐는데, 찰스 사치는 이 작품을 약 14년 전 1억 원에 구매했었다. 이는 찰스 사치의 안목과 후원이 데미언 허스트와 작가들에게 얼마나 중요한 역할을 했는지 잘 보여주는 사례다.

이후 1992년 사치 갤러리에서 열린 《젊은 영국 예술가들young British artists》이라는 대규모 전시는 데미언 허스트와 그의 동료 작가들을 전 세계에 알리는 중요한 계기가 되었고, 이들은 '이바YBA'라고 불리며 주목받기 시작했다. 이들을 향한 관심은 1997년 로열 아카데미에서 열린 《센세이션Sensation》 전시로 이어지면서, 현대미술사의 흐름을 바꾸는 데 큰 영향을 미쳤다. 이 전시는 제목 그대로 파격적인 포스터와 함께 센세이셔널한 작품들을 선보였다.

마커스 하비Marcus Harvey의 〈마이러Myra〉라는 작품은 마이러 힌들리Myra Hindley라는 아동 연쇄살인범의 초상화로, 아이들의 손자국을 모자이크처럼 형상화해 많은 비판과 논란을 일으켰다. 전시장 앞에는 시위가 벌어졌고, 작품이 테러를 당하는 등의 사건도 발생했다. 사회적 메시지를 전달하려는 작가의 의도는 알겠으나, 굳이 아이들까지 동원해서 그 작품을 완성해야 했는지에 대한 의문이 들기도 한다. 그뿐만이 아니다. 크리스 오필리Chris Ofili의 〈성모 마리아The Holy Virgin

Mary〉는 성모 마리아를 흑인으로 묘사하고 코끼리의 분뇨를 사용한 작품으로 신성 모독이라는 비판을 받으면서 《센세이션》 전시는 논쟁의 중심에 서게 되었다.

현대미술에서 사회적 메시지는 중요한 역할을 한다. 예술작품들은 때때로 불편한 진실을 보여주며, 관객들에게 문제의식을 일깨우는 매개체가 된다. 이러한 흐름은 현대미술이 단순히 시각적 즐거움을 제공하는 데 그치지 않고, 사회적 대화를 이끄는 장으로 진화하고 있음을 보여준다. 예술이 관객과 사회의 소통 창구로 작용하며, 동시대의 이슈를 탐구하고 반영하는 중요한 역할을 하고 있음을 말해주는 것이다.

데미언 허스트는 〈살아 있는 자의 마음속에 있는 죽음의 물리적 불가능성〉을 통해 부패와 소멸에 저항하려는 몸부림을 시각화했다. 상어를 포름알데히드 유리 진열장에 넣은 이 작품은 죽음을 마주한 인간의 두려움과 생명 유지를 위한 본능적 갈망을 상징적으로 표현했다.

〈천년〉이라는 작품에서는 썩어가는 소의 머리, 파리, 구더기로 가득한 유리 진열장을 통해 죽음이라는 주제를 새로운 방식으로 해석했다. 2개의 유리 진열장은 피가 흐르는 죽은 소의 머리와 전기 살충기가 설치된 구역과, 파리로 가득 찬 유리 진열장이 놓인 구역으로 나뉘어 있으며, 두 공간 사이에 구멍을 뚫어 파리가 날아다닐 수 있게 만들었다. 충격적인 비주얼의 이 설치미술은 죽음을 향한 두려움을 예술적 언어로 형상화했다. 데미언 허스트는 살충기에 걸려 죽어가는 파리를 암에 걸려 생명이 꺼져가는 인간의 모습으로 은유하며 죽음의 불가피성을 극적으로 드러냈다. 이 작품은 데미언 허스트를 세계적인 예술가 반열에 올려놓는 결정적 계기가 되었다.

누구나 한 번쯤은 죽음에 대해 생각해 본 적이 있을 것이다. 때로는 그 존재가 두렵고 무겁게 다가오지만, 우리는 이내 바쁜 일상에 묻혀 마치 삶이 영원할 것처럼 살아간다. 그러나 데미언 허스트는 우리가 일상에서 흘려보내는 평범한 사건들을 그냥 지나치지 않고 작품을 통해 일깨운다. 삶과 죽음이라는 강렬한 주제를 통해 대중의 관심을 끌며, 그의 이름을 예술계의 중심으로 올려놓은 〈천

데미언 허스트, 살아 있는 자의 마음속에 있는 죽음의 물리적 불가능성, 1991

년〉 작품과 《센세이션》 전시는 엄청난 논쟁의 중심에 서긴 했지만, 이로 인해 전시에 대한 관심을 증폭시켰고, 미디어의 집중 조명을 받으며 성공적으로 마무리됐다. 논란이라는 요소도 그에게는 중요한 성공 요인이 된 것이다.

예술의 대중화

데미언 허스트는 다양한 브랜드와의 협업을 통해 예술과 상업의 경계를 허물고 자신의 독창적인 비전을 구현해 왔다. 2009년에는 루이 비통의 150주년 기념 트렁크를 만들었는데, 이 프로젝트는 루이 비통의 전통적 이미지와 데미언 허스트의 예술적 감각을 결합한 독창적인 작업으로 평가받았다. 이후 2020년에는 루이 비통 파운데이션에서 〈컬렉터와 친구The Collector with Friend〉를 전시했다. 이 작품은 디즈니랜드 입구에 있는 〈파트너스Partners〉 조각상에서 영감을 받아 2016년에 제작된 것으로 데미언 허스트는 자신을 정장을 입은 수집가의 모습으로 묘사하고, 그의 손을 잡은 미키마우스를 상상 속 친구로 표현하였다.

데미언 허스트는 알렉산더 맥퀸Alexander McQueen과의 협업에서도 두각을 드러냈다. 알렉산더 맥퀸의 해골 모티프는 브랜드의 가방과 스카프 등에 다양하게 적

데미언 허스트의 알렉산더 맥퀸 스카프, 2013

용된 시그니처 디자인으로, 2013년 해골 스카프 출시 10주년을 기념해 한정판 컬렉션으로 선보였다. 데미언 허스트의 나비 이미지를 활용해 만화경처럼 기하학적인 패턴을 적용한 스카프는 해골 모티프와 어우러져 독창적인 이미지를 자아냈다. 두 아티스트의 공통된 관심이 잘 반영된 이 컬렉션은, 30가지 디자인으로 구성됐으며 패션과 예술의 경계를 넘나드는 독창적인 작품으로 평가받았다.

그의 예술적 감각은 건축과 공간 디자인에서도 빛을 발했다. 2021년과 2022년, 프라다와 협업한 '프라다 모드 모스크바'와 '프라다 모드 두바이'에서 데미언 허스트의 작품으로 구성된 '파머시'가 새롭게 선보였다. 또한 2023년, 그는 일본 도쿄 긴자에 있는 '티파니앤코 플래그십 스토어'의 리노베이션 프로젝트에 참여해 외관 디자인을 새롭게 구성하며 주목받았다. 데미언 허스트는 파란색 배경 위에 다양한 색상의 팔레트로 꽃 이미지를 연출해서 건물을 생동감 넘치는 랜드마크로 탈바꿈시켰다. 이 작업은 티파니앤코의 하이엔드 감성과 데미언 허스트의 예술적 미학을 결합한 것으로, 방문객들에게 독특한 시각적 경험을 선사했다.

이외에도 데미언 허스트는 2021년 LG전자와의 협업을 통해 《프리즈Frieze 아트페어》에서 독창적인 전시를 선보였다. LG의 OLED TV 기술과 데미언 허스

하이엔드는 상품을 팔지 않는다

트의 작품이 어우러진 〈Damien Hirst X LG OLED: A History of Painting〉 전시는 예술과 기술이 융합된 새로운 차원의 몰입형 경험을 제공했다. 이를 통해 관람객들은 더욱 생동감 있는 시각적 즐거움을 경험했으며, LG전자의 혁신성과 데미언 허스트의 예술적 비전이 조화를 이루며 강렬한 시너지를 창출했다. 데미언 허스트는 이처럼 예술을 감상의 대상으로 제한하지 않고, 다양한 협업을 통해 예술과 상업의 융합이 가져올 수 있는 무한한 가능성을 보여주었다.

데미언 허스트는 삶과 죽음을 주제로 한 독창적인 작품을 통해 예술의 경계를 확장했고, 논쟁조차도 성공 요소로 만들며 자신만의 독보적인 브랜드 아이덴티티를 구축했다. 그의 상징적인 모티프인 해골, 나비, 도트와 같은 아이코닉한 이미지를 통해 프라다, 알렉산더 맥퀸, 티파니앤코 등의 브랜드들과 다양한 협업을 통해 예술의 대중화를 선도하며 새로운 가치를 창출했다.

┃ 예술과 상업의 경계는 없다.
┃ 사이언스, 뉴포트 스트리트 갤러리

데미언 허스트의 독창적인 전시 기법은 현대미술에 새로운 방향성을 제시하며 삶의 본질에 대한 깊은 철학적 질문을 던진다. 그는 아티스트인 동시에 전시 기획자이자 컬렉터, 그리고 기업을 운영하는 경영자로서 다면적인 역할을 수행하며 예술의 경계를 끊임없이 확장해 왔다. 그가 기획한 전시 공간과 상업 공간은 삶과 죽음이라는 주제를 기반으로 하지만, 그 접근 방식은 매번 다르다. 마치 재료는 같아도 다른 맛을 창조해 내는 미식의 거장처럼, 예술을 새롭게 느낄 수 있도록 관객에게 특별하고 다양한 레시피를 선사한다. 《믿을 수 없는 난파선에서 나온 보물들》도 독특한 스토리텔링을 통해 인상적인 경험을 제시한 전시이다.

믿을 수 없는 난파선에서 나온 보물들

하이엔드 브랜드는 그 희소성과 상징성 때문에 늘 진품과 모조품을 둘러싼 논쟁의 대상이 된다. 이는 브랜드의 가치와 독창성이 어디서 비롯되는지에 대한 질문으로 확장된다. 이러한 개념은 예술에서도 중요한 화두가 되어 왔으며, 데미언 허스트는 이를 독창적인 방식으로 탐구했다. 그의 전시에서는 '진짜 같은 가짜, 가짜 같은 진짜' 작품들을 등장시켜 진위의 경계를 흐리며, 예술과 현실의 관계에 대한 고정관념을 흔들어 놓았다.

2017년 4월, 이탈리아 베네치아의 팔라초 그라시Palazzo Grassi와 푼타 델라 도가나Punta della Dogana에서 《믿을 수 없는 난파선에서 나온 보물들Treasures from the Wreck of the Unbelievable》이라는 데미언 허스트의 개인전이 열렸다. 10년 동안 준비한 그의 전시 컨셉은 그 자체만으로도 하나의 작품처럼 강렬한 인상을 남겼다.

이 전시는 약 2000년 전 인도양에 침몰한 시프 아모탄 2세Cif Amotan II의 보물선 아피스토스Apistos에 얽힌 스토리를 주제로 구성되었다. 이 보물선은 2008년에 동아프리카 해저에서 발견되었고, 데미언 허스트가 투자하여 10년에 걸친 발굴 끝에 건져 올린 189점의 보물을 보여주기 위해 기획된 전시라는 스토리를 가지고 있다. 전시장 입구에서는 지난 10년간 진행된 난파선 발굴 과정을 담은 90분짜리 다큐멘터리를 상영했으며, 전시 작품 옆에는 발굴 당시 촬영된 사진들도 함께 배치됐다.

그런데 놀랍게도 이 모든 것은 데미언 허스트가 만든 허구였다. 배 이름인 아피스토스는 그리스어로 '믿을 수 없는'이라는 뜻이고, 배 소유주의 이름 시프 아모탄 2세도 '나는 허구이다I am Fiction'의 철자 순서를 바꿔놓은 언어적 유희였다. 그렇다면 이 작품들은 진실일까, 거짓일까? 전시된 작품들은 청동, 대리석, 금으로 만들어진 다양한 조각상, 장신구, 도자기 등이었으며, 그중 실제 인도양 바닷속에 2년간 수장했다가 건져낸 작품도 있었다.

이처럼 예술과 현실, 진실과 거짓의 경계를 탐구하는 데미언 허스트의 작품들은 관람객들이 예술작품의 진위 여부에 대해 스스로 질문을 던지게 만들었다.

하이엔드는 상품을 팔지 않는다

데미언 허스트, 믿을 수 없는 난파선에서 나온 보물들 전시, 2017

세계적인 피노 케링 그룹의 명예회장인 프랑수아 앙리 피노François-Henri Pinault
의 지원과 함께 당시 약 5,000만 파운드(750억 원) 이상의 예산이 투입된 것으로
알려진 이 전시는 그 규모와 작품 수로 인해 '블록버스터급 컴백 쇼'라는 평가를
받았다. 그중에서도 높이가 18m에 달하는 〈그릇을 든 악마Demon with Bowl〉는 수
백여 점의 작품 가운데 가장 큰 주목을 받은 매머드 작품이었다. 머리가 잘려나
간 괴물의 조형은 뱀의 혀로 인간의 피를 빨아먹는 고대 악마의 형상으로, 그릇
에 인간의 피가 고여 있다는 설정을 담고 있으며, 이 전시에서 최초 공개됐다.

이 작품은 라스베이거스의 팜스 카지노 리조트Palms Casino Resort 페르티타 형
제에게 약 1,400만 달러(157억 원)에 판매돼 화제가 됐다. 당시 이 초대형 조형
물은 선박을 통해 작품을 옮겨야 하는 베네치아 전시장의 특수성을 고려해 무거
운 브론즈 대신 합성수지 레진으로 제작해 미술관 로비에 세운 것인데, 팜스 카
지노 리조트 측의 요청에 따라 브론즈로 다시 캐스팅한 뒤, 2019년 리조트 수영

데미언 허스트, 그릇을 든 악마, 믿을 수 없는 난파선에서 나온 보물들 전시, 2017

장에 설치됐다.

예술 평론가와 대중들 사이에서도 극단적인 반응을 불러일으켰던 데미언 허스트의 개인전은 심오하면서도 관객들의 허를 찌르는 기획으로 많은 이의 관심을 받았다. 대부분의 전시는 스토리보다 작품 자체에 집중하는 경우가 많다. 그런데 이 전시는 기획 단계부터 파격적인 설정으로 구성되어 전시 몰입도를 높였다. 특히 거대 자본과의 융합이 어떻게 현대 예술의 새로운 패러다임을 창출할 수 있는지 증명했으며, 예술의 본질에 대한 근본적인 질문을 던지며, 현대미술의 가능성에 새로운 전환점을 제시하였다.

데미언 허스트의 예술 기업, 사이언스

작품 활동뿐만 아니라 큐레이팅과 컬렉팅에도 깊은 관심을 가져온 데미언 허스트는 1997년에 사이언스Science Ltd.를 설립해 작품 제작부터 유통까지 전 과정을 통합 관리하는 시스템을 구축했다. 이 회사는 전시 기획부터 작품 생산 라인, 세일즈, 마케팅, PR, 재무 및 행정, 투자 전문 부서까지 갖춘 전문적인 기업으로 20년 넘게 운영되고 있다. 이러한 작업 방식은 앤디 워홀의 팩토리와 유사한 부분도 있다. 앤디 워홀이 예술의 생산과 소비의 관계에 집중했다면, 데미언 허스트는 예술의 유통과 투자 분야까지 확장시켰다는 점에서 차별화된다. 이러한 공장형 시스템은 작품 제작 방식과 개인전의 규모를 넓히는 데 기여했으며, 대형 스케일의 작품을 효과적으로 구현하는 데 중요한 역할을 했다.

2008년, 데미언 허스트는 기존의 갤러리를 통한 유통 방식에서 과감히 벗어나 직접 소더비 런던 경매에 자신의 작품을 대량으로 선보이며 첫날 56점, 둘째 날 167점의 작품을 출품해 약 2천억 원의 수익을 거뒀다. 이는 당시 소더비의 싱글 아티스트 판매 총액의 10배가 넘는 금액이었다. 이러한 시도는 기존 미술 시장의 관행을 깨고, 자신의 이름을 브랜드화해 작품 제작과 판매 시스템을 독립적으로 구축한 혁신적인 사례로 평가받고 있다. 그는 이러한 시스템이 제약회사의 운영 방식에서 영감을 얻었다고 밝히며, 자신의 예술작품 역시 동일한 체계로 제작하고 판매하고 싶었다고 했다. 데미언 허스트의 비즈니스 접근 방식은 그의 예술 세계의 연장선상에 있는, 또 하나의 창조적인 작업으로 보인다.

사이언스는 브랜드 관리를 아우르는 조직으로, 데미언 허스트의 예술적 비전을 체계적으로 실행하는 데 기여해 왔다. 특히《믿을 수 없는 난파선에서 나온 보물들》과 같은 대규모 전시 기획이나, 〈스팟 페인팅〉과 〈나비Butterfly〉 시리즈 같은 반복 제작되는 작품들은 사이언스의 시스템을 통해 가능했다.

데미언 허스트는 상업주의 작가라는 비판을 받기도 하지만, 자본주의 시장을 가장 잘 이해하고 이를 적극적으로 활용하는 데 탁월한 감각을 지닌 아티스트라는 점은 누구도 부인하기 어렵다. 빠르게 변화하는 현대미술 시장에서 갤러리 중심의 판매 구조를 혁신하여 컬렉터와 연결되는 새로운 접점을 만들어냈고, 예술 작품의 제작과 전시 영역에서도 기존에 볼 수 없었던 독창적인 스토리텔링 방식을 도입했다. 데미언 허스트의 이러한 혁신적인 행보는 현대미술의 상업적 가능성을 새롭게 정의하고 예술의 영역을 확장하는 데 중요한 역할을 하고 있다.

대중과의 소통의 장소, 뉴포트 스트리트 갤러리

데미언 허스트는 2015년 런던 램버스에 '뉴포트 스트리트 갤러리Newport Street Gallery'를 설립하며, 3,000여 점에 달하는 자신의 방대한 개인 컬렉션을 대중과 공유하고자 했다. 이 갤러리는 창고를 개조한 곳으로, 건축 스튜디오 카루소 세인트 존Caruso St John이 설계를 맡아 독창적이고 현대적인 디자인을 완성했다.

이 프로젝트는 2016년 영국 왕립 건축 스튜디오 협회의 스털링 상RIBA Stirling Prize을 받으며 건축적으로도 높은 평가를 받은 작품이다. 내부는 6개의 개별 갤러리 공간으로 구성돼 있으며, 각 공간은 다양한 규모와 성격을 띠고 있어 폭넓은 전시가 가능하도록 설계됐다.

무료로 운영되는 '뉴포트 스트리트 갤러리'는 데미언 허스트의 작품뿐 아니라 그의 개인 소장작품인 '머더미 컬렉션Murderme Collection'을 통해 현대미술의 다양한 스펙트럼을 소개하고 있다. 이 컬렉션은 앵거스 페어허스트Angus Fairhurst, 세

뉴포트 스트리트 갤러리 외관 (상), 도미니언 전시, 2024 (하)

라 루커스Sarah Lucas, 매트 콜리쇼Mat Collishaw 등 동료 예술가들과의 작품 교환으로 시작됐으며 이후 프랜시스 베이컨Francis Bacon, 제프 쿤스, 트레이시 에민Tracey Emin 등 세계적인 아티스트들의 작품을 포함한 광범위한 컬렉션으로 발전했다. 관람객들은 이곳에서 현대미술의 다채로운 흐름과 깊이를 경험할 수 있다.

데미언 허스트는 뉴포트 스트리트 갤러리를 자신의 예술적 비전을 담은 작품을 큐레이팅하고 대중과 연결하는 중요한 플랫폼으로 활용했다. 이 공간은 예술적 경험과 상업적 가치를 모두 아우를 수 있음을 보여주는 사례이기도 하다. 첫 번째 전시로 존 호일랜드John Hoyland의 개인전을 선택했는데, 그는 데미언 허스트가 참여했던 1997년 《센세이션》 전시를 가장 강하게 비판한 작가 중 한 명이었다. 이 대담한 선택을 통해 예술가 간의 갈등을 전시로 포용하는 독창적인 큐레이팅 감각을 보여줬다.

2024년에 열린 《도미니언Dominion》 전시는 데미언 허스트의 방대한 컬렉션을 한자리에 모은 대규모 기획전으로, 그의 아들인 코너 허스트Connor Hirst가 큐레이팅을 맡았다. 이 전시에는 프랜시스 베이컨, 뱅크시, 앤디 워홀, 제프 쿤스, 세라 루커스 등 세계적인 작가 80명의 작품을 선보였다.

이처럼 데미언 허스트는 컬렉터이자 큐레이터로서 젊은 작가들을 후원하면서 성공적인 경영인으로서의 면모와 예술가로서의 전략적인 사고를 아트 비즈니스 전반에 걸쳐 발휘하고 있다. 그의 아트 비즈니스는 현대미술의 가능성을 극대화한 혁신적 활동으로, 예술을 통해 사회적 메세지, 철학적 성찰, 상업적 성공이라는 다층적 가치를 창출하며 현대미술 시장의 새로운 방향을 제시하고 있다.

예술을 맛보고 예술에 잠든다.
파머시 레스토랑, 팜스 카지노 리조트

데미언 허스트는 예술작품뿐만 아니라 공간 자체를 예술로 변모시키는 프로젝트를 통해 자신의 브랜드 가치를 새로운 차원으로 발전시키고 있다. 그는 예술과 공간 디자인을 유기적으로 결합해 두 영역의 경계를 허물었으며 '파머시 레스토랑', 팜스 카지노 리조트의 '더 엠퍼시 스위트The Empathy Suite', '언노운 바Unknown Bar'와 같은 사례를 통해 공간을 '살아 있는 미술관'으로 재탄생시켰다. 이러한 작업은 공간을 예술적 경험의 장으로 재정의하며 데미언 허스트만의 독보적인 메타 밸류를 창출하고 있다.

약국에는 약이 없다, 파머시 레스토랑

아픔과 죽음을 피하기 위해 절대적 믿음을 가지고 약을 사는 사람들의 모습과 그 약들이 진열된 약국에서 영감을 받은 데미언 허스트는 이러한 사유들을 약장, 약국, 알약을 주제로 한 다양한 작품 시리즈로 구현해, 인간의 믿음과 삶의 모순을 예술로 승화시켰다.

데미언 허스트가 대학 시절 처음 시도한 작품 〈약장〉 시리즈는 어머니와 함께 방문한 약국에서 시작됐다. 약을 전적으로 신뢰하는 어머니의 모습을 보며, 그는 약에 대한 믿음이 성분이나 효능이 아닌 약국이라는 장소와 약의 형태, 포장디자인에서 비롯된다는 사실을 깨달았다. 그는 이 시리즈를 통해 예술이 치유에 어떤 역할을 할 수 있는지 탐구하며, 이를 팝 아트적인 미학으로 풀어냈다.

뉴욕 코헨 갤러리에 전시된 1992년 작 〈약국〉은 실제 약국을 재현한 설치 미술 작품으로, 죽음과 고통을 극복하려는 인간의 욕망, 그리고 약에 대한 맹신과 그 안의 모순을 내포하고 있다. 1999년작 〈알약 캐비닛Pill Cabinets〉은 유리 진열장 안에 다양한 모형의 알약들을 진열하고 뒷면에 설치한 거울을 통해 약에 의존하는 현대인의 모습을 비추며 그 이면을 성찰하게 만들었다.

하루에 먹어야 하는 영양제를 한곳에 모아둔 모습을 볼 때면 알록달록한 색감과 알약 수에 놀라곤 한다. 데미언 허스트의 작품을 떠올리며, 문득 이런 생각이 들었다. 나는 어떤 근거로 이 약들을 신뢰하고 있는가? 수많은 광고와 온라인 리뷰, 사람들의 보편적인 인식이 나도 모르게 약에 대한 믿음을 심어준 것은 아닐까? "당신이 먹는 것은 곧 당신이다."라는 말이 있다. 우리가 먹는 음식이 결국 우리 몸의 세포가 된다는 관점에서 본다면, 1년 후 우리의 몸은 먹는 음식에 의해 완전히 새롭게 재구성된다. 그렇다면 비타민과 영양제를 아무 의심 없이 섭취해 온 우리의 일상도 데미언 허스트의 작품을 통해 다시금 되돌아볼 필요가 있지 않을까. 데미언 허스트는 약을 향한 무조건적 믿음이 어디서 비롯됐는지 묻고, 죽음을 향해가는 삶 속에서 약이 진정한 구원일 수 있는지 다시 한 번 고민하게 만든다.

약장과 알약 시리즈의 연장선상에 있는 또 다른 작품은 〈스팟 페인팅〉이다. 이 작품은 제작 과정 자체가 작품의 일부가 되는 독특한 방식으로 완성된다. 데미언 허스트는 마치 제약회사가 약을 제조하듯이 체계적인 접근 방식을 통해 그림을 제작하며, 이를 통해 삶과 죽음에 대한 그의 철학을 담아낸다. 그는 단순히 결과물만을 작품으로 여기는 것이 아니라 구상, 창작, 전시, 판매까지 모든 과정을 작품의 일부로 생각한다.

〈스팟 페인팅〉은 캔버스 위에 1mm부터 15mm까지 다양한 사이즈와 색채로 구성된 동그라미들을 격자 모양으로 배치한 시리즈다. 이 작품은 약에 대한 심미적 탐구에 가깝다. 우리가 흔히 보는 약 광고처럼 〈스팟 페인팅〉은 고통과 죽음 같은 무거운 주제를 아름다운 색채와 단순화된 원형으로 표현한다. 이 작품은 약의 미화된 이미지와 그것에 의지하려는 인간 심리를 은유적으로 풀어내며 관람객들에게 예술에 대한 새로운 시각을 제시한다.

데미언 허스트는 자신의 예술적 개념을 종합적으로 구현하기 위해 1997년 런던 노팅힐에 직접 디자인한 '파머시Pharmacy' 레스토랑을 처음으로 오픈했다. 파머시는 허스트가 자주 교류하던 아티스트들의 아지트 같은 곳이기도 했다. 이

하이엔드는 상품을 팔지 않는다

파머시 2, 뉴포트 스트리트 갤러리

공간은 프라다가 디자인한 직원 유니폼과 재스퍼 모리슨Jasper Morrison의 가구로 꾸며졌으며, 그의 대표작인 〈약장〉과 〈나비〉 시리즈가 설치되었다. 칵테일 이름도 무독성Non-Toxic, 고통을 완화시키는 볼타롤Voltarol 등 화학 약품명을 사용하여 컨셉을 극대화했다. 외관도 실제 약국과 비슷해 혼동을 일으켜 영국 왕립 제약협회로부터 고발당하는 해프닝을 겪기도 했다. 이곳은 2003년에 문을 닫았다가 2016년, '파머시 2Pharmacy 2'라는 이름으로 뉴포트 스트리트 갤러리Newport Street Gallery에 다시 오픈했다.

새롭게 오픈한 '파머시 2'는 이전의 '파머시'와 마찬가지로 약국 테마를 유지하면서도 현대적인 감각을 더했다. 무수한 약병, 약상자, 수술 장비들이 선반에 가득 놓였고, 바에는 외과용 키트가 장식되었으며, 가구, 식기, 커피잔까지 데미언 허스트의 작품 이미지로 채워졌다. 이곳은 그의 열정으로 가득 찬 예술과 미식이 결합된 독특한 공간으로, 가구와 창문에 설치된 라이트 박스, 처방약 카탈로그에서 가져온 벽지 등 건축적 디테일과 인테리어까지 데미언 허스트의 손길로 섬세하게 구현해냈다. 약과 음식이라는 이질적인 두 요소가 결합된 이 공간은 인간의 욕망을 시각적으로 드러내며, 관람객들이 삶의 본질에 대해 다시 한 번 생각하게 만든다.

이러한 독창적인 작업 세계는 프라다와의 협업으로 이어지며, '프라다 모드 모스크바'와 '프라다 모드 두바이'에서 새로운 '파머시' 공간으로 확장됐다. 2021년 프라다 모드 모스크바는 '레벤슨 맨션Levenson Mansion'을, 이듬해 프라다 모드 두바이는 'ICD 브룩필드 플레이스ICD Brookfield Place'를 데미언 허스트의 디자인으로 변모시켜 도시의 랜드마크로 재탄생시켰다. 그는 건축적 디테일부터 공간과 가구 전체를 아우르는 디자인을 선보였으며, 분자구조 이미지, 라이트박스, 처방약 카탈로그 등을 설치하여 공간 자체를 하나의 예술작품으로 구현했다. 이곳은 파티와 라이브 음악이 조화를 이룬 역동적인 이벤트 공간이자 현대미술과 라이프스타일이 어우러진 특별한 장소로 주목받았다.

데미언 허스트는 이러한 공간 예술을 통해 예술의 물리적·정신적 경계를 넓히며, 소비와 철학, 디자인이 융합된 독창적인 브랜드의 영역을 구축해가고 있다.

세계에서 가장 비싼 스위트룸, 더 엠퍼시 스위트

팜스 카지노 리조트에는 세계에서 가장 비싼 스위트룸이 있다. 2일 숙박에 200,000달러(2억 8천만 원)의 비용이 들며, 100만 달러 이상을 쓴 카지노 손님만 예약이 가능하다. '더 엠퍼시 스위트'는 데미언 허스트가 작품 제작은 물론 공간과 가구 디자인까지 진행한 곳이다.

이 프로젝트를 기획한 프랭크 페르티타Frank Fertitta 3세와 로렌조 페르티타Lorenzo Fertitta 형제는 라스베이거스를 기반으로 한 카지노 및 종합격투기 사업에서 큰 성공을 거둔 미국의 기업가들로, 20년 넘게 예술품을 수집하며 현대미술을 향한 관심을 이어가고 있다. 이들은 데미언 허스트의 〈상어〉와 〈스팟 페인팅〉 시리즈를 비롯하여 장 미셸 바스키아Jean-Michel Basquiat, 무라카미 다카시, 앤디 위홀, 리처드 프린스 등 현대미술 거장들의 작품을 수집하며 세계 200인 아트 컬렉터로 선정되기도 했다.

2016년, 페르티타 형제는 팜스 카지노 리조트를 인수하고 약 6억 2천만 달러를 투자해 '미술관 같은 카지노'라는 컨셉으로 호텔 곳곳에 현대미술 작품을 배치하여 예술과 엔터테인먼트를 결합한 공간을 구현했다. 이곳에는 데미언 허스트의 초대형 조각 작품 〈그릇을 든 악마〉가 수영장에 설치되었으며, 그의 예술적 감각이 반영된 '더 엠퍼시 스위트'와 '언노운 바'도 큰 화제를 모았다.

온갖 기상천외한 쇼와 이벤트가 펼쳐지는 라스베이거스에서, 데미언 허스트의 예술 세계와 융합하며 타 리조트와 차별화를 시도한 전략은 적중했고, 카지노 산업의 새로운 방향성을 제시했다. 2021년 산 마누엘 게이밍 & 호스피털리티 당국으로 소유권이 변경된 이후에도, 〈그릇을 든 악마〉를 제외한 데미언 허스트의 작품들은 여전히 그 자리를 지키며 리조트의 아이덴티티를 공고히 하고 있다.

이 리조트에서 가장 유명한 객실은 단연 데미언 허스트가 디자인한 더 엠퍼시 스위트라고 할 수 있다. 엄청난 숙박료뿐만 아니라 836㎡의 면적을 자랑하는 초호화 스위트룸은 데미언 허스트와 뉴욕 벤텔 앤 벤텔 건축Bentel & Bentel Architects이 공동 설계했으며, 공간 전체에 데미언 허스트의 작품과 감각적인 디자인으로 가득 채워져 있다. 투숙객은 24시간 버틀러 서비스, 리조트 내에서 이용할 수 있는 1만 달러 크레딧, 전용 차량 서비스, 프라이빗 아트 투어 혜택을 누릴 수 있다.

더 엠퍼시 스위트는 마스터 베드룸 2개, 50명 이상을 수용할 수 있는 라운지, 마사지룸, 소금 사우나, 힐링룸, 피트니스룸, 야외 수영장으로 구성돼 있다. 실내는 화이트와 회색 톤을 기본으로 마감하여 작품이 돋보이도록 했으며 침대 헤드, 카펫, 액자 등 침실과 욕실 곳곳에는 나비 모티프를 적용해 공간 전체에 데미언 허스트의 예술적 감각을 구현했다.

라운지 바 상부에는 생선 뼈 형태의 〈오랜 시간보다는 즐거운 시간Here for a Good Time, Not a Long Time〉이 설치되어 있고, 바 테이블 아래는 의료 폐기물로 가득차 있어 강한 인상을 남긴다. 로비 벽에는 포름알데히드 용액에 담긴 두 마리

더 엠퍼시 스위트 마스터 베드룸 (상), 위너/루저 (하), 팜스 카지노 리조트

더 엠퍼시 스위트 라운지바 (상, 하), 야외 수영장 (하), 팜스 카지노 리조트

언노운 바, 팜스 카지노 리조트

의 상어 〈위너/루저Winner/Loser〉가 전시되어 있으며, 다이닝 테이블 옆에는 알약
과 지르코니아 보석으로 가득 차 있는 투명한 캐비닛 작품 〈승자가 모든 것을 차
지한다The Winner Takes It All〉가 설치돼 있다. 바 양옆에는 라운지와 영화 감상용 공
간이 구성되어 있으며, 대형 식사 공간과 야외 테라스에는 나비 모자이크와 알약
모양 장식이 새겨진 자쿠지가 있다.

　　데미언 허스트의 손길이 세심하게 묻어 있는 이 스위트룸 프로젝트는 고객
에게 잊지 못할 특별한 경험을 주는 것은 물론, 작가인 그에게도 의미 있는 도전
이었을 것이다. 그의 작품 세계를 깊이 이해하는 페르티타 형제와의 협업을 통
해 자신만의 비전을 공간에 구현했으며, 섬세한 디테일까지 그의 예술적 취향과
감각이 반영된 작품과 공간은 예술 세계와 럭셔리 라이프스타일의 이상적인 결
합을 보여주고 있다.

하이엔드는 상품을 팔지 않는다

언노운 바

팜스 카지노 호텔의 중앙에 위치한 '언노운 바'도 데미언 허스트의 작품 세계가 고스란히 담긴 공간이다. 바의 이름 또한 1999년도에 제작된 작품명 〈The Un-known: Explored, Explained, Exploded〉에서 그대로 따왔다.

이 공간의 하이라이트는 바 상부에 자리한 상어 작품이다. 데미언 허스트의 대표작 중 하나로, 4m 길이의 상어가 3개의 투명 수조 안에 전시된 이 작품을 보기 위해 많은 사람들이 방문할 만큼 대표적인 명소로 알려져 있다. 벽면에는 〈스팟 페인팅〉 16점이 설치되어 있어 고객들이 바에서 칵테일을 즐기면서 데미언 허스트의 작품을 감상할 수 있다.

데미언 허스트는 '언노운 바'의 칵테일 메뉴부터 컵 받침, 성냥개비, 칵테일 스틱까지 직접 디자인하며, 독창적인 정체성을 구축했다. 평범함을 거부하는 그의 예술 세계와 라스베이거스의 화려함이 어우러진 이 공간은 예술과 상업이 결합된 하나의 설치미술 작품으로, 방문객들에게 강렬한 경험을 선사한다. 이렇듯 예술가의 작업 방식이 시대와 함께 변화하면서, 미술 시장 역시 새로운 가능성을 열어가고 있다.

데미언 허스트의 작품은 늘 화제의 중심에 있으며, 그 논란조차 예술적 가치를 증명하는 요소로 작용하고 있다. 특히 팜스 카지노 리조트와의 협업은 예술적 정체성을 유지하면서도 시장성과 대중성을 확보하는 전략적 시도로 평가된다. 이는 현대 예술이 하이엔드 시장과 어떻게 융합될 수 있는지를 보여주는 대표적인 사례다.

데미언 허스트의 브랜드 혁신 코드

데미언 허스트는 현대미술의 경계를 확장하며 독창적인 브랜드 전략을 통해 예술과 상업을 융합한 대표적인 아티스트다. 그는 삶과 죽음이라는 근본적인 주제를 탐구하며, 기존의 관념을 뒤흔드는 남다른 시각으로 대중의 이목을 집중시켰다. 그는 예술가를 넘어 자신만의 독보적인 브랜드를 구축하며, '예술의 제작과 유통을 아우르는 혁신적인 시스템'을 통해 현대미술의 상업적 가능성을 극대화했다.

그는 전시부터 패션, 레스토랑, 호텔 공간 디자인에 이르기까지 다양한 분야에서 독창적인 비전을 구현해냈다. 런던의 파머시 레스토랑, 라스베이거스의 더 엠퍼시 스위트와 언노운 바와 같은 프로젝트는 공간 자체를 하나의 설치미술로 승화해 '몰입감 있는 예술적 경험'을 보여주었다. 상어, 약장, 알약 등 그의 작품에 등장하는 시그니처 모티프를 공간에 재구성해 삶과 죽음, 인간의 욕망과 모순을 예술적 언어로 풀어내며 강렬한 인상을 남겼다. 또한 알렉산더 맥퀸, 루이 비통, 프라다, 티파니앤코 등 하이엔드 패션 브랜드와 협업하며 작품 속의 아이코닉한 모티프를 패션과 건축의 영역으로 확장했다. 특히 나비, 스팟 페인팅, 해골 같은 상징적 이미지는 브랜드와의 협업을 통해 데미언 허스트의 예술적 비전을 더욱 돋보이게 만들어주었다.

또한 그는 '예술의 상업화를 넘어 대중화의 가능성을 탐구'하며, 현대미술의 새로운 방향을 제시한다. 2017년 베네치아에서 열린 《믿을 수 없는 난파선에서 나온 보물들》전시는 허구의 스토리를 예술적 경험으로 승화시킨 대표적인 사례로 진실과 허구, 예술과 현실의 경계를 탐구하며 관객들에게 강렬한 메시지를 던진다. 이는 예술이 창작의 차원을 넘어 사회적 단면을 보여주는 강력한 매개체임을 역설했다.

데미언 허스트의 브랜드 전략은 그의 예술적 창의성과 기업가적 감각의 결합에서 비롯된다. 그는 1997년 설립한 사이언스를 통해 작품 제작, 유통, 전시를 체계적으로 관리하는 기업형 시스템을 구축했다. 이를 통해 기존 갤러리 중심의 판매 구조를 혁신해 컬렉터와 연결되는 새로운 접점을 만들어냈다. 기획단계부터 획기적인 스토리텔링 방식으로 접근한 대규모 전시 작품들에서도 그만의 독창적인 예술성을 보여주었다. 또한 그의 방대한 예술 컬렉션을 공유하기 위해 뉴포트 스트리트 갤러리를 설립해 예술이 공공의 가치를 지니며 대중과 소통할 수 있음을 입증했다.

오늘날 예술과 하이엔드 산업이 밀접하게 연결되면서, 브랜드와 예술가 간의 협업은 마케팅을 넘어 새로운 라이프스타일을 제안하는 핵심 전략으로 자리 잡고 있다. **데미언 허스트가 구축한 '예술과 상업의 경계를 허무는 브랜드 전략'은 현대미술과 예술 시장의 소통 방식을 혁신적으로 변화시켰으며, 하이엔드 브랜드가 예술을 통해 감성적 가치를 강화하고 고객과의 관계를 더욱 공고히 할 수 있음을 보여주며 아트 비즈니스의 새로운 패러다임을 제시했다.**

2. 일상, 예술이 되다

2024년 6월, 밀라노 트리엔날레에서 열린 알레산드로 멘디니Alessandro Mendini의 회고전《나는 드래곤이다Io Sono Un Drago》를 찾았다. 그의 열정적인 삶 전체의 여정을 보는 듯한 방대한 규모의 작품들과 디자인 철학이 담긴 다큐멘터리 영화를 마주하며, 예전 밀라노 사무실에서 그의 책 출간을 위해 나누었던 많은 대화들이 떠올랐다. 작품 하나하나에 깃든 예술적 사고와 디자인에 대한 깊은 고찰, 그리고 창작에 대한 뜨거운 열정을 느낄 수 있었다.

우리는 늘 새로움을 추구하며, 트렌드에 뒤처지지 않기 위해 노력하며 살아간다. 연말이면 다가올 한 해의 트렌드를 예측하는 책을 보고, 최신 패션 정보도 주기적으로 찾아본다. 심지어 '트민남(트렌드에 민감한 남자)'이라는 신조어까지 등장할 정도로 트렌드는 우리의 일상에 깊이 스며들었다. 이처럼 트렌드에 관심을 가지고 이를 일상과 비즈니스에 접목시키는 일도 필요하지만, 트렌드를 리드하는 본질적 가치를 파악하는 것이 더욱 중요하다.

AI 시대의 급변하는 흐름 속에서, 시대를 관통하며 변하지 않는 가치를 담고 있는 고전의 가르침은 우리가 나아가야 할 방향을 더욱 선명하게 제시해준다. 이러한 가치와 맞닿아 있는 알레산드로 멘디니의 디자인 철학은 우리에게 깊은 깨달음을 선사한다.

알레산드로 멘디니는 시대의 변화 속에서도 흔들림 없이 자신의 철학을 지키며 비주류에서 주류로, 나아가 세계적인 거장으로 자리 잡았다. 그의 작품은 트렌드를 초월해 오랫동안 사랑받는 디자인의 본질과 힘을 보여준다. 이를 통해 우리는 변치 않는 가치를 발견하고, 트렌드를 이끌어갈 통찰을 얻을 수 있을 것이다.

하이엔드는 상품을 팔지 않는다

보편적 사물에 새로운 생명을 불어넣다.
알레산드로 멘디니

알레산드로 멘디니는 건축가, 디자이너, 예술가, 큐레이터, 잡지 편집장 등 다채로운 이력의 소유자이자 이탈리아 디자인의 혁신을 이끌었던 주요 이론가 겸 실천가다. 그는 1931년 밀라노의 유복한 가정에서 태어났으며, 변호사이자 앤티크 가구 수집가인 아버지, 컬렉터인 할아버지와 어머니, 갤러리를 운영하는 삼촌들 덕분에 어린 시절부터 예술적 감각이 풍부한 환경에서 성장했다. 이러한 배경은 이후 그의 독창적이고 감각적인 디자인 세계를 형성하는 데 많은 영향을 미쳤다.

밀라노 폴리테크니코대학에서 건축을 전공한 그는 카사벨라Casabella, 모도 Modo, 도무스Domus와 같은 세계적인 디자인 잡지의 편집장을 역임하며 독보적인 업적을 남겼으며, 그의 프로젝트와 작품들은 여러 언어로 번역 출간되며 전 세계 디자인의 흐름에 큰 기여를 했다.

알레산드로 멘디니는 1976년 이탈리아의 디자인 혁신 그룹 '스튜디오 알키미아Studio Alchymia'를 설립해 대량생산과 기능주의에 반대하는 실험적이고 장식적인 디자인을 선보이며 새로운 가능성을 모색하기 시작했다. 특히 1980년 '보편적 사물L'oggetto Banale'이라는 주제로 열린 베네치아 비엔날레 전시에서는 일상에서 흔히 볼 수 있는 30개의 평범한 제품에 장식을 더하고 새로운 생명을 불어넣는 '리디자인Redesign' 개념을 제안하며, 일상의 평범한 사물들도 창의적 디자인을 통해 새로운 미적, 사회적 가치를 얻을 수 있음을 보여줬다. 그의 대표작 중 하나인 〈프루스트 소파Poltrone di Proust〉는 이러한 철학을 상징적으로 담아낸 작품이다.

알레산드로 멘디니는 후기 모더니즘에 충실한 컨템퍼러리 디자인에 특별한 관심을 기울여 왔으며 알레시Alessi, 필립스Philips, 스와로브스키Swarovski, 스와치 Swatch, 비사짜Bisazza, 까르티에Cartier 등의 글로벌 브랜드와 협업을 진행했다. 그는 아트 컨설턴트로서 유럽과 아시아 지역에서 독창적인 전략과 디자인을 성공적으로 추진하며 사업 영역을 넓혔다.

알레산드로 멘디니의 프루스트 소파, 나는 드래곤이다 전시, 트리엔날레, 2024

그는 세계적으로 권위 있는 황금 콤파스 상Compasso d'Oro의 디자인 & 건축 부분 수상자로 1979년, 1981년, 2014년까지 무려 세 차례나 선정됐다. 또한 뉴욕 건축연맹으로부터는 명예 훈장을, 프랑스 정부로부터 예술 기사 작위Chevalier des Arts et des Lettres를 받았으며, 그의 작품은 세계 각국의 주요 박물관과 전시장에 설치되면서 디자이너로서의 위상을 더욱 확고히 다졌다.

알레산드로 멘디니는 58세가 되던 1989년, 밀라노에 아뜰리에 멘디니Atelier Mendini를 설립하며 세계적인 디자이너로 이름을 알렸다. 가브리엘 샤넬 역시 70세에 파리로 돌아와 다시 디자인을 시작해 패션계에 엄청난 유산을 남겼으니, 디자이너에게 늦은 나이라는 건 없다.

알레산드로 멘디니는 사무실을 운영하며 건축, 가구, 산업 디자인 전반에서 다양한 프로젝트를 통해 창의력을 발휘했다. 그의 주요 작업으로는 알레시 본사 사옥Ufficio di Alessi, 나폴리의 살바토르 로사 지하철역Stazione Salvator Rosa, 히로시마 파라다이스 타워The Tower of Paradise in Hiroshima, 그로닝거 뮤지엄Groninger Museum, 아로사의 카지노Casino Arosa, 베로나의 비블로스 아트 호텔Byblos Art Hotel 등 유럽의 디자인 프로젝트들과, 서울 디자인 한마당 전시장을 비롯해 한샘 키친바흐, 삼성전자 갤럭시 기어 S2, LG전자의 멘디니 냉장고 등의 프로젝트가 있다. 이외에도 롯데 카드, 포스코, 파라다이스 호텔 등과 협업하며 자신만의 디자인 감각을 담아냈다. 알레산드로 멘디니는 상업성과 기능성에 가려진 일상과 사물에 새 생명을 불어넣으며, 인간의 감성과 삶에 스며드는 디자인 철학을 보여준 예술가이자 디자이너로, 그의 작품들은 여전히 많은 이에게 깊은 영감을 주고 있다.

회고전, 나는 드래곤이다

앞에서 언급했던 《나는 드래곤이다》 전시는 2024년 4월부터 밀라노 트리엔날레에서 열린 알레산드로 멘디니의 회고전이다. 트리엔날레 밀라노와 까르티에 현대미술재단의 공동 주최로 개최된 이 전시는 그의 다양한 작품 세계를 6개의 주제로 구성해 400여 점의 작품을 선보였다. 그동안 그가 주최하는 전시도 많이 참

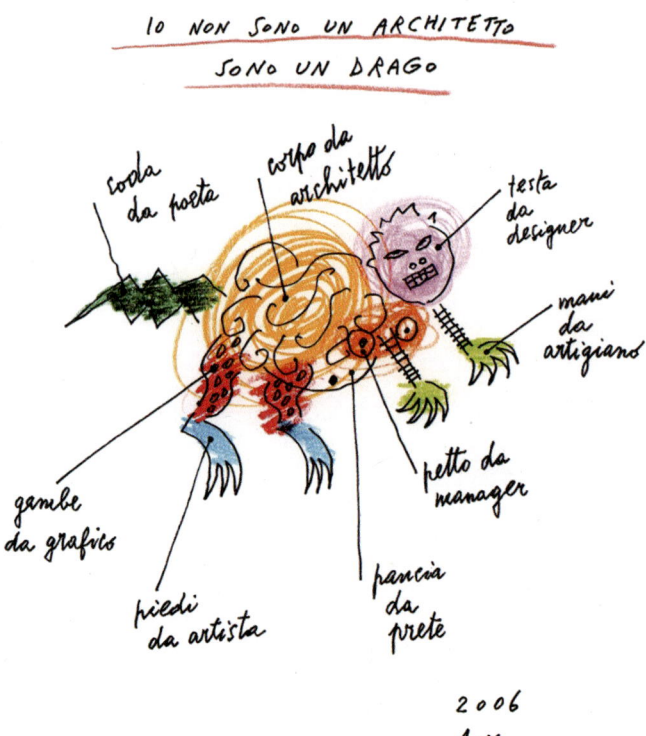

IO NON SONO UN ARCHITETTO
SONO UN DRAGO

coda da poeta
corpo da architetto
testa da designer
mani da artigiano
gambe da grafico
petto da manager
piedi da artista
pancia da prete

2006
A·M

알레산드로 멘디니의 자화상 드로잉, 2006

석했었지만, 이번 회고전은 규모나 구성 면에서 가장 인상 깊었으며, 그의 작품과 인생을 한 편의 드라마처럼 관람할 수 있었던 매우 뜻깊은 자리였다.

　'드래곤'이라는 전시 제목은 알레산드로 멘디니의 상징적인 '자화상'에서 착안한 것으로 그의 디자인, 건축, 예술 전반에 걸친 독창적이고 다층적인 작품 세계를 의미한다. 용은 전통적으로 강력한 힘과 창조적 에너지를 상징하며, 이는 알레산드로 멘디니가 우리에게 남긴 창조적 에너지와 예술적 유산을 함축적으로 표현한 것이다. 그는 현대 디자인 역사에서 독보적인 위치를 차지하며 건축,

비사짜 타일로 제작된 오브제, 나는 드래곤이다 전시, 트리엔날레, 2024

디자인, 예술의 경계를 넘나드는 복합적인 세계관을 구축했다.

　이 전시는 알레산드로 멘디니가 세상을 바라보는 시각과 그의 예술적 철학을 조명하며, 일상의 소소한 것조차도 특별한 경험으로 변모시킬 수 있는 그의 예술적 능력을 부각시켰다. 전시의 시작은 걸리버 증후군La sindrome di Gulliver 이라는 컨셉으로 연출했다. 입구에 들어서자마자 스케일이 다른 다양한 오브제들이 배치돼 관객들은 마치 걸리버가 된 듯한 착각에 사로잡힌다. 〈프루스트 소파〉와 〈작은 성당Petite Cathédrale〉 같은 대형 작품부터 그로닝거 뮤지엄, 하노버의 버스 정류장Hanover central bus station, 살바토르 로사 지하철역 등의 건축 프로젝트 모형까지 다양한 작품들로 구성했다.

　알레산드로 멘디니의 작품은 스케일만 다를 뿐 일관된 디자인 감성을 유지하고 있다. 그의 건축 모델링을 보면 이러한 관점이 더욱 선명해진다. 겉으로 드러난 모습은 한없이 유머러스하고 경쾌하지만, 그 안에는 깊은 철학과 메시지가 담겨 있다. 또한 그의 디자인은 사람들을 미소 짓게 만드는 마법 같은 능력을 지 녔다. 그가 남긴 디자인 스케치는 그의 순수한 작품 세계를 들여다볼 수 있는 거 대한 회화이자, 디자인 과정조차도 하나의 예술작품으로 승화되었음을 보여준 다. 드로잉부터 오브제, 건축, 가구, 디자인 전반으로 이어지는 그의 작업들은 밝 고 컬러풀한 아름다움 속에 인간과 삶에 대한 깊은 애정과 통찰을 담고 있다.

이탈리아 디자인 철학의 근원, 벨라 피구라

이탈리아 디자인 특유의 색감은 말로는 표현하기 힘들 만큼 다채롭고 섬세하다. 마치 우리말이 다양한 표현 방식을 가진 것처럼, 보이는 것 이상의 감각적인 깊 이를 전달한다. 평범한 동네 주민이 자기 집 담벼락에 칠하는 페인트 색감조차 남다르며, 인적이 드문 시골 마을에 설치돼 있는 펜스의 색조차도 특별한 감각을 지닌다.

이탈리아어에는 '벨라 피구라Bella Figura'라는 말이 있다. '아름다운 모습'이라 는 뜻인데, 이는 외적인 아름다움뿐만 아니라 삶을 살아가는 방식이나 태도, 행 동까지 아름답게 보이도록 신경 쓰는 이탈리아 문화의 중요한 관념이다. 슈퍼마 켓을 갈 때도 할머니 할아버지들이 모자와 모피 코트를 멋지게 차려 입고 다니 는 모습을 쉽게 찾아볼 수 있다.

이러한 문화는 그들의 언어에서도 드러난다. 낯선 사람을 만날 때조차 여성 에게는 '아름답다', 남성에게는 '멋지다'는 의미를 담아 '차오 벨라!', '차오 벨로!'라 고 인사를 건넨다. 이는 친근함과 예의를 담은 자연스러운 표현이다.

이탈리아는 하이엔드 패션 및 가구 브랜드로 우리에게 잘 알려져 있다. 프라 다, 펜디, 구찌, 보테가 베네타, 발렌티노 등 세계적인 패션 브랜드들이 이를 증 명하고 있다. 뿐만 아니라 비앤비 이탈리아B&B Italia, 몰테니Molteni&C, 카시나Cas- sina, 폴트로나 프라우Poltrona Frau, 카르텔Kartell, 보피Boffi, 아크리니아Arclinea, 발쿠 치네Valcucine 등은 하이엔드 주택에서 많이 찾아볼 수 있는 이탈리아 대표 가구 브랜드들로 전 세계적으로 그 영향력을 발휘하고 있다.

하이엔드는 상품을 팔지 않는다

이처럼 세계적인 명품 디자인이 나올 수 있었던 배경에는 이탈리아 사람들의 일상 속 깊이 자리 잡은 아름다움에 대한 문화와 '벨 디자인Bel Design[19]'에 대한 관심 그리고 장인 정신이 있을 것이다. 전공자가 아니더라도 누구나 자연스럽게 패션과 디자인에 대해 이야기하는 모습이 이를 잘 보여준다.

일상을 예술로 만들어주는 안나 G, 알레산드로 M, 아물레토

전 세계적으로 가장 많이 알려진 디자인 오브제 중 하나는 바로 와인 오프너 '안나 G'일 것이다. 와인 오프너라는 평범한 생활용품에 이름과 독창적인 디자인을 부여하면서, 일상에 즐거움을 주는 예술적인 오브제가 되었다. 와인 오프너의 우아한 움직임은 마치 발레리나의 춤을 떠오르게 한다. 알레산드로 멘디니를 만나 안나 G에 대해 직접 물어볼 기회가 있었는데, 그는 와인 마개를 여는 동작을 춤으로 형상화하며 디자인을 구상했다고 설명했다. 디자인이 완성된 후 그 형태가 친구 안나 질리Anna Gili의 모습과 닮은 것을 보고 그녀에게 이름을 사용해도 되겠냐고 물었고, 그녀는 흔쾌히 승낙했다고 한다. 그렇게 탄생한 것이 안나 G다.

이후에 알레산드로 멘디니는 자신의 모습을 형상화한 '알레산드로 M'도 출시했다. 커플이 된 와인 오프너 세트와 '안나 타이머'까지 이 3개의 오브제는 지금도 나의 주방 선반에 자리를 지키고 있다. 그저 주방 용품에 불과한 와인 오프너와 타이머를 보며 미소 짓는 순간이 얼마나 될까? 하지만 알레산드로 멘디니의 디자인은 그 어려운 일을 해낸다. 이 귀여운 오브제들은 미적으로도 아름다울 뿐만 아니라 굉장히 실용적이고, 오랜 시간 변함없는 품질을 유지하고 있다. 개인적으로 알레시 제품을 애용하는 편인데, 선반 위에 작품처럼 전시된 오브제들을 사용할 때면 일상이 조금은 우아하고 특별하게 느껴진다. 이 소소한 행복감이야말로 디자인이 주는 진정한 매력일 것이다.

알레산드로 멘디니의 대표작 중 하나는 '아물레토Amuleto' 조명이다. 그는 이 제품의 디자인뿐만 아니라 기구 설계와 세부 사항까지 직접 점검하며 완성도를 높였다. 안나 G 이후 세계적으로 사랑받는 그의 디자인 중 하나인 아물레토는

알레시 100주년 기념 안나 G와 알레산드로 M (상)
라문 아물레토, 알레산드로 멘디니와 손자 토마소 (하)

옐로우, 레드, 블루 등의 삼원색으로 이루어진 링 형태로, 간결하고 미니멀한 디자인이 돋보인다.

아물레토는 이탈리아어로 '부적'을 뜻하며, 알레산드로 멘디니는 사랑하는 손자들의 건강과 행복을 기원하며 이 조명을 디자인했다고 한다. 애정 어린 마음에서 나온 아물레토는 기능적으로도 매우 뛰어나다. 램프에서 나오는 빛은 사방으로 퍼지면서 그림자를 만들지 않아 눈의 피로를 최소화해 시력을 보호한다. 이러한 장점 덕에 '대치동 스탠드'로 불리며 한국에서도 엄청난 관심을 받기도 했다.

아물레토의 링은 원하는 방향으로 조명을 쉽게 조절할 수 있도록 설계됐으며, 파란색의 원형 지지대에 손을 대면 조명이 들어오고 조도 조절도 가능하다. 섬세한 관절 구조는 미니멀한 디자인의 디테일을 더욱 돋보이게 한다. 원형과 직선으로 이루어진 단순한 구조지만, 그 안에 담긴 기능과 의미를 통해 알레산드로 멘디니의 디자인 철학을 느낄 수 있다.

비주류, 주류가 되다. 리디자인

'리디자인' 개념의 등장은 자본주의의 무분별한 소비로 인한 결과, 즉 자연환경 파괴에 대한 반성에서 비롯된 상징적인 시도였다. 알레산드로 멘디니는 새로운 물건을 만드는 대신 기존 작품을 재활용해서 새로운 가치를 부여하는 개념을 제안했다.

그렇다면 왜 리디자인인가? 알레산드로 멘디니는 이 작품들을 선보일 당시 사회적 주류를 형성하고 있던 기능적 디자인에 의문을 제기했다. 그는 제2차 세계대전 이후 대량생산 체제와 기능주의적 가치관이 인간의 감수성을 무시하고 디자인을 도구화했다고 보았고, 이에 대한 반발로 유쾌하며 키치한 감각을 곁들인 설치미술과 같은 디자인을 선보였다. 이 실험적인 디자인은 단숨에 세계 디자인계의 이목을 집중시켰고, 1980년대에는 미국의 포스트 모더니즘과 더불어 세계적인 흐름을 주도하게 되었다.

시대를 초월한 프루스트 소파

1978년에 세상에 나온 〈프루스트 소파〉는 전 세계적으로 가장 많이 판매된 알레산드로 멘디니의 스테디셀러 중 하나다. 이 작품은 당시 상업주의에 반대하는 운동의 일환으로 스튜디오 알키미아에서 선보인 실험적인 결과물이었다. 기득권과 주류에 도전하며 새로운 패러다임을 제시했던 알키미아 운동은 시간이 지나면서 주류의 중심에 서게 되었고, 그가 한때 반대했던 기득권의 위치에 선 아이러니한 현상이 벌어진 것이다. 이러한 현상은 모든 작품이 시대의 흐름에 따라 새로운 의미로 변모할 수 있음을 보여준다.

〈프라다 마파〉도 프라다 브랜드의 홍보를 위한 것이 아니라, 엘름그린과 드라그셋 듀오가 현대 소비문화를 비판하는 작품으로 텍사스의 황무지에 설치했으나, 나중에는 유명한 관광지이자 소비의 상징처럼 되어버린 것과 비슷하다. 결국 그 어떤 이념도 절대적일 수는 없다.

〈프루스트 소파〉는 루이 15세 양식의 클래식한 의자에 점묘화의 대가인 폴 시냐크Paul Signac의 기법으로 재창조한 리디자인 작품이다. 그는 자신이 좋아하는 프랑스 소설가 마르셀 프루스트Marcel Proust의 이름을 붙여 가구에도 문학적인 감성을 불어넣었다. 이렇듯 알레산드로 멘디니는 건축과 공간까지 순수 회화의 관점에서 바라보며, 기능적인 요소보다는 감성적이고 예술적인 측면에 더 큰 가치를 두었다. 또한 모든 사람이 각기 다르듯 제품 각각의 개성을 중시하고, 사물과 그 사물을 사용하는 인간과의 관계를 강조하며 디자인에 임했다.

이러한 철학이 반영된 실험적인 작품인 〈프루스트 소파〉는 예술품이자 오브제로서 지금까지도 인정받는 디자인으로 호텔 로비, 아파트 중정, 미술관 등 다양한 공간에서 그 독특한 존재감을 드러내고 있다.

하이엔드는 상품을 팔지 않는다

프루스트 소파, 나는 드래곤이다 전시, 트리엔날레, 2024

알키미아의 실험 정신

1976년 알레산드로 멘디니가 창립한 스튜디오 알키미아는 대량생산과 기능주의에 반대하는 실험적이고 장식적인 디자인 운동으로 화려한 장식과 색채, 유니크하고 경쾌한 형태를 통해 대중들의 마음을 사로잡았다. 이러한 요소들은 대중과의 감성적 소통 방식을 제안하며, 디자인과 예술의 경계를 넘는 상징으로 자리잡았다.

　　그는 〈프루스트 소파〉뿐만 아니라 역사적으로 상징적인 의자들을 차용하여 자신만의 디자인 철학을 담은 리디자인 작품들을 선보였다. 지오 폰티Gio Ponti의 슈퍼레제라 의자Superleggera Chair, 헤릿 릿펠트Gerrit Rietveld의 지그재그 의자Zig-Zag Chair, 조에 콜롬보Joe Colombo의 유니버설 의자Universale Chair, 마르셀 브로이어Marcel Breuer의 바실리 의자Wassily Chair 등은 단순히 기존 디자인을 변형한 수준을 넘어선 독창적인 의미를 담은 작품들이다.

오제토 바날레 전시 작품, 1980

마르셀 브로이어는 바우하우스 출신이자 기능주의 디자인의 거장으로, 바실리 의자는 그의 대표작 중 하나다. 알레산드로 멘디니는 이 상징적인 의자를 바실리 칸딘스키의 추상 회화를 연상시키는 이미지로 리디자인해 기능주의를 예술로 대체하고자 하는 자신의 철학을 은유적으로 표현했다. 또한 찰스 레니 매킨토시Charles Rennie Mackintosh가 1902년에 만든 힐하우스 체어도 새롭게 재탄생시켰다. 권위를 상징하는 긴 등받이 위에 기다란 장대와 번개 모양의 키치적인 장식을 더해 기존의 권위와 고정관념을 반전시키는 그만의 독창적인 접근 방법을 보여주었다.

알키미아 그룹은 1980년 베네치아 비엔날레에서 《오제토 바날레L'oggetto Banale》라는 전시를 선보였다. '오제토 바날레'는 이탈리아어로 '보편적 사물'이라는 뜻으로, 대량생산된 평범한 소비재에 장식적 요소와 예술적 감각을 더해 그 의미와 가치를 새롭게 부여하려는 실험적인 시도였다.

알레산드로 멘디니는 공장에서 제작된 커피 메이커, 진공청소기, 분무기, 조

하이엔드는 상품을 팔지 않는다

명 등 익숙한 기성품에 핸드 페인팅과 장식적 요소를 더해 독창적인 예술작품으로 탈바꿈시켰다. 금속성의 질감에 생동감 있는 색감이 더해진 커피 메이커는 이전과 전혀 다른 이미지로 변신했으며 의자, 램프, 도자기 같은 물건들은 장식적이고 상징적인 오브제로 탈바꿈했다. 일부 작품은 초현실적인 형태로 재탄생하며 관객들에게 신선한 충격을 주었다. 우리가 익숙하게 사용하는 물건들이기에 이와 같은 변신은 더욱 극적으로 보였을 것이다.

이러한 접근은 당시 디자인 산업에서 대량생산과 기능성을 중시하던 경향에 대한 비판이자, 예술적 감성을 회복하려는 시도로 해석된다. 알레산드로 멘디니는 사회적 통념이나 선입견에 얽매이지 않고 디자인에 대한 새로운 시각을 제시하며, 우리가 당연하게 여겼던 일상 속에서도 새로운 가능성과 아름다움을 발견할 수 있음을 보여주었다.

혁신적 큐레이션, 티 앤 커피 피아짜에서 비블로스 아트 호텔까지

알레산드로 멘디니의 혁신적인 큐레이션은 세계적인 디자인 잡지의 편집장으로서의 경험과 스튜디오 알키미아에서의 실험적 작업을 바탕으로 하고 있다. 그는 건축가, 디자이너, 예술가들을 연결해 프로젝트를 구현하는 다차원적인 접근 방식과 기존 관습을 깨뜨리는 실험을 통해 디자인의 새로운 가능성을 탐구했다. 그의 큐레이션 철학은 티 앤 커피 피아짜Tea & Coffee Piazza, 그로닝거 뮤지엄, 비블로스 아트 호텔 등의 프로젝트들을 통해 구체화되고 확장되며 큰 성공을 거두었다.

알레산드로 멘디니의 큐레이션은 스토리텔링과 감성적 경험을 제공하는 접점으로서 디자인, 예술, 건축의 경계를 넘나드는 독창적이고 감성적인 접근 방식을 확립하며 새로운 흐름을 제시했다.

마이클 그레이브스의 버드 케틀 세트

건축가들이 만든 티 앤 커피 피아짜

티 앤 커피 피아짜는 알레산드로 멘디니가 이끈 디자인 프로젝트로, 1983년 알레시와의 협업으로 시작됐다. 이 프로젝트는 차와 커피 세트라는 일상적 소재를 예술적 오브제로 변모시키는 실험적 작업으로, 알레산드로 멘디니는 당시 세계적으로 주목받는 젊은 건축가 11명을 초청해 그들만의 시각으로 '차와 커피 세트'를 디자인하도록 했다. 프로젝트명 '피아짜'는 이탈리아의 도시 광장을, '티와 커피 세트'는 소통과 문화를 의미한다.

　　마이클 그레이브스Michael Graves, 알도 로시Aldo Rossi, 리처드 마이어, 에토레 솟사스Ettore Sottsass, 한스 홀라인Hans Hollein 등 세계적인 건축가들의 작품은 저마다 고유한 디자인 언어를 지닌 소형 건축물 형태로 만들어졌다. 알도 로시의 '라 쿠

　　　　하이엔드는 상품을 팔지 않는다

폴라la Cupola' 디자인은 이탈리아 도시의 풍경을 담은 조형적 요소를 담았으며, 마이클 그레이브스의 주전자 '버드 케틀Bird Kettle' 세트는 유머러스한 감각과 아르데코 스타일을 결합한 디자인으로, 새를 연상시키는 모티프가 특징적이다. 이 제품들은 여전히 많은 관심을 받는 스테디셀러로, 현대 디자인 역사에서도 중요한 위치를 차지하고 있다.

이 프로젝트의 시작은 이윤 추구보다는 가치 추구의 실험적인 기획에 가까웠다. 그러나 결과는 예상을 뒤엎고 엄청난 성공을 거두었다. 알레시는 특별한 브랜드 광고나 홍보 없이도 전 세계적으로 주목받았고, 이를 계기로 주방 용품 회사에서 세계 디자인계를 선도하는 브랜드가 되었다. 이는 알레산드로 멘디니의 혁신적 큐레이션과 기획력이 이룩한 성과였다. 티 앤 커피 피아짜는 디자인이 소비자와 예술, 기업에 미치는 영향을 명확히 보여주며, 기업이 디자인을 어떻게 전략적으로 활용해야 하는지를 일깨워주는 혁신적인 모범 사례로 평가된다.

예술품보다 더 예술품 같은 그로닝거 뮤지엄

네덜란드 그로닝거 뮤지엄은 1994년에 첫 개관한 후 2010년에 리노베이션된 프로젝트로 '예술적 건축'이라는 개념을 구현한 상징적인 작품이다. 이 프로젝트를 의뢰받은 알레산드로 멘디니는 예술품을 전시하는 미술관을 더 예술품처럼 만들겠다는 비전을 가지고 설계를 시작했다. 건물의 각 부분을 서로 다른 디자인 언어로 구현하고자 했으며, 이러한 아이디어들을 구현하기 위해 그의 큐레이션 경험을 살려 미켈레 데 루키Michele De Lucchi, 쿱 힘멜브라우Coop Himmelblau, 필립 스탁Philippe Starck 등 세계적인 거장들을 초청했다. 각 건축물은 건축가의 특성을 살린 독창적인 스타일로 설계되었으며, 알레산드로 멘디니는 이 개성 넘치는 공간들을 조화롭게 연결해 예술적 건축물을 완성했다.

그는 본관 중앙 건물의 설계를 맡아 미술관의 고정관념을 과감히 깨뜨렸다. 일반적으로 건물 외곽에 배치하는 수장고를 중심부로 옮기는 혁신적인 레이아웃을 적용하며, 건축물에 특별한 상징성을 부여했다. 이러한 독창적인 접근은

그로닝거 뮤지엄, 네델란드 그로닝겐, 1994

그로닝거 뮤지엄을 이전에 본적 없는 완전히 새로운 건축물로 탄생시켰다. 알레산드로 멘디니는 생전에 이 프로젝트를 〈프루스트 소파〉 첫 번째 에디션과 와인 오프너 '안나 G'와 함께 자신의 대표작으로 언급한 바 있다.

입구부터 계단실까지 이어지는 모든 공간이 조형적 요소를 강조하여 설계되었으며, 옐로우 타워 입구의 윗부분에 설치한 2개의 뿔은 알레산드로 멘디니 특유의 유머러스한 디자인 감각이 돋보인다. 전시 공간에는 필립 스탁의 특별한 스타일이 더해졌는데, 독특한 구 조형물과 반투명한 패브릭을 활용해 신비로운 분위기를 연출하며, 관람객들에게 색다른 경험을 선사했다.

가장 흥미로운 공간은 계단실이다. 일반적으로 계단은 건축의 기능적 요소로, 공간의 주인공이기보다는 늘 조연으로 존재한다. 그런데 그로닝거 뮤지엄에서는 알레산드로 멘디니의 '프루스트 점묘 기법'을 비사짜Bisazza 모자이크 타일로 구현하여 계단실 자체를 하나의 멋진 오브제로 완성했다. 이처럼 서로 다른 디자

하이엔드는 상품을 팔지 않는다

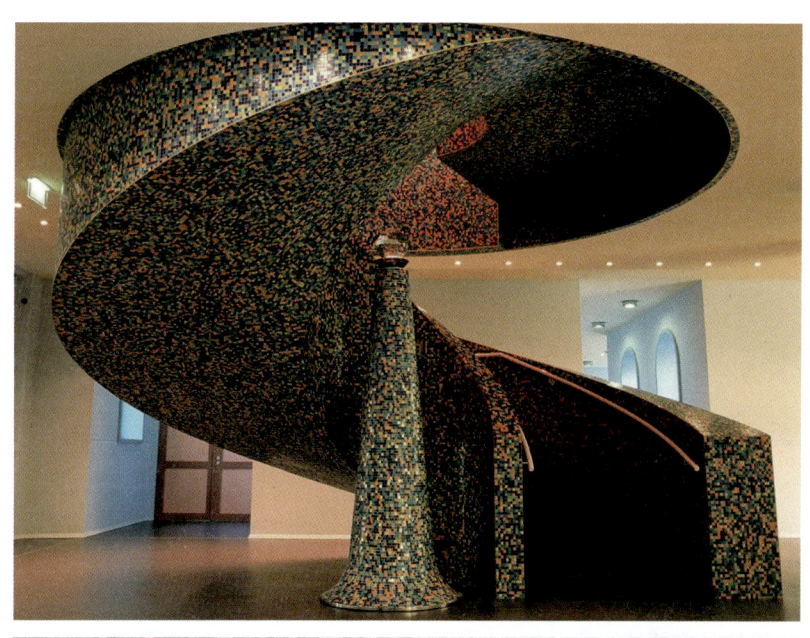

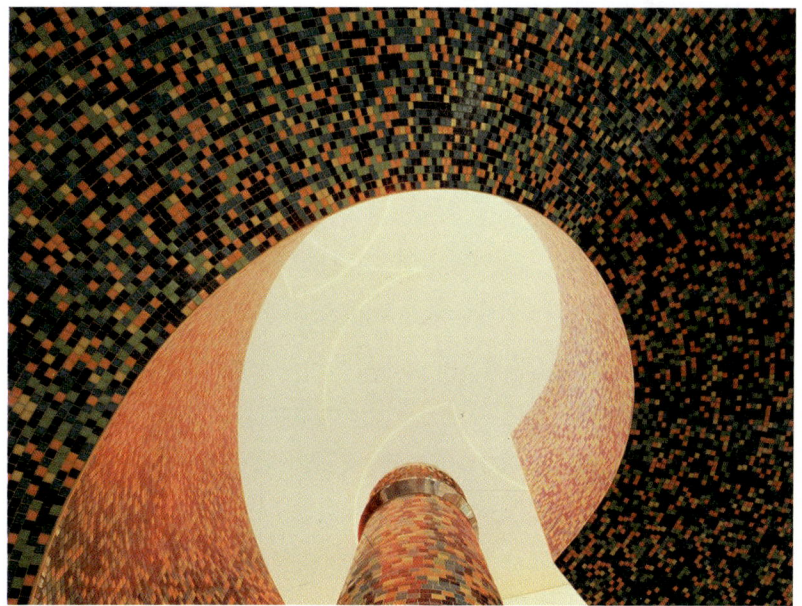

그로닝거 뮤지엄 내부 계단실, 네델란드 그로닝겐, 1994

이너들의 작품이 공존하는 동시에 회화, 장식, 설치미술, 조각 등 다양한 예술적 요소들이 공간과 융합하여 건물 자체가 하나의 거대한 예술품으로 승화되었다.

그로닝거 뮤지엄은 하나로 특성화된 건축물이라기보다는 같은 맥락 안에서 각 부분이 독립적인 개성을 가진 건물로 이루어진 알레산드로 멘디니의 건축 컬렉션이라고 할 수 있다. 이는 그의 실험적인 정신과 큐레이터 능력을 통해 탄생한 결과물로, 전 세계적으로 인정받는 작품으로 남게 되었다.

예술작품과 디자인의 완벽한 조화, 비블로스 아트 호텔

로미오와 줄리엣의 배경지로 잘 알려진 베로나는 사랑과 낭만이 가득한 매력적인 도시다. 이탈리아 패션 브랜드로 유명한 비블로스는 이곳의 15세기 빌라를 개조해, 예술 속에서 머무를 수 있는 특별한 호텔을 만들었다. 알레산드로 멘디니가 이 프로젝트의 아트 디렉팅을 맡았으며, 그의 작업을 통해 2005년 비블로스 아트 호텔이 새롭게 재탄생했다.

이 호텔은 알레산드로 멘디니의 디자인 철학과 큐레이팅 능력을 고스란히 경험할 수 있는 환상적인 예술 공간이다. 60여 개의 객실은 각각 독특한 컨셉으로 디자인되었고, 지오 폰티, 프랭크 로이드 라이트Frank Lloyd Wright, 에로 사리넨Eero Saarinen, 필립 스탁, 에토레 솟사스 등 세계적인 디자이너들의 가구와 오브제가 객실 곳곳에 배치되어 독창적인 분위기를 연출한다. 또한 데미언 허스트, 무라카미 다카시, 아니쉬 카푸어를 포함한 50여 명 아티스트의 회화, 조각, 설치 작품이 호텔의 인테리어 디자인과 조화를 이루며 마치 미술관에 머무는 듯한 경험을 선사한다. 고전적인 스타일의 공간과 가구에 알레산드로 멘디니의 리디자인 개념을 더해 초현실적인 분위기로 구현된 비블로스 아트 호텔은 아트와 디자인이 완벽하게 융합된 모습을 보여준다. 미술관을 연상시키는 호텔 로비는 역사적인 가구와 세계적인 작가들의 작품, 그리고 화려한 유리 샹들리에가 어우러져 압도적인 분위기를 자아낸다.

객실 내부는 클래식한 가구를 알레산드로 멘디니 특유의 대담한 색감과 이

비블로스 아트 호텔 로비 (상), 침실 (하), 베로나, 2005

미지로 리디자인해, 마치 초현실적인 공간에 있는 듯한 느낌을 주며 강렬하면서도 유쾌한 분위기를 연출한다. 특히 알레산드로 멘디니는 이 호텔을 디자인하면서 '비블로스 카사Byblos Casa'라는 별도의 가구 컬렉션을 선보였다. 이 시리즈는 실험적 성격이 강했던 〈프루스트 소파〉와는 달리 좀 더 실용성을 고려한 디자인이 특징이다. 콘솔, 테이블, 소파, 의자, 책상, 책장 등 주거에 필요한 가구 전반을 아우르는 이 컬렉션은 실용성과 예술성을 조화롭게 담아내며 완성도 높게 제작되었다.

호텔의 정원 역시 감탄을 자아낸다. 섬세하게 관리된 꽃과 조각품들이 조화를 이루며, 마치 「이상한 나라의 앨리스」 속 한 장면에 들어온 듯한 착각을 불러일으킨다. 어디선가 회중시계를 든 토끼가 튀어나올 것만 같은 풍경은 방문객들에게 동화 속 주인공이 된 듯한 즐거움을 선사한다. 이 아름다운 호텔은 2006년 빌레제뚜르 어워즈Villegiature Awards에서 유럽 최고의 호텔 건축 및 인테리어Best Hotel Architecture and Interior in Europe를 수상하며 그 가치를 인정받았다.

알레산드로 멘디니의 디자인은 진보적이고 혁신적인 아이덴티티를 기반으로 하면서 동시에 유머러스한 감각을 더해 사람들에게 친숙하게 다가간다. 그래서 그의 디자인은 일상에서 누구나 쉽게 접할 수 있도록 대중성을 지니며, 세월이 지나도 변치 않는 특별한 감성을 담고 있다. 이러한 특징이야말로 그의 디자인이 지닌 진정한 매력이다.

호텔 속 예술작품들 사이를 거닐다 보면 "좋은 디자인은 시와 같고, 사람들에게 미소와 로맨스를 건네는 것이다."라는 알레산드로 멘디니가 한 말이 떠오른다. 디자인이 사람들의 마음을 긍정적으로 움직일 수 있다는 사실을 일깨워준다. 예술 역시 우리의 삶을 치유하고 풍요롭게 만드는 특별한 힘을 지니고 있다. 나도 한때 워커홀릭으로 번아웃을 경험한 적이 있지만, 그림을 그리면서 평온함을 되찾은 기억이 있다. 이러한 경험은 디자인과 예술이 우리의 삶에 깊이 연결되어 있음을 보여준다.

인간은 시대의 흐름에 따라 늘 새로운 방식으로 예술을 대면해 왔고, 디자인은 새로움이란 무엇인가라는 본질적인 질문을 끊임없이 탐구해 왔다. 우리는 살면서 늘 변화를 필요로 하는 순간을 맞이한다. 그럴 때 예술은 직간접적으로 삶의 새로운 방향을 제시해 주곤 한다. 알레산드로 멘디니의 작업처럼 비주류의 혁신적인 시도가 결국 세계적으로 주목받는 주류의 상징이 되었듯, 세상은 언제나 변화를 필요로 한다. 그러므로 모든 사람이 같은 방향을 바라볼 필요는 없다. 오히려 모두가 한 방향을 향할 때, 고개를 돌려 다른 시선으로 바라봐야 한다. 그것이 더 큰 가능성을 발견하는 시작점이 될 수 있으며, 새로운 세상은 우리의 용기와 도전으로 만들어갈 수 있는 무한한 가능성을 가지고 있다.

알레산드로 멘디니의 브랜드 혁신 코드

알레산드로 멘디니는 디자인, 예술, 건축의 경계를 허무는 혁신적인 작업을 통해 시대를 초월하는 브랜드 가치를 창출했다. 기존의 디자인이 대량생산과 기능주의에 집중할 때, 그는 디자인을 감성적 교감을 형성하는 소통의 수단으로 바라보았고, 공간과 사물에 새로운 의미를 부여하는 디자인을 제시했다. 이는 브랜드의 정체성을 강화하고 소비자와 깊은 연결을 형성하는 하이엔드 브랜드의 핵심 전략과 맞닿아 있다.

그가 제시한 가장 중요한 디자인 철학 중 하나는 '리디자인' 개념이다. 그는 기존의 사물에 새로운 디자인 언어를 적용하여 완전히 다른 의미를 부여했다. 대표적인 사례로 프루스트 소파를 들 수 있다. 이 작품은 고전 가구에 회화적 기법을 적용하여 디자인이 기존의 본질을 유지하면서도 완전히 새로운 가치를 창출할 수 있음을 증명했다. 이러한 접근을 통해 디자인의 지속성과 희소성을 동시에 확보하며 브랜드 가치를 극대화했다.

그는 감성적 경험과 스토리텔링을 중요한 브랜드 전략으로 보고, 디자인이 브랜드 철학과 소비자의 감성을 연결하는 매개체가 될 수 있다는 점을 강조했다. 알레시의 티 앤 커피 피아짜 프로젝트와 같이 세계적인 건축가들을 초청해 일상적인 차와 커피세트를 예술적 오브제로 변모시키는 작업을 통해, '소비자가 제품을 경험하는 방식을 새롭게 정의'했다. 당시 알레시는 특별한 광고나 홍보 없이도 세계적인 주목을 받았고, 이를 계기로 주방 용품 회사에서 세계적인 디자인 브랜드로 자리 잡았다. 알레산드로 멘디니의 혁신적인 큐레이션과 상품기획 전략은 디자인이 소비자와 예술 그리고 기업에 미치는 영향을 명확히 보여주었고, 기업이 디자인을 어떻게 전략적으로 활용해야 하는지를 일깨워주는 혁

하이엔드는 상품을 팔지 않는다

신적인 사례로 평가된다.

알레산드로 멘디니는 큐레이션의 힘을 활용하여 브랜드 가치를 강화하는 방법도 제시했다. 그는 브랜드를 하나의 고정된 이미지로 한정 짓는 것이 아니라, 다양한 예술적·건축적 협업을 통해 지속적으로 새로운 가치를 창출할 수 있음을 보여주었다. 네덜란드 그로닝거 뮤지엄 프로젝트에서는 미술관을 하나의 거대한 예술작품으로 구현했다. 이를 통해 공간 디자인이 브랜드 경험을 구축하는 핵심적인 역할을 할 수 있음을 강조했다.

비블로스 아트 호텔은 아트 컬래버레이션을 통해 브랜드 경험을 극대화한 사례로, 알레산드로 멘디니는 아티스트 50여 명의 회화, 조각 작품들을 큐레이션하여 호텔을 예술적 경험이 가능한 공간으로 재탄생시켰다. 특히 비블로스 카사라는 독자적인 가구 컬렉션을 제작해, 호텔 브랜드의 철학과 아이덴티티를 일관되게 유지하며 예술성과 실용성을 결합한 디자인을 선보였다.

알레산드로 멘디니는 디자인을 소비재로만 보지 않고, 제품과 공간에 스토리를 더해 브랜드의 영역을 예술적 플랫폼으로 확장시켰다. 이러한 접근 방식은 브랜드와 고객간의 감성적 유대를 강화하여 아이덴티티를 확립하는 핵심 전략이 되며, 지속적인 성공을 이루는 강력한 경쟁력이 될 수 있다.

3. 다차원의 시공간으로 여행을 떠나다

자하 하디드는 21세기 건축을 대표하는 혁신적인 건축가 중 한 명으로, 현대 건축사에서 중요한 위치를 차지하고 있다. 우리나라에서는 '동대문 디자인 플라자 DDP'를 설계한 건축가로 잘 알려진 자하 하디드는, 정형화되고 보편화된 근현대 건축의 틀을 벗어나 해체주의를 통해 건축과 공간에 대한 새로운 개념을 제시하고자 했다. 자하 하디드는 건축을 하나의 총체적 예술작품으로 바라보며 다양한 분야와 융합시켰다. 건축, 가구, 조명, 패션 등 영역의 경계를 허물며 독창적이고 감각적인 디자인을 구현해 낸 그녀의 작품들은 건축의 가능성을 확장하며 한계를 초월하는 비전을 보여준다.

자하 하디드 아키텍츠와의 인연은 2013년 베이징에서 근무하던 시절, 판구 Pangu 펜트하우스 프로젝트를 함께 진행하면서 시작됐다. 그녀가 디자인한 독창적인 패션 아이템에도 관심이 많았던 나는, 프로젝트 미팅에 참석할 때 '멜리사 슈즈Melissa Shoes'를 신고 갔던 기억이 있다. 그녀의 건축 철학을 압축한 오브제와 같은 이 슈즈는 디자인의 경계를 확장하는 혁신적인 시도였다.

자하 하디드는 건축가를 넘어 디자이너이자 예술가로, 다양한 영역을 융합하며 하이엔드 디자인의 새로운 가능성을 제시했다. 그녀는 비록 우리 곁을 떠났지만, 자하 하디드 아키텍츠는 현재도 활발하게 운영되고 있으며, 그녀의 대담하고 혁신적인 디자인 철학을 이어가고 있다.

건축은 끊임없는 투쟁이다.
자하 하디드

자하 하디드는 1950년 이라크 바그다드에서 태어났다. 아버지는 유명한 사업가이자 정치인이었고 어머니는 예술가였으며 유복한 가정환경에서 성장했다. 당시 이라크는 오늘날의 폐쇄적이고 위험한 이미지와는 달리 다양한 문화와 사상이 교차하는 중동의 중심 국가였다. 진보적인 성향의 아버지 덕분에 그녀는 어린 시절부터 여행을 통해 다양한 건축 양식에 호기심을 느꼈고, 특히 한 친척이 모술Mosul에 집을 지을 당시 아버지의 친구인 건축가가 들고 온 도면과 모형들을 보고 건축에 관심을 가지기 시작했다고 한다.

그녀는 1968년 레바논 베이루트 아메리칸대학교에 입학해 수학을 공부했으나, 전공을 바꿔 1972년 영국의 AA스쿨에 진학하며 건축의 길로 들어섰다. 졸업 후, 렘 쿨하스가 설립한 OMA에 입사해 실무 경험을 쌓았고, 뛰어난 실력으로 1977년에 파트너로 승진했다. 하지만 자신의 작품을 만들고 싶은 열망으로 OMA를 나와, 1980년 영국 런던에 자하 하디드 아키텍츠를 설립하고 새로운 도전을 시작했다.

그러나 남성 중심적인 건축계에서 여성이자 아랍 출신인 자하 하디드는 수많은 편견과 장벽에 부딪힐 수밖에 없었다. 그녀는 이러한 상황에서도 끊임없이 자신의 가치를 증명하며, 1983년 홍콩의 '더 피크 레저 클럽The Peak Leisure Club' 설계 공모전에서 1등을 차지했고, 이후로도 다양한 설계 공모전에서 잇달아 수상하며 이름을 알렸다. 그녀는 교육자로도 활발히 활동하며 영국 AA스쿨을 비롯해 하버드 디자인대학원, 시카고 일리노이대학교, 컬럼비아대학교, 예일대학교, 빈 응용예술대학 등 저명한 교육기관에서 학생들을 가르쳤다.

자하 하디드의 건축은 스승인 렘 쿨하스의 영향을 받았지만, 그녀만의 독창적인 스타일을 만든 핵심은 해체주의 건축[20]이었다. 해체주의는 현대 건축의 한계를 돌파할 수 있는 강력한 전환점이자 그녀의 디자인 철학에 큰 영향을 미친

홍콩 더 피크 레저 클럽 페인팅, 1982–1983

중요한 사조였다.

자하 하디드는 건축을 단순히 설계 작업으로만 보지 않고, 회화처럼 접근하는 독창적인 접근 방식을 갖고 있었다. 유기적이고 중력에서 벗어난 듯한 역동적인 형태를 지닌 그녀의 작품은 전통적인 방식으로는 도면화하기 어려운 경우가 많았다.

이러한 특성으로 인해, 설계 공모전에서 잇달아 수상하며 많은 주목을 받았음에도 불구하고 당시에는 실제 건축물로 구현된 사례는 없었다. 높은 비용과 복잡한 시공 문제로 번번이 착공 직전에 무산됐기 때문이다. 독립 후 10년이 넘도록 자신의 이름을 내건 건축물을 세우지 못한 자하 하디드의 이러한 상황은 페이퍼 아키텍트Paper Architect로 불릴 수밖에 없었던 이유이자 극복해야 했던 현실이었다.

1990년, 마침내 그녀에게도 기회가 찾아왔다. 독일 가구 회사 비트라Vitra의 회장 롤프 펠바움Rolf Fehlbaum으로부터 소방서 설계 제안을 받으면서, 비로소 첫 번째 건축물을 세울 기회를 얻은 것이다. 훗날 자하 하디드는 '건축이란 끊임없는 투쟁'이라고 회상했다. '비트라 소방서Vitra Fire Station'는 그녀의 오랜 노력과 투쟁의 결과로 얻은 소중한 성과였다.

최초로 실현된 건축 프로젝트, 비트라 소방서

비트라 캠퍼스Vitra Campus는 독일의 소도시 바일 암 라인Weil am Rhein의 북쪽에 있는, 비트라에서 운영하는 가구 공장 단지다. 1981년 화재로 모든 건물이 소실되는 위기를 맞았지만, 비트라는 이를 새로운 시작의 기회로 삼았다. 프랭크 게리, 안도 다다오Ando Tadao, 자하 하디드, 헤르조그 앤 드 뫼롱Herzog & de Meuron, 알바로 시자Álvaro Siza 니콜라스 그림쇼Nicholas Grimshaw 등 세계적인 건축가들에게 설계를 맡겼고, 예술 작품 같은 독창적인 건물이 하나둘 들어서면서 이곳은 현대 건축의 경연장으로 변모하기 시작했다.

'비트라 소방서' 역시 그 대열에 합류하며, 자하 하디드의 건축적 비전을 처음으로 실현한 기념비적인 작품이 되었다. 이 건물에서 보여지는 대담한 사선들

비트라 소방서, 비트라 캠퍼스, 1993

의 조합은 기존 모더니즘 건축에서는 볼 수 없는 독창적인 요소로, 거대 조각 같은 건물은 보는 각도에 따라 다른 분위기를 풍긴다.

1993년도에 완공된 이 건물은 캠퍼스 서측 진입부의 좁은 부지에 2층으로 지어졌다. 총면적은 250평이 되지 않으며 길이는 약 90m에 이른다. 날카롭고 조각적인 매스는 복잡한 쉘 구조 공법을 사용해 현장에서 주조됐으며, 동쪽 도로변의 중앙에 있는 주 출입구를 중심으로 오른쪽은 소방차 차고, 왼쪽은 소방관들의 생활공간인 라커룸과 피트니스룸 등으로 구성돼 있다. 2층에는 소방관 휴게실과 루프탑 테라스가 배치됐으며, 뒤편에도 옥외 휴게 공간이 조성되어 있다.

모든 공간이 사선과 경사면으로 구성된 동적인 형태를 특징으로 하는 비트라 소방서는 해체주의와 20세기 후반 건축을 대표하는 주요 작품으로 평가 받는다. 현재는 전시 및 특별 이벤트 공간으로 사용 중이다.

하이엔드는 상품을 팔지 않는다

비트라 소방서를 통해 건축계에 독보적인 존재감을 드러낸 자하 하디드는 1998년 미국의 로젠탈 현대미술관, 2002년 오스트리아 베르크이젤 스키 점프대, 2005년 독일 BMW 센트럴 빌딩 등 여러 혁신적인 건축 작품을 선보이며 세계적인 주목을 받기 시작했다.

유기적이고 미래적인 디자인 언어의 탄생

해체주의 건축은 기존의 규칙과 질서를 해체하고 비정형적이고 혁신적인 형태를 표현하기 위해 입체적인 설계를 필요로 한다. 이러한 특성으로 인해 전통적인 설계 방식으로는 구현하기 어려운 경우가 많았다. 그러나 1991년에 프랭크 게리가 우주선과 항공기 설계에 사용되던 3D 모델링 소프트웨어인 카티아를 건축설계에 도입하면서 해체주의 건축은 새로운 전환점을 맞이하게 되었다. 이러한 3D 모델링 시스템은 설계 작업을 보다 효율적으로 만들었을 뿐만 아니라, 기존 건축에서는 불가능했던 새로운 형태를 창조할 수 있는 가능성을 열었다.

이후 프랭크 게리는 게리 테크놀로지Gehry Technologies를 설립해 BIMBuilding Information Modeling 기반의 디지털 건축 소프트웨어를 개발했고, 이 기술을 자하 하디드를 비롯한 동료 건축가들에게도 공유했다. 이러한 기술력을 바탕으로 자하 하디드의 건축은 해체주의적 형태를 넘어 유기적이고 비선형적인 건축으로 진화하게 되면서 제2의 전성기를 맞이하게 되었다.

그녀는 2007년 헝거부르크반 역Hungerburgbahn Station, 2010년 광저우 오페라 하우스Guangzhou Opera House, 2011년 런던 아쿠아틱스 센터London Aquatics Centre, 글래스고 리버사이드 교통 박물관Glasgow Riverside Museum of Transport, 2013년 헤이다르 알리예프 센터Heydar Aliyev Centre, 2014년 동대문 디자인 플라자, 왕징 소호 타워Wangjing SOHO, 2018년 마카오 모르페우스 호텔Morpheus Hotel, 2019년 베이징 다싱 국제공항Beijing Daxing International Airport, 2020년 두바이 오퍼스 빌딩The Opus 등 자신만의 독창적인 건축 신화를 써 내려갔다.

자하 하디드는 2004년 건축계의 노벨상이라 불리는 프리츠커상을 받은 최

헤이다르 알리예프 센터, 2013

초의 여성 건축가로 기록됐고, 2016년에는 영국 왕립건축가협회의 로열 골드메달을 수상했다. 이 역시 여성으로서 최초였다. 하지만 화려한 수상 경력 뒤에는 이란 출신의 여성 건축가로서 실험적인 스타일을 고수하며 마주해야 했던 편견과 도전을 극복해야 했다. 나 역시 건설과 부동산 개발 분야에서 일하며 수많은 난관을 겪어 왔기에, 그녀의 여정에 마음 깊이 공감한다. 자하 하디드는 이러한 어려움을 극복하고 건축계의 선구자로 자리매김하며, 도전과 혁신에 대한 끊임없는 열정을 증명했다.

그녀의 혁신적인 건축 디자인에 대한 찬사만큼 비판의 목소리도 높았다. 일부 비평가들은 자하 하디드의 작품이 너무 미학적 측면에만 치우쳐 건축물의 효율성과 건축비 문제를 간과하는 것 아니냐는 비판도 제기했다. 이탈리아 로마 막시 현대미술관은 뒤틀린 건물 형태 때문에 전시 공간으로서의 기능성이 떨어진다는 평가를 받았고, 2020년 도쿄올림픽 주경기장은 과도한 건축비 문제로 계

약이 해지됐다. 아제르바이잔 바쿠의 헤이다르 알리예프 문화센터는 독재 정권과의 연계 논란에 휩싸였으며, 카타르 월드컵 경기장 역시 강제 노동과 인권 침해 문제가 불거져 이슈가 되기도 했다.

다양한 비선형적 곡선과 비효율적으로 보일 수 있는 공간 배치는 막대한 자본과 이해관계가 얽힌 건축 산업의 시각에서 보면 적합하지 않았을지도 모른다. 그러나 자하 하디드가 남긴 혁명과도 같은 작품들을 감상하다 보면 그러한 평가조차 사소하게 느껴질 정도로 압도적인 감동과 긴 여운을 남긴다. 자하 하디드의 건축은 강렬한 공간적 경험과 에너지를 통해 건축의 새로운 가능성을 열어주었으며, 그녀가 건축계에 새로운 패러다임을 제시한 최고의 건축가라는 사실을 부인하는 사람은 거의 없다.

미국 『뉴욕 타임스』는 "자하 하디드는 여성의 역할과 도시의 풍경, 건축 예술에 새로운 이정표를 세운 개척자다."라고 평가했다. 새로운 길을 개척한다는 건설렘과 동시에 외로움을 동반한다. 그러나 안전하고 편안한 길만 추구하며 살수는 없지 않은가. 문득 책의 한 구절이 떠오른다. 배는 항구에 정박해 있을 때 가장 안전하다. 하지만 그것이 배의 존재 이유는 아니다.

환유의 풍경, 동대문 디자인 플라자

자하 하디드의 비선형적이고 유기적인 디자인 언어는 건축의 고정관념을 무너뜨리며, 공간이 지닌 무한한 가능성을 보여준다. 우리나라에 그녀의 이름이 본격적으로 알려지기 시작한 것은 동대문 디자인 플라자(이하 DDP)의 설계자로 선정되면서부터다.

DDP는 역동적인 곡선 형태와 자연스러운 동선 흐름을 통해 시간의 연속성을 표현하며, 한국의 전통적인 조형미를 현대적으로 재해석한 건축적 언어를 담고 있다. '미래와 과거의 융합'이라는 컨셉으로 설계된 이 건물은, 건축의 무한한 가능성을 보여주는 혁신적인 작품으로 평가받고 있다.

2014년 3월에 문을 연 DDP는 지하 3층, 지상 4층에 총면적 8만 6,574㎡의 엄청난 규모로, 서울의 랜드마크로 자리 잡았다. 현재 DDP는 패션쇼, 미술 전시, 공연 등 다양한 이벤트가 개최되는 공간으로 서울의 문화 중심지로 각광받고 있다. 2007년 8월, 서울시 디자인센터 건축디자인 공모에서 국내외 유명 건축가 8팀이 경쟁에 참여했으며, 자하 하디드의 설계안이 최종 선정됐다. 당시 자하 하디드 팀은 프레젠테이션에서 조선시대 화가 안견의 〈몽유도원도〉와 이인문의 〈강산무진도〉에 담긴 한국의 중첩된 산세를 디자인 모티프로 삼았다고 한다.

'불시착한 우주선'이라는 별명으로 불리는 DDP는 형태만 보면 한국적 산세라는 컨셉과 약간의 거리감이 있지만, 이곳을 둘러보면 '환유의 풍경'이라는 설계 제목답게 다양한 공간을 마주하게 된다. 건물 내부는 유기적으로 연결된 동선으로 구성되어 있어, 길을 걷다 보면 어느새 경사로를 따라 지붕 위에 올라가게 된다. 바닥이 자연스럽게 지붕으로 이어지고, 지상과 지하의 구분이 모호한 이 역동적인 형태는 마치 우리의 중첩된 산세를 마주하는 느낌이다.

바닥, 벽, 천장의 경계를 넘어선 공간 디자인은 마치 거대한 설치미술 속에 들어와 있는 듯한 몰입감을 주며 내외부의 경계 또한 모호하게 만든다. 이러한 입체적인 곡선들이 만나면서 형성된 틈새 공간은 주변 패션 몰 빌딩들의 풍경까지 건물의 일부로 끌어들인다. 이는 주변 환경을 배제하지 않고 오히려 시각적으로 포용하며, 공간과 주변의 상호작용을 이끌어낸 새로운 차원의 건축 경험을 제공한다.

유기적인 라인은 실내 공간에서 더욱 역동적으로 구현된다. 기울어진 벽과 바닥의 만남 그리고 곡선으로 휘어지는 천장이 만들어내는 3차원적인 조형미와 블랙 라인의 간접 조명 디자인은 신비로운 공간감을 선사한다. 또한 화이트 톤으로 구성된 공간은 바닥, 벽, 천장의 경계가 사라지면서 마치 무중력 공간에 있는 듯한 느낌을 주며 강렬한 인상을 남긴다.

이처럼 중력을 거스르는 듯한 비선형 곡선은 한옥 처마 끝의 부드러운 라인과 도자기의 단아한 곡선에 영감을 받아 디자인되었고, 외벽을 구성하는 45,000여 개의 알루미늄 패널은 고려청자 위에 격자를 그린 듯한 형상으로 구현되었

하이엔드는 상품을 팔지 않는다

동대문 디자인 플라자, 2014

다. 도자기의 섬세한 색감을 표현하기 위해 4가지 색상을 조합해 입체적인 느낌을 연출했다. DDP의 유기적인 매스는 주변 빌딩과 대비되며 더 극적인 스토리를 만들어낸다. 특히 밤이 되면 조명이 외벽을 타고 흐르면서 건물의 우아한 형태를 더욱 돋보이게 만든다.

DDP는 시각적인 랜드마크를 넘어, 동대문 지역의 동선을 적극적으로 연결하며 도시 환경과 공간을 하나로 이어주는 구심점이자 상징적 존재로, 우리에게 혁신과 변화에 대한 화두를 던지며, 익숙한 틀을 벗어나 새로운 세계로 나아가야 할 의미를 환기시킨다.

문득 프란츠 카프카의 『변신』이 떠오른다. 10여 년 전 이 책을 처음 읽었을 때, 그 속에 담긴 의미가 크게 와닿지는 않았다. 하지만 DDP를 다시 둘러보고 자

동대문 디자인 플라자 내부 복도

하 하디드의 작품들과 마주한 지금, 새로운 세상으로 발을 내딛는 일이 얼마나 쉽지 않은 여정인지 조금은 알 것 같다. 프란츠 카프카가 그린 변신과 죽음은 단순히 끝을 의미하는 것이 아니라, 또 다른 세상을 향해 내딛는 첫걸음이었던 것처럼 자하 하디드의 작품은 우리에게도 새로운 변화와 마주할 용기를 불어넣는다.

360도가 있는데 왜 한 방향만 고수하는가.
라이프스타일 디자인의 진화

"360도가 있는데, 왜 한 방향만 고수하는가?"[21] 자하 하디드가 남긴 이 말은 우리에게 제한된 시각이나 방향에 얽매이지 말고, 다양한 가능성을 포용하며, 열린 마음으로 세상을 바라보라는 메시지를 전달한다. 그녀의 작품에서 나타나는 실험적이고 혁신적인 시도들은 건축뿐만 아니라 패션, 가구, 조명, 주얼리, 생활용품 등 다양한 하이엔드 영역과의 컬래버레이션을 통해 디자인의 새로운 차원을 열었다.

건축적 언어가 담긴 가구와 조명

자하 하디드의 가구 디자인은 그녀의 독창적인 건축 언어를 그대로 담고 있다. 특히 2006년 심리스 컬렉션Seamless Collection에서 선보인 가구 컬렉션은 조각적 감성을 건축적 언어로 풀어낸 혁신적인 작품으로, 각각 고유한 오브제의 형태로 디자인되어 있어 사용자의 의도와 공간의 특성에 따라 유닛을 다양하게 조합하고 배치할 수 있다.

자하 하디드가 2008년 디자인한 런던 '홈 하우스 클럽Home House Club' 바는 조각 같은 오브제로 마치 곧 떠오를 것 같은 우주선의 형태를 보여준다. 역동적으로 이어지는 곡선의 조형감은 감탄을 절로 불러일으키며 강렬한 인상을 남긴다. 이 프로젝트는 중세 고딕 양식을 재현한 고전주의 건축물의 내부를 VIP 클럽으로 리노베이션한 것으로, 과거와 미래를 연결하는 컨셉으로 구현되었다. 158㎡의 공간에는 18세기 건축의 디테일을 가진 벽체가 그대로 남아 있어 시대를 초월한 공존의 아름다움을 선사했다.

비대칭적이며 유기적인 형태로 바위를 연상시키는 '문 시스템 소파Moon System Sofa'는 기존 소파의 틀을 완전히 벗어난 작품이다. 2007년 B&B 이탈리아B&B Italia와의 협업으로 탄생한 자유롭고 비정형적인 소파 디자인은 거대한 바위를 연

하이엔드는 상품을 팔지 않는다

(상) 자하 하디드의 런던 홈하우스 클럽의 바, 2008
(하) 자하 하디드가 디자인한 비앤비 이탈리아 문 시스템 소파, 2007

상케 하며 자연 속에 있는 듯한 분위기를 만든다.

'아쿠아 테이블Aqua Table'은 이름 그대로 물이 흐르는 강의 모습을 구현한 디자인으로, 푸른색이 감도는 반투명 유리 상판의 우아한 조형미가 돋보인다. 묵직한 곡선 형태의 세 개의 다리는 내부가 비어 있어 위에서 바라보면 강의 깊이를 연상시킨다. 테이블 하나에도 자연의 흐름을 담아내며, 다양한 풍경과 서사가 느껴지게 만들어졌다.

자하 하디드가 생전에 참여한 마지막 가구 디자인 중 하나로 알려진 세윤 체어Seyun Chair는 일본의 가구 브랜드 가리모쿠Karimoku와의 협업으로 탄생하였다. 이 작품은 정교한 곡선과 간결한 디자인이 조화를 이루며, 목재의 따뜻함과 현대적인 감각을 동시에 전달하고 있다.

가장 최근의 가구 컬렉션으로는 2024년 자하 하디드 아키텍츠가 뉴트라Neutra와 협업한 이로전 컬렉션Erosion Collection이 있다. 미네라 테이블Minera Table과 브랜치 콘솔Branch Console로 구성된 이 컬렉션은 물질과 시간, 형태 사이의 역동적인 상호작용을 탐구하며, 시간이 지나면서 자연석이 변형되는 과정을 아름답게 형상화한 작품이다.

자하 하디드는 독창적인 조명 디자인으로도 유명하다. 2013년 밀라노 조명 전시회인 유로 루체에서 선보인 슬램프Slamp의 '아리아와 아비아Aria & Avia', 코브라의 머리와 닮은 아르테미데Artemide의 '제네시Genesy 램프', 그리고 사와야 앤 모로니Sawaya & Moroni와 협업한 '보르텍스Vortexx 샹들리에' 등이 대표적이다.

그중 가장 눈길을 끄는 작품은 동굴의 종유석을 연상시키는 흐르는 듯한 형태를 가진 '보르텍스 샹들리에'다. 폭 1.8m, 높이 0.8m 샹들리에의 불투명한 표면에는 2개의 투명한 아크릴 조명 나선과 LED 조명 스트립이 내장돼 있어, 다양한 빛의 연출이 가능하다. 신비로운 형태의 이 디자인은 기존의 조명에 대한 선입견을 깨고 빛의 기능성과 조형미가 완벽하게 융합된 아름다움의 극치를 보여준다.

자하 하디드의 가구와 조명 디자인에 대한 선호도는 사람마다 다를 수 있지

자하 하디드가 디자인한 보르텍스 샹들리에, Ideal House 전시, 2007

만, 기존 틀에서 벗어나 공간에 강렬한 생명력을 불어넣는 혁신적인 디자인은 익숙한 일상에 신선한 변화를 선사한다. 일반적으로 소파는 뒷면이 벽에 밀착되도록 디자인되어 안정감을 주지만 배치를 바꾸기가 쉽지 않다. 반면 자하 하디드의 디자인은 특정한 위치나 방향을 강요하지 않는다. 사용자가 원하는 대로 활용할 수 있도록 유연하게 설계되어 자신의 라이프스타일에 맞게 주도적으로 공간을 구성할 수 있도록 만들어준다. '360도가 있는데 왜 한 방향만 고수하는가?'라는 질문에 대한 답은 바로 이러한 디자인 철학 속에서 찾아 볼 수 있다.

패션도 건축이다

자하 하디드가 디자인한 건축을 거대한 예술작품이라고 한다면, 구두는 작은 건축물과 같다. 그녀의 평소 패션도 아주 독창적이며 디자인 아이덴티티가 그대로 드러나는 스타일을 추구했다. 자하 하디드가 디자인한 루이 비통 아이콘 백Icone Bag, 멜리사 슈즈, 노바 슈즈Nova Shoes, 불가리Bulgari 반지, 스와로브스키Swarovski 목걸이 등의 다양한 패션 컬렉션은 건축적 사고를 작은 오브제에 대입한 대표적인 사례로 '패션도 건축이다'라는 그녀의 생각을 담고 있다.

특히 2006년 루이 비통과 컬래버레이션한 아이콘 백은 인체 공학적 설계를 반영한 실리콘 소재를 사용해 독창성과 착용감을 모두 갖춘 것이 특징이다. 클래식한 버킷 백을 현대적인 감각으로 재해석한 이 가방은 표면에 루이 비통의 모노그램 로고를 양각과 음각으로 입체적으로 표현해 브랜드의 정체성을 강조했다. 이 작품은 2019년 로스앤젤레스에서 열린 《루이 비통 X》 전시에서 다시 공개되며 큰 주목을 받았다.

스와로브스키와 컬래버레이션한 주얼리와 오브제 디자인은 그녀의 독창적인 디자인 언어를 기반으로 한 예술과 기술의 융합을 보여준다. 2008년 작 '셀레스트 네클리스Celeste Necklace'는 자하 하디드가 발전시켜 온 유기적인 곡선의 형태로, 목에서 시작해 어깨와 팔을 감싸는 연속적인 디자인을 특징으로 한다. 커프 팔찌, 펜던트 목걸이, 반지를 포함한 총 5종으로 구성된 2010년작 '글래이스Glace 컬렉션'은 극락조 꽃에서 영감을 받은 역동적인 형태를 담고 있다. 2016년에는 아틀리에 스와로브스키 홈 컬렉션의 일환으로 금속과 크리스털을 결합한 '크리스타Crista'라는 센터피스를 디자인했다. 자연의 결정체에서 영감을 받은 이 작품은 빛과 소재의 조화를 통해 그녀만의 독창적 비전을 다시 한 번 보여주었다.

자하 하디드의 혁신적인 구두 디자인은 그야말로 패션 업계를 압도하며 큰 반향을 일으켰다. 그녀가 2009년 라코스테를 위해 디자인한 부츠는 단 850켤레만 제작된 한정판으로, 인체공학적으로 다리를 감싸는 세련된 실루엣이 특징이다. 그중 가장 주목할 부분은 기존 부츠에서 흔히 사용되는 지퍼를 과감하게 없

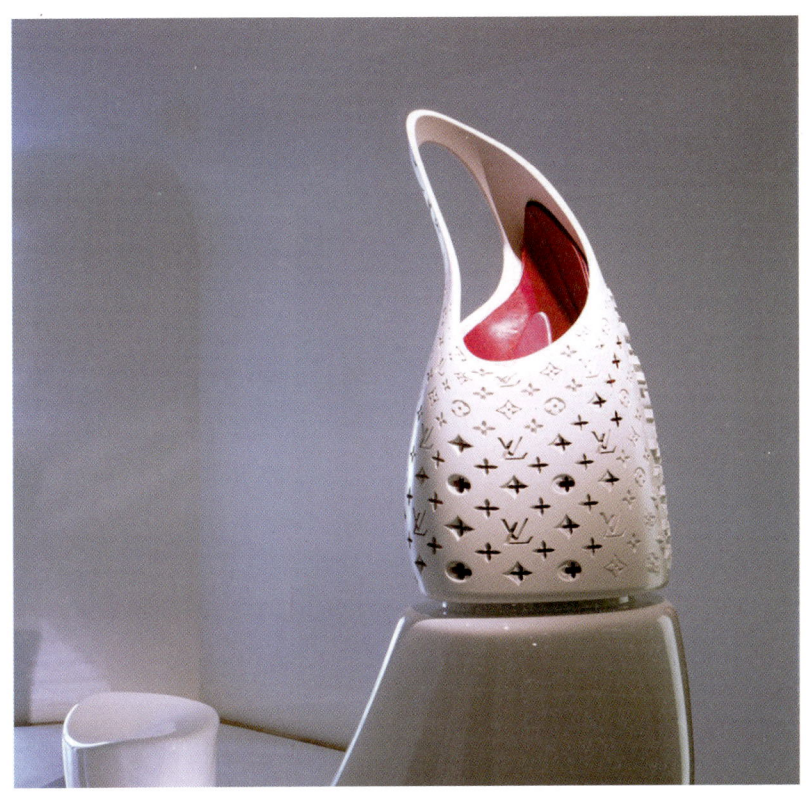

애고, 가죽 내부에 금속 밴드를 넣어 간편하면서도 견고하게 신을 수 있도록 설계한 점이다. 특히 다리의 곡선을 3D 렌더링으로 분석해 다이내믹한 그리드 패턴을 표현하여, 발의 형태에 따라 패턴의 밀도와 모양이 달라지게 만들었다. 이 '라코스테 부츠'는 송아지 가죽으로 제작됐으며, 착용자의 발 모양에 따라 유연하게 조정이 가능하도록 디자인됐다. 이는 누구나 편안함을 느낄 수 있도록 배려한, 사용자 중심의 디자인 철학을 잘 보여준다.

2013년에는 유나이티드 누드United Nude와 협업하여 16.5cm의 캔틸레버 힐로

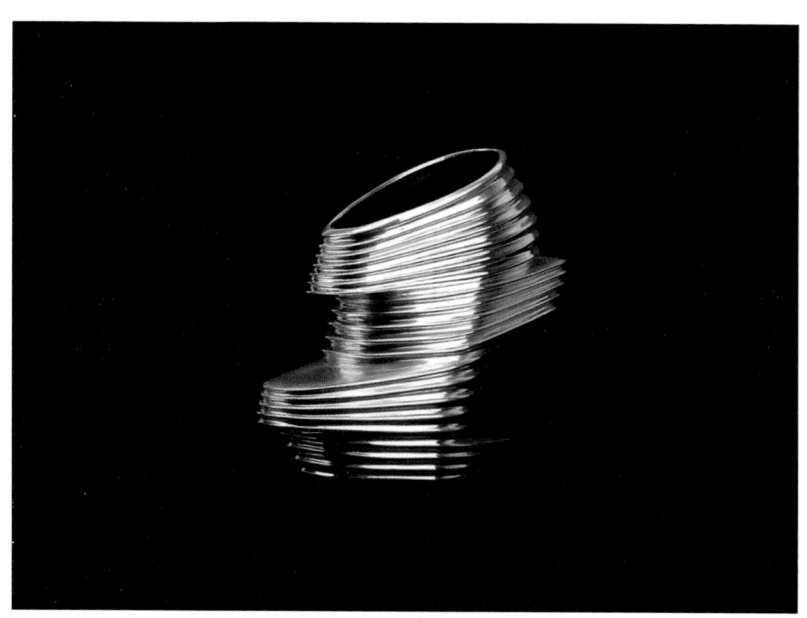

자하 하디드가 디자인한 유나이티드 누드 노바 슈즈 2013, (상)
멜리사 젤리 슈즈 2008, (하)

이루어진 한정판 크롬 플레이트 '노바 슈즈'를 선보였다. 이 구두는 사진만 보면 건축물로 착각할 만큼 독보적인 형태를 가지고 있다. 여러 겹으로 이루어진 리드미컬한 구조와 크롬 소재를 활용한 이음새 없는 몰딩 기법으로 제작됐으며, 이는 기존 구두 디자인에서 전혀 찾아볼 수 없는 제작 방식이다. 특히 크롬으로 도금된 고무, 가죽, 유리섬유를 사용한 과감하고 실험적인 형태에도 불구하고, 착용감이 딱딱하지 않고 편안하다는 것이 특징이다. 기능성을 고려한 마감 재료 선정과 섬세한 설계 덕분에, 이 구두는 그녀의 예술적 감각을 담은 또 하나의 아이코닉한 작품이 되었다.

자하 하디드가 디자인한 멜리사 브랜드의 젤리 슈즈Jelly shoes도 출시와 동시에 많은 주목을 받았다. 유기적이고 미래적인 그녀의 건축 세계를 압축해서 보여주는 듯한 이 구두는 시대를 초월한 아름다움을 지니고 있다. 나는 밀라노 10 꼬르소 꼬모에서 운 좋게 이 구두를 구매한 적이 있다. 내가 선망하는 건축가의 작품을 신을 수 있다는 생각에 1초의 망설임도 없이 선택했던 기억과 처음 구두를 신었을 때의 설렘은 아직도 잊히지 않는다. 시간이 흐른 지금도 트렌드에 구애받지 않는 미래지향적 디자인으로, 새로운 영감이 필요할 때마다 꺼내 신는 치트키 같은 나만의 아이템이다. 예술작품을 신는 이유는 사람마다 다르겠지만, 이 구두는 나에게 아름다움과 혁신에 대한 갈망이 가득했던 그 시기를 떠올리게 하는 소중한 상징과도 같다.

하이엔드는 단순히 유명 브랜드의 값비싼 물건만을 의미하지 않는다. 소유하는 이에게 특별한 기억을 떠올리게 하고, 시간과 추억이 녹아든 고유한 이야기를 담아내는 것이다. 이러한 경험은 소비자와 브랜드 간의 정서적 유대를 형성하며, 궁극적으로 브랜드의 지속적인 충성도와 가치를 강화하는 핵심 요소가 된다.

기술과 예술의 융합.
모르페우스 호텔, 오퍼스 빌딩

자하 하디드는 첨단 기술과 혁신적인 소재를 활용해 건축의 물리적 한계를 뛰어넘으며, 하이엔드 호텔 브랜드에 새로운 가능성을 제시했다. 오퍼스 빌딩의 'ME 호텔'과 '모르페우스 호텔'은 기술과 예술을 융합하여 브랜드 철학을 감각적이고 시각적으로 극대화했으며, '스트리아투스Striatus'와 같은 3D 프린팅 건축 프로젝트는 지속가능성과 혁신을 결합한 미래지향적 접근 방식을 보여준다.

3D 프린팅 건축, 스트리아투스

자하 하디드 아키텍츠는 3D 프린팅 기술을 활용해 건축의 새로운 변혁을 열어가는 혁신적인 프로젝트를 선보였다. 2021년 베네치아 건축 비엔날레 기간에 쟈르디니 텔라 마리나레사Giardini della Marinaressa에 전시된 스트리아투스는 16×12m 규모로 53개의 조각을 조립해 만들어졌으며, 3D 컴퓨터 설계, 엔지니어링 및 로봇 제조 기술을 결합한 최초의 다리다.

이 기념비적인 다리는 자하 하디드 아키텍츠와 취리히 연방 공과대학교의 블록 연구그룹, 3D 콘크리트 프린팅 회사인 인크리멘탈Incremental 3D, 그리고 건축 제조사 홀심Holcim이 협력해 완성했으며, 전통적인 교량 제조 기술과 로봇 공학이 결합돼 만들어진 결과물로 전통과 첨단 기술의 조화를 상징하고 있다.

이 혁신적인 구조물은 모르타르 없이 3D 프린트 기술로 제작된 콘크리트 블록을 사용했다. 덕분에 별다른 접착제 없이 아치를 조립할 수 있는 것이 특징이다. 특히 내부가 비어 있는 가볍고 견고한 구조로 되어있어 조립과 분해가 쉽고, 어느 장소에도 손쉽게 다리를 설치할 수 있다는 장점이 있다.

이러한 기술적 접근은 건설 과정에 최적화된 콘크리트 건축 방식의 새로운 방향을 제시하며, 지속가능한 디자인에 한 걸음 더 나아가는 길을 열어주었다. 이는 환경적 책임과 유연성을 갖춘 새로운 건축적 흐름을 제시하며, 혁신적 기

하이엔드는 상품을 팔지 않는다

스트리아투스 다리, 베네치아, 2021

술, 건축, 그리고 예술의 융합을 통해 다양한 분야로의 확장 가능성을 보여준다.

중력에서 벗어난 모르페우스 호텔

마카오의 모르페우스 호텔Morpheus Hotel은 2018년에 오픈한 5성급 호텔로 자하 하디드가 구상한 건축 기술의 정수를 보여주는 대표작이다. 그리스 신화에서 '꿈의 신'으로 알려진 모르페우스에서 이름을 가져온 이 호텔은 이름 그대로 꿈을 꾸는 듯한 특별한 경험을 제공하는 컨셉으로 디자인됐다.

이 호텔은 세계 최초로 외골격 구조를 도입한 고층 건물로, 내부에 기둥이 없는 구조적 혁신과 예술적 조형미를 결합한 독창적인 설계가 돋보인다. 건물 중앙부에 비어 있는 거대한 3개의 보이드 공간과 화이트 그물망 같은 강철 프레임으로 감싼 외관은 건축적 대담함과 예술적 조형미를 극대화시켰다. 2개의 타워로 나뉜 건물은 공중 다리로 연결되며, 복잡한 곡선과 유기적 패턴이 조화를

자하 하디드가 설계한 모르페우스 호텔 외관 (상)
내부 엘리베이터 (하), 2018

이루어 빛과 그림자가 만들어내는 생명력을 느낄 수 있다.

호텔 내부로 들어서면 35m 높이의 기둥 없는 아트리움이 압도적인 개방감과 웅장한 분위기를 연출한다. 영화 '인터스텔라'의 우주선을 연상케 하는 금속 패턴과 화이트 톤의 벽체, 수직적 라인의 엘리베이터는 마치 또 다른 차원에 도착한 듯한 느낌을 준다. 로비는 공간 자체가 하나의 포토존으로, 마치 미술관에서 작품을 감상하듯 복도의 유려한 곡선과 섬세한 디테일이 시선을 사로잡는다. 특히 모르페우스의 상징적인 금속 구조물 사이로 쏟아지는 빛은 건축과 예술이 조화를 이루며 극적인 공간 경험을 선사한다.

호텔 곳곳에는 세계적인 아티스트들의 작품을 감상할 수 있다. 어머니와 아이의 형상을 통해 따뜻한 감성을 전달하는 카우스의 블랙 피규어 작품 〈굿 인텐션스Good Intentions〉, 장 미셸 오토니엘의 유리 구슬 조형물 〈와일드 팬지Wild Pansy〉, 그리고 파올라 피비의 작품 〈아이엠 비지 투데이I am busy today〉와 〈룩 앳 미!Look at me!〉는 천장에 설치된 핑크색과 파란색의 북극곰 조형물로, 공간에 유쾌한 생동감을 더한다.

이 호텔은 풀 빌라 3개와 듀플렉스 빌라 6개가 포함된 770개의 객실로 이루어져 있다. 이 외에도 피트니스 센터, 키즈 클럽, 스파, 미슐랭 스타 셰프 레스토랑 등 다양한 엔터테인먼트 시설을 갖추어 하이엔드 라이프스타일의 진수를 경험할 수 있다. 특히 세계적인 셰프 알랭 뒤카스가 운영하는 현대적인 프랑스식 비스트로 요리부터 아시아 각국의 레스토랑 등 다채로운 미식의 세계도 즐길 수 있다.

1층 라운지에서는 건물의 기하학적 건축을 모티프로 디자인한 디저트 메뉴를 선보인다. 초콜릿 디스크를 작은 망치로 직접 부수며 즐기는 이 디저트는 건축적 요소를 미식 경험으로 확장한 특별한 서비스로, 고객에게 특별한 기억을 선사한다.

모르페우스 호텔은 최첨단의 건축 미학과 예술작품, 미슐랭 스타 셰프의 미식, 세계적 수준의 엔터테인먼트까지 경험할 수 있는 몰입형 공간으로, 자하 하디드의 혁신적인 건축 언어를 통해 기술과 예술이 결합된 하이엔드 호텔의 새로운 흐름을 제시했다.

우주를 담은 보이드 큐브, 오퍼스 빌딩

2020년 완공된 두바이의 '오퍼스 빌딩The Opus'은 높이 93m, 총면적 84,300㎡, 21층 규모로 메 두바이 바이 멜리아ME Dubai by Melia 호텔, 레지던스, F&B 및 엔터테인먼트 시설, 오피스로 구성돼 있다. 베이징 근무 시절 왕징 소호 빌딩에 자주 들러 자하 하디드의 디자인을 감상하곤 했는데, 내부는 드라마틱한 곡선을 살린 공간과 가구가 섬세하게 잘 시공된 반면, 외관 디테일과 스트리트 퍼니처의 마감은 기대에 미치지 못해 다소 아쉬움이 남았던 기억이 있다. 하지만 지난번 방문했던 오퍼스 빌딩은 자하 하디드의 종합적인 디자인을 체험할 수 있는 갤러리와 같은 곳으로, 그녀의 디자인 철학이 잘 구현된 공간이었다.

한여름 태양 아래 얼음 조각이 녹아내리는 모습에서 영감을 받은 거대하고 반짝이는 큐브 형태의 이 빌딩은 자하 하디드 특유의 과감한 곡선보다는 조금은 절제된 매스를 특징으로 한다. 오퍼스 빌딩은 하나의 매스로 보이지만 실질적으로는 비대칭적 다리로 연결된, 2개의 분리된 타워로 구성되어 있다. 제일 특징적인 부분은 건물 중앙의 보이드 공간으로 낮과 밤의 풍경을 달리하며 다양한 차원의 공간을 경험하게 해준다.

내부의 보이드 공간은 유기적인 형태로 비어 있으며, 직선과 곡선의 극적인 대비는 건물에 역동적인 에너지를 불어넣는다. 건물 하단 양쪽 모두 아트리움으로 연결돼 있고, 상부는 비대칭 형태의 다리를 통해 이어지며, 아래에서 건물을 바라다보면 2개의 매스가 마치 웅장한 절벽처럼 느껴진다.

이중유리로 구성된 큐브의 외피는 낮에는 도시와 자연을 투영하고, 밤이 되면 마치 우주선에서 내려다본 밤하늘처럼 환상적인 풍경을 연출한다. 4,300여 개의 LED 유닛이 중앙 보이드 곡면을 따라 빛을 발산하는 이 조명은 유리 패널에 자체적으로 제어 가능한 LED가 설치돼 있어 어두워지면 밤하늘의 신비로운

자하 하디드가 설계한 두바이 오퍼스 빌딩, 2020

별빛으로 변신하면서 시각적인 즐거움을 선사한다. 이는 건축과 조명이 결합된 몰입형 경험을 제공하는 중요한 전략적 요소로 작용한다.

오퍼스 빌딩의 ME 호텔은 자하 하디드가 생전에 호텔의 건축과 인테리어, 가구, 소품 디자인까지 모두 진행한 유일한 프로젝트다. 이 공간이 특별한 이유 는 '일관된 브랜드 경험'을 구축한다는 점에 있다. 이 호텔은 방문객이 입구에 들 어서는 순간부터 객실, 레스토랑, 라운지에 이르기까지 모든 공간에서 자하 하디 드의 독창적인 디자인 언어를 체험할 수 있도록 설계되었다.

객실 공간에서는 그녀의 디자인 철학을 가장 직관적으로 체험할 수 있다. 입 구부터 압도하는 높이와 틈새로 비치는 조명의 불빛까지 하나의 디테일도 놓치 지 않는 객실 디자인은 아라비아 사막의 자연에서 영감을 받은 데저트Desert 테마 와 두바이의 도시적 에너지를 담아낸 미드나이트Midnight 테마로 구성되어 벽, 천

ME 호텔 미드나이트 테마 침실 (상) ,
비타에 컬렉션의 욕실 (하) , 두바이 오퍼스 빌딩, 2020

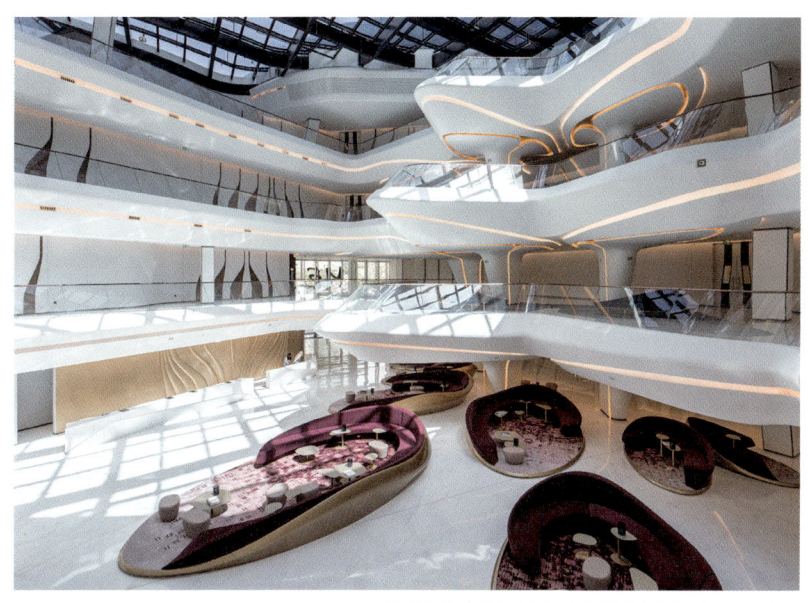

ME 호텔의 로비와 아트리움 (상) ,
인포메이션 데스크, 두바이 오퍼스 빌딩 (하), 2020

장, 바닥, 가구까지 모든 요소가 하나로 연결된 통합적 디자인을 보여준다. 특히 욕실 공간은 자하 하디드의 조형적 감각을 가장 극대화한 디자인으로, 스페인의 노켄 포르셀라노사Noken Porcelanosa와 협업한 비타에Vitae 욕실 컬렉션이 적용되었으며, 샤워기와 거치대조차 예술품처럼 보일 정도로 강렬한 느낌을 준다.

로비 또한 차별화된 브랜드 경험을 제공하는 핵심 공간으로 자하 하디드의 미학적 언어가 잘 드러나는 곳 중 하나다. 로비에 들어서면 낮은 천장이 이어지다 인포메이션 데스크를 지나는 순간, 4개 층까지 개방된 아트리움 공간이 펼쳐지며 마치 미래 도시의 중심부에 서 있는 듯한 감각을 느끼게 한다.

이는 극적인 공간 연출을 통해 미래지향적인 브랜드 철학을 시각적으로 구현한 결과로, 건축 자체가 브랜드 아이덴티티를 경험하는 요소로 작용한다. 특히 입구부터 객실, 레스토랑, 라운지까지 자하 하디드의 독창적인 디자인 언어가 일관되게 적용되어, 방문객들이 호텔을 하나의 예술적 경험으로 인식하도록 유도한다. 이처럼 '공간을 통해 브랜드를 경험하게 만드는 힘'은 자하 하디드의 디자인 철학과도 맞닿아 있다. 그녀의 건축은 조형적인 미학을 넘어, 감성과 메시지를 전달하는 디자인 언어로 발전시켜 왔다. 이는 강력한 마케팅 전략으로 작용하며, 하이엔드 시장에서 차별화된 브랜딩 전략의 대표적인 사례로 평가되고 있다.

자하 하디드는 건축가를 넘어 디자이너이자 예술가로,
다양한 영역을 융합하며 하이엔드 디자인의 새로운 가능성을 제시했다.
그녀는 비록 우리 곁을 떠났지만,
자하 하디드 아키텍츠는 현재도 활발하게 운영되고 있으며,
그녀의 대담하고 혁신적인 디자인 철학을 이어가고 있다.

자하 하디드의 브랜드 혁신 코드

자하 하디드는 건축의 미학적·기술적 한계를 넘어 새로운 지평을 연 선구적인 건축가로, 그녀의 독창적인 디자인과 진보적인 비전은 현대 건축의 패러다임을 바꾸는 데 크게 기여했다. 특히 남성 중심의 건축계에서 여성 최초로 프리츠커상과 영국 왕립건축가협회의 로열 골드메달을 수상하며 역사적인 전환점을 이루어냈다.

그녀의 건축과 디자인은 브랜드의 정체성을 강화하고 혁신을 이끄는 강력한 전략적 도구로 작용했다. 그녀는 건축을 하나의 총체적 예술작품으로 바라보며 가구, 조명, 패션 등 폭넓은 영역에서 독창적인 건축 언어를 구사했다. 이를 통해 '고객 경험을 감각적이고 몰입적인 차원으로 확장'시켰다. 또한 첨단 기술을 접목하여 지속가능성과 미래지향적인 디자인을 구현하며 건축의 가능성을 확장했다. 자하 하디드의 작품에서 가장 두드러지는 특징은 유기적이고 비선형적인 디자인 언어다. 그녀의 건축은 물리적 한계를 뛰어넘는 '조형적 혁신'을 통해 브랜드 이미지를 더욱 강렬하게 각인시키며, 상업적 공간을 예술적 경험으로 승화시키는 전략을 구현했다.

마카오 모르페우스 호텔은 자하 하디드의 디자인 철학과 기술 혁신을 결합한 대표적인 사례다. 세계 최초로 외골격 구조를 도입한 이 호텔은 대담한 외관과 기둥 없는 내부 구조를 통해 건축의 혁신적 이미지를 극대화했다. 또한 세계적인 예술작품, 미슐랭 스타 레스토랑, 고급 엔터테인먼트 시설을 통해 고객에게 몰입형 경험을 선사했다.

두바이 오퍼스 빌딩은 유리 큐브 외관과 중앙 보이드의 유기적 곡선이 대비

하이엔드는 상품을 팔지 않는다

를 이루는 조형미가 돋보이는 건축물이다. 특히 ME 호텔은 자하 하디드가 건축부터 인테리어, 가구, 소품 디자인까지 설계한 유일한 프로젝트로, 브랜드의 감각적 경험을 공간 전체에 녹여냈으며, 객실내부도 유기적이고 조형적인 형태를 구현하며 건축과 인테리어가 하나의 예술작품처럼 조화를 이루도록 설계되었다.

자하 하디드의 디자인 아이덴티티가 반영된 루이 비통의 아이콘 백, 멜리사 슈즈, 스와로브스키의 주얼리 컬렉션 등은 그녀의 유기적이고 대담한 건축적 형태를 패션 오브제에 적용한 작품으로, 브랜드의 독창적 이미지를 강화하며 소비자에게 새로운 감각적 경험을 선사했다. 특히 사용자의 인체공학적 특징을 반영한 마감재 선택과 섬세한 디테일이 돋보인다. B&B 이탈리아와 협업으로 탄생한 문 시스템 소파와 사와야 앤 모로니의 보르텍스 샹들리에는 일상적인 가구와 조명을 자유롭고 독창적인 형태의 예술작품으로 승화시킨 대표적인 사례다.

자하 하디드는 첨단 기술과 혁신적 재료를 활용해 지속가능한 디자인의 새로운 가능성을 열었다. 3D 프린팅 콘크리트 블럭으로 구성된 스트리아투스 다리는 전통적 건축 방식의 한계를 넘어선 프로젝트로, 디자인과 기술의 융합을 통해 미래지향적인 비전을 제시했다.

하이엔드 브랜드가 차별화된 가치를 창출하기 위해서는 고객이 브랜드의 철학과 가치를 경험하고 몰입할 수 있는 환경을 제공해야 한다. 자하 하디드는 이를 누구보다 탁월하게 실현한 건축가였으며, 그녀의 디자인은 '브랜드 철학의 공간적 구현'을 통해 브랜드 아이덴티티를 감각적 경험으로 확장하는 강력한 전략이 되었다.

더 알아보기

하이엔드는 상품을 팔지 않는다

하이엔드는 상품을 팔지 않는다

하이엔드는 상품을 팔지 않는다

하이엔드는 상품을 팔지 않는다

하이엔드는 상품을 팔지 않는다

하이엔드는 상품을 팔지 않는다

미주

1. 2023 글로벌 현대미술 시장 동향 및 이슈 분석 The 2023 Contemporary Art Market Report 는 글로벌 현대미술 시장의 주요 동향과 이슈를 분석한 보고서로, 2023년을 기준으로 작품 거래 규모, 아티스트별 트렌드, 지역별 성장률 등을 심층적으로 다룬다.

2. The Art Basel & UBS, Art Market Report 2024는 글로벌 아트 마켓의 현황을 포괄적으로 분석한 보고서로 2023년 갤러리 및 딜러, 경매사, 아트페어 등 다양한 부문을 다루며 미술 산업의 경제적 가치와 전망을 제시한다.

3. The Influence of Visual Art on the Perception and Evaluation of Consumer Products, Journal of Marketing Research, Vol. 45, June 2008 : 2008년 6월호에 게재된 이 논문은 시각 예술이 소비자의 제품 인식 및 평가에 미치는 영향을 실증적으로 분석했다. 예술적 이미지가 제품의 가치를 높이고, 브랜드에 대한 긍정적인 정서를 유도할 수 있다는 내용을 담고 있다.

4. Louis Vuitton Foundation, 프랭크 게리 인터뷰 요약: 루이 비통 재단의 공식 인터뷰에 따르면, 프랭크 게리는 루이 비통 재단 건축을 통해 "예술을 위한 배경이 아닌, 예술과 함께 호흡하는 건축"을 구현하고자 했다. 또한 시간과 빛에 따라 끊임없이 변화하는 건축을 추구하며, 빛, 곡선, 물성에 대한 깊은 이해를 바탕으로 상징적인 형태를 창출했다.

5. 발레코어는 '발레Ballet'와 '놈코어Normcore'의 합성어로, 발레복을 일상복에 접목시킨 패션 스타일을 의미한다.

6. 코로만델 스타일Coromandel style은 인도의 코로만델 해안Coromandel Coast에서 유래한 것으로, 동양적인 정교한 자개 장식이나 가구 스타일을 가리킬 때 사용된다. 특히 샤넬이 좋아했던 자개 병풍과 같은 요소에서 그 스타일을 엿볼 수 있다.

7. 누벨바그Nouvelle Vague는 '새로운 물결'이라는 프랑스어로, 1950년대 후반부터 1960년대 초반 프랑스에서 시작된 영화 운동이다. 혁신적이고 실험적인 접근 방식을 도입해 전 세계 영화계에 큰 영향을 미쳤으며, 현대 영화의 비선형적 내러티브와 창의적인 촬영 기법 발전에 기여했다.

8. 싱어Singer는 19세기 말 영국에서 자전거 제조를 시작으로 설립된 브랜드로, 자동차 사업으로 영역을 넓힌 후 1920~1930년대에 소형 패밀리카와 경주용 자동차로 이름을 널리 알렸다. 그러나 1970년 차량 생산을 중단하며 브랜드는 역사 속으로 사라졌다.

9. One-77은 애스턴 마틴이 제작한 750마력의 한정판 슈퍼카로, 브랜드 기술력과 장인 정신의 정점을 보여주는 모델이다. 전 세계에 단 77대만 생산되었다.

10. 프린스 오브 웨일Prince of Wales은 잉글랜드의 왕세자인 에드워드 8세가 자주 착용하면서 유명해진 패턴으로, 큰 격자 무늬 위에 작은 격자 무늬가 겹쳐진 형태를 말한다.

11. 포르트 코셰르Porte Cochere는 루이 14세 시절 궁전에서 마차가 건물로 들어가기 전 통과할 수 있도록 지붕을 갖춘 공간에서 유래한 것으로, 이를 현대의 호텔과 레지던스에 적용한 것이다.

12. 타소스Thassos는 그리스 타소스 섬에서 채굴되는 고순도 백색 대리석으로, 고대에는 아테네의 파르테논 신전 건축에도 사용됐다. 무늬가 거의 없고 밝은 백색을 띠며, 빛 반사율이 높아 고급 건축 및 인테리어에 많이 활용된다.

13. 리비에라Riviera는 이탈리아어로 해안을 뜻하며, 이탈리아와 프랑스에 걸치는 지중해의 아름다운 해안선을 일컫는 말이다. 여기서는 고급스러운 해안 휴양지를 지칭하는 용어로 사용됐다.

14. 팔라초 키에사Palazzo Chiesa는 밀라노의 코르소 베네치아Corso Venezia에 위치한 고풍스러운 건물로, 작은 정원과 홍학이 살고있는 아름다운 공간으로 알려져 있다.

15. 셰즈 롱그Chaise Longue는 프랑스어로 '긴 의자'를 뜻하며, 18세기 프랑스의 살롱 문화에서 유래한 가구이다. 누워서 휴식할 수 있는 형태로 디자인되었으며, 귀족과 예술가들의 우아한 생활방식을 상징한다.

16. 스코빌 지수는 매운맛을 수치화한 척도로, 고추 속에 함유된 캡사이신 농도를 측정해 매운 정도를 나타낸다. 이 지수는 1912년, 미국 화학자 윌버 스코빌Wilbur Scoville가 고안한 것으로, 그의 이름을 따서 스코빌 지수라고 불린다.

17. "형태는 기능을 따른다.Form follows function"는 19세기 후반 미국 건축가 루이스 설리번Louis Sullivan의 디자인 철학으로, 페르디난트 알렉산더 포르쉐도 자주 인용하는 말이다.

18. 포르쉐 미션 RMission R은 지속가능한 고성능 모빌리티의 미래를 제시하기 위해 2021년 IAA 모빌리티 쇼에서 공개한 전기 컨셉카다. 포르쉐의 전동화 전략과 레이싱 기술을 결합해, 친환경성과 성능을 동시에 실현하려는 포르쉐의 야심 찬 미래 비전을 보여주는 모델이다.

하이엔드는 상품을 팔지 않는다

19. 벨 디자인Bel Design은 이탈리아 디자인이 지향했던 '아름다움과 실용성의 균형'을 상징하는 디자인 철학으로, 1960~1980년대 이탈리아 산업 디자인의 미적·기능적 완성도를 강조하는 디자인 경향을 의미한다.

20. 해체주의 건축Deconstructivism Architecture은 1980년대에 등장한 건축 스타일로 프랑스 철학자 자크 데리다Jacques Derrida의 철학에서 영감을 받았으며, 전통적인 건축의 규칙과 질서를 해체하고 비정형적 형태를 통해 새로운 공간적 경험을 창조하려는 건축 운동이다.

21. "There are 360 degrees, so why stick to one."은 자하 하디드가 2003년 2월 3일자 영국 가디언지The Guardian와의 인터뷰에서 언급한 내용으로, 그녀의 혁신적인 건축 철학을 잘 담고 있다.

사진 저작권

이미지 저작권은 아래와 같이 각 저작물의 권리를 보유한 업체명과 작가명을 저작권자로 명시하였습니다. 무단 전재 및 복제를 금합니다.

23	루이 비통 프리폴 패션쇼, 서울 잠수교, 2023 ⓒ Louis Vuitton Malletier / Joon Hyuk Lee
24	뉴욕 57번가 루이 비통 팝업 스토어, 2024 ⓒ Louis Vuitton Malletier
27	킴 존스의 루이 비통 슈프림 컬렉션, 2017 (좌) ⓒ Supreme 르네 마그리트를 오마주한 버질 아블로의 루이 비통 2020 F/W 맨즈 컬렉션 (우) ⓒ Louis Vuitton Malletier / Tim Walker
29	박서보 작가의 루이 비통 아티카퓌신, 2022 ⓒ Louis Vuitton Malletier / Piotr Stoklosa, Jeahoon Kim
30	루이 비통 베드 트렁크, 아트 오브 리빙 ⓒ Louis Vuitton
31	루이 비통 오브제 노마드, 캄파나 형제의 벌보, 송은 미술관, 2022 ⓒ Songeun / Louis Vuitton
33	우리 루이 비통 팝업 레스토랑, 2023 ⓒ 이은화
34	프랑크 게리가 설계한 루이 비통 메종 서울, 2019 ⓒ Louis Vuitton Malletier / Yong Joon Choi
37	프랑크 게리가 설계한 빌바오 구겐하임 미술관, 1997 ⓒ Guggenheim Bilbao
39	프랑크 게리가 설계한 루이 비통 파운데이션 파리, 2014 ⓒ Gehry Partners, LLP
40	루이 비통 파운데이션 파리, 르 프랑크 레스토랑 ⓒ Gehry Partners, LLP
42	프랑크 게리, 카퓌신 BB 쉬머 헤이즈, 2023 ⓒ Louis Vuitton Louis Vuitton Malletier / Mario Kroes (상, 좌) Philippe Lacombe (상, 우), 시애틀 대중문화 박물관 ⓒ Museum of Pop Culture (하)
44	야요이 쿠사마의 무한 망 작업 모습, 2013 ⓒ Gautier Deblonde. Courtesy Yayoi

하이엔드는 상품을 팔지 않는다

Kusama Studio Inc., Ota Fine Arts, Toyko / Singapore and Victoria Miro, London. ⓒ Yayoi Kusama

45   야요이 쿠사마와의 아트 컬래버레이션, 루이 비통 메종 샹젤리제, 2022 ⓒ Louis Vuitton Malletier

47   야요이 쿠사마와 호박 작품 (상) ⓒ Yayoi Kusama
호박 작품을 적용한 루이 비통 뉴욕 팝업 스토어, 2023 (하) ⓒ Louis Vuitton Malletier / Brad Dickson

53   마리 로랑생의 마드모아젤 샤넬 초상화, 1923 ⓒ RMN-Grand Palais (musée de l'Orangerie) / Hervé Lewandowski ⓒ Fondation Foujita / ADAGP, Paris, 2020 ⓒ Chanel

55   모댄스 발레 공연, 스베틀라나 자하로바 ⓒ Chanel / MuzArts / Batyr Annadurdyev, Jack Devant

56   만 레이(Man Ray)가 촬영한 가브리엘 샤넬, 1935 ⓒ Man Ray Trust / ADAGP Paris 2016 / Chanel

58   거울 계단, 캉봉가 31번지, 코코 샤넬 영화 Coco Before Chanel, 2009 ⓒ Warner Bros.

60   칼 라거펠트, 7L Bookshop, 파리 ⓒ Eric Dessons/JDD/Sipa / Karl Lagerfeld

61   인공 바다 컨셉의 2019 S/S 샤넬 패션쇼 ⓒ Chanel

63   샤넬 서울 플래그십 스토어, 2019 ⓒ Peter Marino Architecture / Manolo Yllera

64   사운드 배리어, 그레고어 힐데브란트, 샤넬 서울 플래그십 스토어 ⓒ Peter Marino Architecture / Manolo Yllera

66   바이크 패션의 피터 마리노 ⓒ Peter Marino Architecture

68   뉴욕 5번가 샤넬 워치 & 파인 주얼리 플래그십 스토어 파사드 ⓒ Chanel

69   가브리엘 샤넬의 캉봉가 아파트 코코만델 스타일의 인테리어 디자인, 뉴욕 5번가 샤넬 워치 & 파인 주얼리 플래그십 스토어 ⓒ Chanel

70   에르빈 부름의 피터 마리노 원미닛 포에버, 배스 미술관, 2014 ⓒ Peter Marino Architecture / Erwin Wurm / Manolo Yllera

73   황금 연꽃, 장 미셸 오토니엘: 정원과 정원, 2022 ⓒ 이은화

74   루브르의 장미, 장 미셸 오토니엘, 루브르 박물관, 2019 ⓒ 이은화

76   야행자들의 키오스크, 장 미셸 오토니엘, 루브르-리볼리 지하철역, 2000 ⓒ French. gib

78   뉴욕 57번가 샤넬 플래그십 매장의 골든 라소, 장 미셸 오토니엘, 2018 ⓒ Peter Marino Architecture / Manolo Yllera

하이엔드는 상품을 팔지 않는다

초판 1쇄 인쇄 _ 2025년 9월 25일
초판 1쇄 발행 _ 2025년 10월 5일

지은이 _이은화

펴낸곳 _ 바이북스
펴낸이 _ 윤옥초
책임 편집 _ 김태윤
책임 디자인 _ 이민영
책임 영상 _ 유명주

ISBN _ 979-11-5877-396-0 03320

등록 _ 2005. 7. 12 | 제 313-2005-000148호

서울시 영등포구 선유로49길 23 아이에스비즈타워2차 1005호
편집 02)333-0812 | 마케팅 02)333-9918 | 팩스 02)333-9960
이메일 bybooks85@gmail.com
블로그 https://blog.naver.com/bybooks85

책값은 뒤표지에 있습니다.
책으로 독자의 성장을 돕고 아름다운 세상을 만듭니다. — 바이북스

미래를 함께 꿈꿀 작가님의 참신한 아이디어나 원고를 기다립니다.
이메일로 접수한 원고는 검토 후 연락드리겠습니다.